Mastering Italian Vocabulary

A THEMATIC APPROACH

Luciana Feinler-Torriani and Gunter H. Klemm

BARRON'S

Address all inquiries to:
Barron's Educational Series, Inc.
250 Wireless Boulevard
Hauppauge, New York 11788

Library of Congress Catalog Card Number 95-75992

International Standard Book Number 0-8120-9109-4

Printed in the United States of America
  678   8800   98765432

Contents

Foreword

The total vocabulary of Italian, like that of the other major European languages, is in the six-figure range. About 16,000 words are found in Shakespeare's plays. A politician is content with a stock of around 1,000 words in his campaign sentences, and about the same number is used in the tabloids with high circulation figures.

How many words does a human being really need, then?

From a total volume of 7,000 entries at the outset, we first eliminated roughly 2,500 that are used infrequently, then added about 500 terms from current usage. The user of this book has available a total of 5,128 entries, divided into 2,778 basic and 2,350 advanced vocabulary words.

By mastering the basic vocabulary you can get by fairly well in everyday situations. *Mi arrangio*, one could say in Italian. If you master the advanced vocabulary as well, you may start getting your first compliments: *Ma Lei parla proprio bene l'italiano, dove l'ha imparato?* The two categories together account for 90 percent of the everyday vocabulary of Italian; they will enable you to handle reading matter of general interest without difficulty.

Therefore, it seems pointless to offer a learning aid containing much more than 5,000 words, since the effective gain of an additional 1 to 2 percent of words and phrases would be disproportionate to the added effort involved.

Naturally, studying this book is not enough; it cannot replace a grammar book. Regular exercises, both written and oral (that is, as much practice in the language as possible) are the basis for success. It is especially important to get used to the sounds of the target language. We urge you to buy practice tapes, and to listen to Italian radio programs.

Mastering Italian Vocabulary is intended for both teachers and students. The traditional alphabetical organization has been replaced by an arrangement of entries based on association. The drilling and repeating of words, which students often find burdensome, is made easier by logical contexts of meaning and by the integration of individual words into grammatical and syntactical structures, with due regard for idiomatic peculiarities.

That may seem particularly helpful to people who are learning Italian on their own, but we believe that this book also will be a useful supplement to other instructional materials in schools where Italian is offered with growing frequency as an additional foreign language, in adult and continuing education classes, in schools for interpreters, and in university-level study of the Italian language and literature. The vocabulary is representative and can, of course, be used in conjunction with all the textbooks in current use.

On the structure of this book

In the sequence of the individual chapters we have placed human beings at the center of our attention. Starting with the individual, we describe his or her properties, talents, abilities, thoughts, and actions before going on to observe him or her as a social creature in the family circle, in school and at work, at play, in athletic activities, and on trips. Economics, commerce, culture, politics, the natural environment, and environmental problems are taken into due account.

We tried to provide expressive chapter titles (41 in all) to help you find your way through the book, and we attempted to include enough subheadings (a total of 129) to keep the individual sections from becoming too long and unwieldy for the student. Although idiomatic expressions occur in the examples in every chapter, we thought it would be useful to devote a special section to this topic. The most important linguistic terms are also listed.

The grammar section concentrates on the large number of verb forms and on several formal aspects of other parts of speech which, in our opinion, are better presented in tabular form than in individual lexical examples. About 20 especially common verbs with separate meanings that in some cases vary widely are given in the last chapter of the book, all "lumped together."

The organization of the chapters has two purposes simultaneously: First, it reflects the arrangement of the entries according to associative criteria. Second, the subsections limit the number of words to be learned per unit of study. In the final analysis we often had to exceed what we originally had settled on as the optimal quantity of 30 to 40 entries per subsection, divided into basic and advanced vocabulary. There was no question of omitting essential terms; on the contrary, fairly often additions seemed unavoidable, while no further subdividing on the basis of content was possible. Limiting the size of the sections is necessary for didactic reasons. Experience leads us to suggest that you limit the amount you learn in a day to 15 or 20 words, breaking down relatively long chapters into several portions for study.

We also wish to call your attention to the 3,390 examples, or illustrative sentences. Since Italian is a language that tends to conceptualize and deal in abstractions, while English employs subtle distinctions and shades of difference, rendering isolated words out of context can express the meaning only to a limited degree. Here the example makes the meaning more precise in a particular case: "sbagliare—err, also: dial a wrong number, misspeak, make a slip of the pen, miscalculate, etc." Differences in preference for certain grammatical structures become clear in the sentences; for example, Italian's ways of avoiding the passive voice, which is far more common in English.

In many of the examples several entries are illustrated at the same time. Other sentences present a dialogue involving several entries. With a few exceptions, the examples use only words that also are among the 5,128 entries, and in this way material that has been learned is continually repeated and reinforced.

How to use this book

A few tips may help you in dealing with this book:

When you start work, set up a time schedule that you can adhere to on as regular a basis as possible. Half an hour per day for a group of about 15 words ought to be adequate, but choose whatever quantity works best in your own experience.

First, read both columns, the English and the Italian, several times before you check to see how much you have retained. It is essential to review what you have learned at the end of each week, because experience indicates that not all the words can be retained at the first attempt. Later, at longer intervals, you should review the chapters you have already worked on. It is a good idea to write down words you have an especially hard time retaining. Put them on index cards or list them in a vocabulary notebook, and spend extra time on them. We hope the examples also will help you with word retention.

In any event, it is crucial to accept at the very outset that this will be a lengthy process: learning a language is more like running a marathon than sprinting. Make sure you don't force your pace too much at the start! There is a danger that you will be led to do so by your initial rate of progress, measurable from day to day. You're certain to run out of steam farther down the road. Soon enough, you won't seem to be making as much progress, and it will get harder to motivate yourself to do the day's assignment. Therefore, keep strictly to your "training schedule" from the start!

There is nothing mandatory about the sequence in which you study the chapters. If in your particular case certain topics seem especially important, there is no reason not to do those chapters earlier. Each one is not based on the previous one in any didactic sense.

Some users of this book may be interested in filling in gaps in certain specific areas. We recommend its use for that purpose as well.

You may concentrate on the basic vocabulary the first time you work through the book; then go back, learning the advanced vocabulary on the gray-shaded parts of the pages.

Normally, however, anyone using this book will start with Chapter 1 and work straight through to Chapter 41, keeping the goal firmly in view. We wish you the best of luck in reaching that goal!

The Authors

The Pronunciation of Italian

Stress

Generally the stress falls on the penultimate, or next-to-last, syllable (for example, padrone). Where that is not the case, we have indicated the stress with a dot below the appropriate vowel (for example, ạbile). The same symbol appears when the stress, though on the next-to-last syllable, is not immediately apparent to the student (for example, publizịa, farmacịa). In words that end in two vowels neither of which is stressed, the two final vowels count as one syllable, and no dot appears (for example, doppio). A word is stressed on the final vowel only if it bears an accent mark (for example, città).

Vowels

The stressed vowels **e** and **o** are pronounced either open [ɛ], [ɔ] or closed [e], [o]. The open and/or closed pronunciation of these vowels differs by region and is of little significance for non-native speakers.

Consonants

c before **e** or **i** is pronounced [tʃ]; before other letters it is pronounced [k].

ch is pronounced [k].

g before **e** or **i** is pronounced [dʒ].

gl before **e** or **i** is generally pronounced [ʎ], in exceptional cases [gl].

gn is pronounced [ɲ].

In all other phonetic associations **g** is pronounced [g].

qu is pronounced [kw].

sc before **e** or **i** is pronounced [ʃ]; before other letters the pronunciation is [sk].

z is pronounced either [ts] or [dz].

The phonetic transcription is given only for foreign words that deviate from the rules of pronunciation given above.

Phonetic Notation

[a]	mamma		[m]	ramo
[a:]	pagare		[n]	no
[ã]	collant		[ɲ]	cognome
[b]	bambino		[o]	ponte
[d]	dove		[o:]	afoso
[dʒ]	giro, gioco		[ɔ]	rosa
[e]	stella		[ɔ:]	gioco
[e:]	cadere		[p]	padre
[ɛ]	bene		[r]	rete
[ɛ:]	beige		[s]	sano
[f]	afa		[ʃ]	scena
[g]	gola, unghia		[t]	tutto
[i]	vino		[u]	utile
[i:]	finire		[u:]	chiusura
[j]	buio, piacere		[v]	bravo
[k]	cane, che		[w]	uomo, guai
[l]	letto		[z]	esame, svizzero
[ʎ]	gli		[ˊ]	indicates stressed syllable

Abbreviations

f	feminine
inv	invariable
m	masculine
mf	masculine/feminine
off	official language
pl	plural

la **persona** — person

chiamarsi — be named, be called
Come ti chiami?—Mi chiamo Raffaele Gallo. — What's your name?—My name is Raffaele Gallo.

il **cognome** — surname

il **nome** — name

l'**indirizzo** — address
Mi dai il tuo indirizzo? — Will you give me your address?

il numero di telefono — telephone number
Mi dai il tuo numero di telefono? — Will you give me your telephone number?

abitare — live, reside
Dove abiti?—Abito a Roma in Via Giulia 5. — Where do you live?—I live in Rome, Via Giulia 5.

Di dove sei? — Where are you from?

nato, a — born
Sono nata in Sicilia ma vivo a Milano da 15 anni. — I was born in Sicily, but I've been living in Milan for 15 years.

Quanti anni hai? — How old are you?
Ho 18 anni, dunque sono già maggiorenne. — I'm 18, so I'm of age now.

l'**età** *f* — age
Ho lasciato l'Italia all'età di 15 anni. — I left Italy at the age of 15.

la **carta d'identità** — identification card
La carta d'identità è scaduta. — The ID card has expired.

scadere — expire; fall due

la **data di nascita** — date of birth

il **passaporto** — passport
Hai già il nuovo passaporto? — Do you already have the new passport?

la **patente** — driver's license

il **sesso** — sex
di sesso femminile — female
di sesso maschile — male

celibe, nubile — single, unmarried
Mario è celibe. — Mario is single.
Maria è nubile. — Maria is single.

13

sposato, a
Giovanna e Carlo sono
sposati da cinque anni.

married
Giovanna and Carlo have been
married for five years.

il **mestiere**

occupation, craft, job
(*trade*)

Che mestiere fa tuo padre?

What is your father by
trade?

la **professione**
Andrea è di professione
insegnante.

profession (*in general*)
Andrea is a teacher by
profession.

---

maggiorenne

adult, of age

minorenne

under age

la **residenza**

residence

l'**individuo**

individual

il **luogo di residenza**

place of residence

il **luogo di nascita**

place of birth

il **documento**
Un documento, per favore!

identity card
Your identity card, please!

personale

personal

la **cittadinanza**
Giuseppe ha la cittadinanza
tedesca.

citizenship
Giuseppe has German
citizenship.

la **nazionalità**

nationality

la **confessione**
Qual'è la confessione più diffusa in
Italia?

confession (*of faith*), religion
What is the most common religion
in Italy?

lo **stato civile**

marital status

coniugato, a *off*

married

divorziato, a

divorced

divorziare
Puoi divorziare anche in Italia,
ma dura di più.

get a divorce
You can get a divorce in Italy
too, it just takes longer.

il **divorzio**

divorce

separato, a
Essendo separati da tre anni, possiamo
chiedere il divorzio.

separated
Since we've been separated for
three years, we can file for
divorce.

la **separazione**

separation

il **vẹdovo**, la **vẹdova**
Anna è vedova già da sette anni.

widower, widow
Anna has been a widow for
seven years already.

il **biglietto da visita**
Puoi farmi vedere il biglietto da
visita di quella persona simpatica?

visiting card
Can you show me this charming
person's visiting card?

Mi chiamo Giovanna. Conosco Carlo
da sette anni.

*My name is Giovanna. I have known
Carlo for seven years.*

Mi chiamo Carlo. Giovanna è mia
moglie da cinque anni.

*My name is Carlo. Giovanna has
been my wife for five years.*

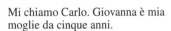

Body Parts and Organs

la **vita**	life
il **corpo**	body
l'**osso**	bone
Quante ossa ti sei rotto?	How many bones did you break?
Sono per il cane questi ossi?	Are these bones for the dog?
la **pelle**	skin
Desidero una crema per la pelle.	I would like a skin cream.
i **capelli** *pl*	hair
Mi tagli i capelli molto corti, per favore.	Cut my hair very short, please.
la **testa**	head
Ora pieghiamo la testa a sinistra.	Now we move our head to the left.
Mi gira la testa.	I feel dizzy.
la **faccia**	face
Hai una bella faccia abbronzata.	Your face is nicely tanned.
la **fronte**	forehead
la **bocca**	mouth
Respiri con la bocca chiusa, per favore!	Breathe with your mouth closed, please!
sentire	feel
Non sentite freddo?	Don't you feel cold?
il **collo**	neck
Si copre sempre fino al collo.	She always covers herself up to her neck.
la **gola**	throat, neck
la **spalla**	shoulder
Mettiti uno scialle sulle spalle.	Put a shawl around your shoulders.
il **petto**	chest, breast, bosom
il **braccio**	arm
Anna tiene il bambino sulle braccia.	Anna holds the baby in her arms.
la **mano**	hand
Hai le mani calde.	You have warm hands.

il **dito**
Porta gli anelli in tutte le dita.

finger; toe
She wears rings on all of her fingers.

la **gamba**
Daniele si è rotto una gamba.

leg
Daniele has broken a leg.

il **ginocchio**
piegare le ginocchia/i ginocchi

knee
bend one's knees

il **piede**
Preferisco stare in piedi.

foot
I prefer to stand.

il **cervello**

brain

il **dente**
Alberto deve togliersi un dente.

tooth
Alberto has to have a tooth pulled.

togliere

take off, take away, remove

la **lingua**
Tiri fuori la lingua e dica: "aaaaaa".

tongue
Stick out your tongue and say "Aaaah."

il **cuore**
Dopo cinque espressi il cuore mi batteva come un matto.

heart
After five espressos my heart was beating like mad.

il **polmone**

lung

respirare
Respirare l'aria pulita fa bene ai polmoni.

breathe
Breathing clean air is good for the lungs.

il **respiro**

breath

il **fegato**
Antonio si è rovinato il fegato con l'alcol.

liver
Antonio has ruined his liver with alcohol.

lo **stomaco**
Ho mangiato troppo ed ho lo stomaco pesante.

stomach
I've overeaten and my stomach feels too full.

il **sangue**
Vorrei fare l'analisi del sangue.

blood
I would like to have a blood test done.

il **muscolo**
Non posso più tendere i muscoli del collo.

muscle
I can't tense my neck muscles any more.

il **capello**	hair
il **viso**	face
abbronzato, a	tanned
il **labbro**	lip
Lisa aveva le labbra blu dal freddo.	Lisa's lips were blue from cold.
la **palpebra**	eyelid
Ha spesso le palpebre gonfie?	Do you often have swollen eyelids?
il **sopracciglio**	eyebrow
gonfio, a	swollen, puffed up
gonfiare	swell, inflate
la **guancia**	cheek
Gli ha dato un bacio sulla guancia.	She gave him a kiss on the cheek.
il **mento**	chin
il **pugno**	fist
Cosa tieni nel pugno?	What are you holding in your fist?
la **schiena**	back
L'operaio piegava la schiena sotto il carico.	The worker bent his back under the burden.
l'**anca**	hip
il **torace**	upper body; thorax
Questo esercizio è utile per un torace robusto.	This exercise helps build a powerful upper body.
la **colonna vertebrale**	spine, spinal column
Il bambino di Anna è nato con un difetto alla colonna vertebrale.	Anna's baby was born with a spinal defect.
il **seno**	breast, bosom
il **ventre**	belly, abdomen
Quella verdura fa gonfiare il ventre.	These vegetables cause flatulence.
l'**intestino**	intestine
la **pancia**	belly, paunch
Hai di nuovo mal di pancia?	Do you have a stomachache again?
il **sedere**	bottom, backside
Carlino ha battuto il sedere per terra.	Carlino fell on his bottom.

il **gomito**	elbow
l'**unghia**	(*finger*)nail
Luciana cerca le forbici per le unghie.	Luciana is looking for the nail scissors.
la **coscia**	thigh
il **calcagno**	heel
il **rene**	kidney
Anna ha un rene solo.	Anna has only one kidney.
la **vena**	vein
il **nervo**	nerve
Per questo lavoro bisogna avere buoni nervi.	For this work you need to have good nerves.
soffocare	suffocate
Mi manca il respiro e mi sento soffocare.	I can't get any air and I feel I'm suffocating.

▬▬▬ Senses and Sensory Perceptions ▬▬▬

l'**occhio**	eye
Apri gli occhi!	Open your eyes!
vedere	see
Non ho visto né l'uno né l'altro.	I've seen neither the one nor the other.
gli **occhiali** *pl*	(eye)glasses
la **vista**	sight, vision
Il nonno non ha più la vista buona.	Grandfather doesn't see well any more.
il **naso**	nose
Mi devo soffiare il naso.	I have to blow my nose.
sentire	smell
Senti che buon profumo/odore!	Just smell that wonderful fragrance!
l'**orecchio**	ear
Mi fanno male le orecchie.	My ears hurt.
sentire	hear
Avete sentito cosa ha detto Roberto?	Have you heard what Roberto said?
il **gusto**	taste
Senti se la salsa è di tuo gusto.	See whether the sauce is to your taste.

cieco, a
Quei due ragazzi sono ciechi dall
a nascita.

blind
The two boys have been blind
since birth.

muto, a
Orlando è muto, ma si fa capire
molto bene con i gesti.

mute
Orlando is mute, but he makes
himself well understood with sign
language.

il **gesto**

gesture; sign

lo **sguardo**
Il suo sguardo è sempre pieno
d'amore.
Getta uno sguardo a quella pagina,
per favore!

look, glance
His look is always full of
love.
Take a look at this page, please!

gettare

throw; cast

l'**intesa**
Si sono scambiati uno sguardo d'intesa.

agreement, understanding
They exchanged a look of tacit
understanding.

scambiarsi

exchange

l'**udito**
Gustavo ha l'udito debole.

(sense of) hearing
Gustavo has poor hearing.

sordo, a
Con l'età siamo diventati un po'
sordi anche noi.

deaf
With age we too have
become a little deaf.

il **tatto**
Senti come è morbido al tatto!

(sense of) touch
Feel how soft it is to the touch!

Activities

muovere
Provi a muovere la testa/le braccia/le
gambe.

move
Try to move your head/arms/legs.

il **movimento**

movement

andare

Che ne dici di andare a piedi?

—Preferisco andare in tram.

go, walk, move
(in general)
What do you think about going on
foot?
—I prefer to go by streetcar.

correre
Mario è corso a casa.

run, race
Mario ran home.

alzare
Non posso alzare la testa.

lift, raise
I can't raise my head.

alzarsi
A che ora ti alzi?

get up, rise; stand up
What time do you get up?

sedersi

sit down, take a seat

girare
Scusa se ti giro le spalle.

turn
Excuse me for turning my back to you.

salire
Ubriaco come sei, non puoi salire le scale.

go up, climb; get into
As drunk as you are, you can't climb the stairs.

scendere
Perché non siete scesi alla stazione?

descend; get out
Why didn't you get out at the train station?

venire
Verremo a piedi.

come
We'll come on foot.

cadere

fall

la **caduta**
Giovanni ha fatto proprio una brutta caduta.

fall
Giovanni really had a nasty fall.

muoversi
Non muoverti!

move, budge
Don't move!

immobile
Va bene, resterò immobile.

immobile, still
All right, I'll stay still.

mobile

mobile, movable

camminare
Ho camminato due ore.

walk
I walked for two hours.

il **passo**
Non faccia i passi così lunghi, non riesco a seguirla.

step
Don't take such long steps; I can't keep up with you.

saltare
Carla è saltata dal letto.

jump, leap
Carla jumped out of bed.

agitare
Agitava le braccia come un pazzo.

agitate, shake
He waved his arms like a lunatic.

scuotere
Il padre scosse la testa.

shake
Father shook his head.

stringere
L'ha stretta forte fra le braccia.
Stringere la mano.

press; squeeze
He hugged her tightly.
Shake hands.

afferrare	grasp; catch
la **stretta**	pressure; clasp
Ci siamo salutati con una stretta di mano.	We greeted each other with a handshake.
Quando l'ho visto ho sentito una stretta al cuore.	When I saw him, I felt a pang in my heart.
Basta con le discussioni, è ora di venire alle strette!	That's enough discussion; it's time to get down to brass tacks.
sollevare	lift, raise
Ora deve sollevare tutte e due le gambe.	Now you need to lift both legs.
tẹndere la mano	hold out one's hand; give a helping hand
pọrgere	hand; offer; give
girarsi	turn around
Francesco si girò di scatto, pallido come un morto.	Francesco turned around abruptly, pale as a corpse.
di scatto	suddenly, abruptly

Appearance

la **barba**	beard
Gianni ha perso la scommessa e deve tagliarsi la barba.	Gianni lost the bet and has to cut off his beard.
i **baffi** *pl*	mustache
Hai i baffi troppo lunghi.	Your mustache is too long.
bello, a	beautiful, handsome
brutto, a	ugly
La faccia di Liliana non è brutta.	Liliana's face is not ugly.
alto, a	tall
Franco è diventato molto alto.	Franco has gotten very tall.
basso, a	short (of stature)
Sei troppo basso per questo sport.	You're too short for this sport.
grasso, a	fat
Alessandra non è né grassa né magra.	Alessandra is neither fat nor thin.
magro, a	thin
robusto, a	robust, sturdy, strong

biondo, a
Da piccolo era biondo, ora è castano.

blond
As a child he was blond, now he has chestnut hair.

castano, a

chestnut-brown

grigio, a
I primi capelli grigi mi sono venuti a 30 anni.

gray
I got my first gray hairs at the age of 30.

nero, a

black

azzurro, a
Rossella ha gli occhi azzurri come il mare.

blue
Rossella has eyes as blue as the ocean.

cambiare
Ti trovo molto cambiato.

change
I think you've changed a lot.

crescere
Perché non ti fai crescere i capelli?

grow
Why don't you let your hair grow?

---

la **statura**

height, stature, size

normale
Paola è di statura normale.

normal
Paola is of normal height.

l'**aspetto**
Giovane di bell'aspetto cercasi!

appearance
Wanted, good-looking young woman!

esteriore

exterior, outside

carino, a
La tua ragazza è proprio carina.

pretty
Your girlfriend is really pretty.

snello, a
Umberto ama le donne snelle.

slender, slim
Umberto likes slender women.

pallido, a

pale, pallid, wan

bruno, a
Maria è bruna ed ha gli occhi neri.

brown; dark
Maria has brown hair and dark eyes.

ovale
Il ladro aveva un viso ovale, i baffi e la barba castani.

oval
The thief had an oval face and a brown moustache and beard.

la **mascella**
L'uomo che ho visto io aveva e mascelle quadrate.

jaw, jawbone
The man I saw had square jawbones.

(as)somigliare
Tu assomigli molto a tua nonna.

resemble, look like
You look very much like your
grandmother.

la somiglianza
E' vero, tutti si meravigliano di questa
somiglianza così grande.

resemblance, similarity
It's true, everyone is amazed at
such great similarity.

meravigliarsi

be amazed, surprised

dimagrire <dimagrisco>
Sono dimagrita due chili.

lose weight
I have lost 2 kilos.

ingrassare
Quanto sei ingrassato!

gain weight
You've gained a lot of weight!

il fianco
Carolina ha i fianchi molto larghi.

flank
Carolina is rather broad in the
beam.

rimediare
Lo so, devo rimediare subito
con una buona dieta.

remedy, put right
I know, and I have to
remedy it at once with a
good diet.

Cosmetics and Personal Grooming

lavarsi
Ti sei già lavato i denti?

wash oneself
Have you already cleaned your
teeth?

asciugarsi
Vuoi asciugarti i capelli?

dry oneself
Are you going to dry your hair?

fare la doccia
Appena alzato mi faccio la doccia.

(take a) shower
I shower right after I get up.

fare il bagno

bathe

nudo, a

naked, nude

il massaggio
Questi massaggi vi fanno proprio
bene.

massage
These massages really are doing
you good.

farsi la barba
Cesare non si fa la barba da tre
giorni.

shave oneself
Cesare hasn't shaved for three
days.

l'acqua
Non faccio il bagno perché l'acqua è
fredda.

water
I'm not taking a bath because the
water is cold.

il **sapone**	soap
la **crema**	cream
Questa crema da barba mi provoca un'allergia.	I'm allergic to this shaving cream.
il **pettine**	comb
l'**asciugamano**	towel
Vorrei un asciugamano asciutto, questo è bagnato.	I would like a dry towel; this one is wet.
lo **shampoo** ['ʃampo]	shampoo
Luca cerca uno shampoo alle erbe.	Luca is looking for an herbal shampoo.
lo **spazzolino da denti**	toothbrush
il **dentifricio**	toothpaste
Giorgio ha dimenticato il dentifricio.	Giorgio has forgotten the toothpaste.
il **rasoio (*elettrico*)**	(electric) razor
le **forbici** *pl*	scissors

pettinarsi	comb one's hair
pettinare	comb
Prima di uscire voglio pettinare i bambini.	Before leaving, I want to comb the children's hair.
truccarsi	make up one's face
Non ti truccare troppo!	Don't put on too much makeup!
prepararsi	prepare oneself, get oneself ready
Mi sto preparando, abbi un attimo di pazienza.	I'm getting ready, wait just a moment.
rinfrescare	refresh, cool
tagliarsi	cut oneself
Mi sono tagliato le unghie.	I cut my fingernails.
abbronzarsi	tan
Vorrei un prodotto per abbronzarmi senza pericolo.	I would like a product for tanning safely.
spazzolare	brush
il **parrucchiere**, la **parrucchiera**	hairdresser
Se fossi in te non andrei più da questo parrucchiere.	If I were you I wouldn't go to this hairdresser anymore.
l'**igiene** *f*	hygiene
L'igiene non va trascurata.	Hygiene shouldn't be neglected.

trascurare	neglect
igiẹnico, a	hygienic
la **carta igiẹnica** Hai visto che la carta igienica è finita?	toilet paper Did you see that the toilet paper is all gone?
la **saponetta** Uso una saponetta medicinale perché è più igienica.	cake of toilet soap I use a medicinal soap because it is more hygienic.
medicinale	medicinal
il **borotalco**	talcum powder
il **profumo** Vorrei provare un profumo nuovo, quale mi consiglia?	perfume; fragrance, scent I would like to try a new perfume; which one do you recommend?
il **rossetto** Angela preferisce un rossetto più chiaro, del colore dello smalto.	lipstick Angela prefers a lighter lipstick, the color of the nail polish.
lo **smalto (per unghie)**	nail polish
la **spazzola** Grazia ha perso la spazzola per i capelli.	brush Grazia has lost the hairbrush.
il **cotone idrọfilo** Ci vuole il cotone idrofilo per disinfettare la ferita.	(absorbent) cotton You need absorbent cotton to disinfect the wound.
il **fon(o)**	hairdryer
gli **assorbenti** *pl*	sanitary napkins
assorbenti interni	tampons

▬▬▬ Reproduction, Sexuality, Development ▬▬▬

l'**amore** *m*	love
il **sentimento** L'amore è il sentimento più bello.	feeling, sentiment Love is the most beautiful sentiment.
far l'amore Vorrei far l'amore con te.	make love I would like to make love to you.

sentimentale

sentimental

innamorarsi

fall in love

innamorato, a

in love

Raimondo è sempre innamorato di Barbara.

Raimondo is still in love with Barbara.

l'**uomo**

man

la **donna**

woman

Gli uomini maturano più tardi delle donne.

Men mature later than women.

maturare

mature

il **bambino**

baby, child; little boy

Michela aspetta un bambino da me.

Michela is expecting my baby.

la **bambina**

little girl

la **pillola (contraccettiva)**

(birth control) pill

Per avere la pillola ci vuole la ricetta.

To get the pill, you need a prescription.

il **preservativo**

condom

il **sesso**

sex

Le donne non sono più il sesso debole.

Women are no longer the weaker sex.

la **nascita**

birth

nascere

be born

Vorrei sapere quanti bambini nascono ogni giorno in Italia.

I would like to know how many babies are born in Italy every day.

morire

die

D'amore non si muore.

No one dies of love.

Il fratello di Carlo è morto in un incidente.

Carlo's brother died in an accident.

adulto, a

adult

l'**adulto**, l'**adulta**

adult

Questo film è solo per adulti.

This film is for adults only.

giovane

young

Sei ancora troppo giovane!

You're still too young!

il, la **giovane**

young person

Alla discussione hanno partecipato anche molti giovani.

Many young people also took part in the discussion.

vecchio, a

old

vivo, a
Ero più morto che vivo dalla paura.

alive
I was more dead than alive from fear.

morto, a

dead

la **morte**
Dopo la morte della moglie è tornato in Italia.

death
After his wife's death he returned to Italy.

la **tomba**
La tomba di Dante si trova a Ravenna.

grave, tomb
Dante's grave is in Ravenna.

---

generare

generate, beget

incinta
Mia sorella è incinta di tre mesi.

pregnant
My sister is three months pregnant.

la **gravidanza**

pregnancy

il **parto**
Maria ha avuto un parto molto facile.

delivery
Maria had a very easy delivery.

l'**aborto**

abortion

abortire <abortisco>
Perché vuoi abortire?

abort
Why do you want to have an abortion?

il **rapporto sessuale**

sexual intercourse

gli **organi genitali** *pl*
In biologia abbiamo parlato degli organi genitali.

genitals, reproductive organs
In biology we spoke about the reproductive organs.

la **vergine**

virgin

omosessuale

homosexual

la **mestruazione**

menstruation, menstrual period

la **pubertà**
La pubertà è un'età difficile.

puberty
Puberty is a difficult age.

la **menopausa**

menopause

la **gioventù**
Ho passato la gioventù in Friuli.

youth
I spent my youth in Friuli.

la **vecchiaia**
Desidererei passare la vecchiaia nel Lazio.

(old) age
I would like to spend my old age in Latium.

il **suicidio**	suicide
uccịdere	kill
il **funerale**	funeral
Oggi c'è il funerale del mio amico Luciano.	Today is my friend Luciano's funeral.
seppellire \<seppellisco\>	bury
il **cimitero**	cemetery
Il vecchio cimitero protestante di Roma è bellissimo.	The old Protestant Cemetery of Rome is very beautiful.
mortale	mortal, deadly, fatal
Due dei passeggeri hanno subito ferite mortali.	Two passengers received fatal injuries.

Nella vecchiaia abbiamo bisogno di molti amici.

Old age requires plenty of friends.

General Terms

la **salute**
Non fare nulla che danneggi
la salute.

health
Don't do anything that could
harm your health.

la **malattịa**

illness, disease, sickness

grave
Questa malattia è sì contagiosa,
ma non grave.

serious, grave; dangerous
This disease is contagious,
but not serious.

il **male**
Per ora l'Aids è un male inguaribile.

illness, disease; pain
Until now, AIDS is an incurable
disease.

far male
Ti fa sempre male la gola?

hurt
Does your throat still hurt?

il **dolore**
Questo dolore al braccio non mi
passa mai.

pain, ache
This pain in my arm just won't go
away.

la **febbre**
Hai una febbre da cavallo e
vuoi alzarti dal letto!

fever
With such a high fever you
want to get out of bed!

dẹbole
Sono già guarito, ma mi sento
ancora molto debole.

weak
I'm well again, but I still feel very
weak.

la **crisi**
Superata la crisi, il paziente è stato
rimandato a casa.

crisis
After the crisis was overcome,
the patient was sent back home.

svenire
Aiutami, svengo!

faint
Help me, I'm going to faint!

guarire <guarisco>

recover, mend; heal, cure

la **guarigione**
Buona guarigione!

recovery, healing, cure
Get well soon!

rimẹttersi
Dopo l'operazione il paziente si è
rimesso molto presto.

recover
After the operation the patient
recovered very quickly.

la **cura**
Il medico mi ha prescritto
una cura per il fegato.

cure, (course of medical) treatment
The doctor prescribed a
treatment for my liver.

malato, a
Giuseppe è malato di cuore da
cinque anni.

sick, ill
Giuseppe has had heart disease for
five years.

crǫnico, a
Devi stare attento che la malattia
non diventi cronica.

chronic
You have to be careful that the
disease doesn't become chronic.

acuto, a

acute

la **condizione**
Le mie condizioni di salute sono
ottime!

state, condition
The state of my health is
excellent!

il, la **paziente**

patient

la **digestione**

digestion

digerire <digerisco>
Non ho digerito bene quello che
ho mangiato ieri sera.

digest
I didn't easily digest what I ate
last night.

la **sanità** *off*
Deve andare all'ufficio della sanità.

health
You have to go to the health
office.

foglio della mutua
Il turista dovrebbe viaggiare con
il foglio internazionale della
mutua.

health insurance certificate
Tourists should travel with their
international health insurance
certificate.

la **Croce Rossa**
E' passata un'ambulanza della Croce
Rossa.

Red Cross
A Red Cross ambulance drove by.

ammalarsi

fall sick

stroncare
La malattia lo ha stroncato in poco
tempo.

carry off
The disease carried him off in a
short time.

la **vaccinazione**
Prima del viaggio voglio fare tutte
le vaccinazioni necessarie.

vaccination
Before the trip I want to get all the
necessary vaccinations.

l'**allergia**

allergy

stare male/bene
Se stai male, non puoi nuotare.

be ill/well
If you're ill, you can't go
swimming.

il **disturbo**
Con questo tempo si hanno facilmente
disturbi di circolazione.

trouble; disorder
In this weather one can easily have
circulatory trouble.

facilmente

easily

inguaribile

incurable

le **vertigini** *pl*

dizziness

il **polso**
Non è normale che tu abbia sempre
le vertigini, fammi sentire il polso.

pulse
It's not normal that you
always feel dizzy; let me feel your
pulse.

vomitare

vomit

la **terapia**

therapy

efficace
E' una terapia lunga, ma molto
efficace.

effective
It's a lengthy, but highly effective
therapy.

danneggiare

damage, harm, injure

il **virus**
Questa influenza è provocata da un
virus molto resistente.

virus
This flu is caused by a
very resistant virus.

resistente

resistant

handicappato, a
Gli handicappati hanno bisogno
di adeguate attrezzature.

handicapped
The handicapped need
suitable facilities.

l'**handicap** *m*
Per il suo handicap gli è stata data
una tessera speciale.

handicap
Because of his handicap he
got a special ID card.

la **dieta**
Il dottore mi ha messo a dieta.

diet
The doctor has put me on a diet.

dimagrante

weight-reducing, slimming

Diseases, Injuries, Symptoms

sano, a
Non soffro di niente, sono
sano come un pesce.

healthy
There's nothing wrong with me,
I'm as sound as a bell.

la **malattia**

disease, illness

ammalato, a

sick, ill

la **frattura**
Non sono ammalata, ho solo una
frattura al braccio.

break, fracture
I'm not ill, I just have a broken
arm.

curarsi
Se siete ammalati, dovete
assolutamente curarsi.

take care of oneself
If you're ill, you absolutely have
to look after yourself.

soffrire di

suffer from

la **sofferenza**

suffering, pain

il **mal di testa**

headache

Con la luna piena soffro di un terribile mal di testa.

When the moon is full I suffer from terrible headaches.

terribile

terrible

il **mal di stomaco**

stomachache

il **mal di pancia**

bellyache

il **mal di denti**

toothache

il **mal di gola**

sore throat

il **diabete**

diabetes

Lia soffre di diabete da molti anni.

Lia has suffered from diabetes for many years.

il **sintomo**

symptom, sign

descrivere

describe

Mi può descrivere i suoi sintomi, per favore?

Can you describe your symptoms to me, please?

stanco, a

tired

stancarsi

tire, get tired

Sì dottore. Innanzi tutto mi stanco subito, e mi alzo già stanco la mattina.

Yes, Doctor. Above all, I tire quickly; I'm already tired when I get up in the morning.

dormire

sleep

Lei ha bisogno di dormire molto, appena ha sonno, vada subito a letto.

You need lots of sleep; as soon as you're sleepy, go to bed.

addormentarsi

fall asleep

il **sonno**

sleep

sudare

sweat

il **sudore**

sweat

russare

snore

Se russi tanto divento nervosa e non dormo più.

When you snore so much, I get nervous and can't fall asleep again.

isterico, a

hysterical

Direi che diventi addirittura isterica!

I would say that you get downright hysterical!

nervoso, a

nervous

l'**Aids** *m* [aidi'ɛsse]

AIDS

la **tosse**

cough

Questa tosse mi dà molto fastidio.

This cough bothers me a lot.

il **fastidio**	trouble, concern; annoyance
il **crampo** Stamattina ho avuto un crampo nella coscia destra.	cramp This morning I had a cramp in my right thigh.
il **cancro** Sono stata malata di cancro ma ora sono perfettamente guarita.	cancer I had cancer, but now I'm completely cured.
il **tumore**	tumor
maligno, a	malignant
la **nevrosi** La paura di avere un tumore maligno gli ha fatto venire una nevrosi.	neurosis Fear of cancer has caused him to develop a neurosis.
la **ferita** Stefania ha perso molto sangue dalla ferita.	wound, injury Stefania's wound bled profusely.
ferirsi \<mi ferisco\>	injure oneself
ferire \<ferisco\> Lo ha ferito ad una gamba, ma senza volerlo.	injure She injured his leg, but it was unintentional.
l'**infiammazione** *f* Hai davvero una brutta infiammazione alla gola.	inflammation You really have a nasty throat inflammation.
rompersi Ho sentito che ti sei rotto la gamba a sciare.	break, get broken I heard that you broke your leg while skiing.

contagioso, a	contagious
disinfettare Quella malattia è contagiosa, è meglio disinfettare tutto.	disinfect This disease is contagious; it's better to disinfect everything.
l'**infarto** Giulio è stato colpito da infarto a 34 anni.	infarct(ion) Giulio suffered a cardiac infarct at the age of 34.
il **raffreddore** Per fortuna è solo un raffreddore.	cold, chill Fortunately it's only a cold.
raffreddarsi	catch cold
raffreddato, a Sei troppo raffreddato per fare il bagno.	afflicted with a cold You have too bad a cold to take a bath.

l'**influenza**	flu
la **bronchite**	bronchitis
riguardarsi	take care of oneself
Dopo quella brutta bronchite che hai avuto, devi riguardarti!	After that awful bronchitis, you have to take care of yourself!
tossire <tossisco>	cough
Quel bambino tossisce troppo, dàgli le gocce!	The baby is coughing too much, give it its drops!
la **polmonite**	pneumonia
La polmonite lo ha costretto a letto per un mese.	Pneumonia confined him to bed for a month.
l'**appendicite** *f*	appendicitis
subire	undergo
Questa è la seconda operazione che subisci, vero?	This is the second operation you've undergone, right?
la **paralisi**	paralysis
In seguito alla paralisi non è più in grado di alzarsi dalla sedia a rotelle.	Because of the paralysis he's no longer able to get out of the wheelchair.
la **diarrea**	diarrhea
Michele ha mangiato troppa frutta e gli è venuta la diarrea.	Michele ate too much fruit and got diarrhea.
la **commozione cerebrale**	brain concussion
L'infortunio sul lavoro gli ha causato una commozione cerebrale.	In the accident at work, he suffered a brain concussion.

Doctor, Doctor's Office, Hospital

il **medico**	doctor, physician
Se vuoi, ti posso chiamare il medico.	If you want, I can call the doctor for you.
curare	treat; cure, heal
Ho curato la mia bronchite in montagna.	I cured my bronchitis in the mountains.
l'**ospedale** *m*	hospital
Qual è l'orario di visita all'ospedale?	What are the visiting hours at the hospital?
l'**iniezione** *f*	injection, shot
Sara deve fare tre iniezioni al giorno.	Sara gets three injections a day.

35

l'**ambulatorio**
Qual'è l'orario di ambulatorio?
—L'ambulatorio è aperto tutti i
giorni dalle 9 alle 13, escluso il
giovedì.

consulting room; (doctor's) office
What are the office hours?—The
office is open every day from
9 to 1, except Thursday.

l'**ambulanza**

ambulance

il **pronto soccorso**
Scusi, dov'è il Pronto Soccorso?

First Aid; outpatient clinic
Excuse me, where is the
Outpatient Clinic?

l'**infermiere**, l'**infermiera**

nurse

la **visita medica**
Ti consiglio di sottoporti subito
ad una visita medica!

medical examination
I advise you to have a
medical examination at
once!

il **letto**
Devo restare a letto ancora per tre
giorni.

bed
I have to stay in bed three more
days.

il, la **dentista**
Scusi, sa dirmi dove trovo
un buon dentista?

dentist
Can you please tell me where to
find a good dentist?

cavare
Il dente non deve essere cavato,
lo so con certezza.

extract, pull
The tooth doesn't have to be
pulled, I'm certain.

la **certezza**

certainty

lo, la **specialista**
In quell'ospedale ci sono i migliori
specialisti della città.

specialist
The best specialists in town
work in that hospital.

lo **psicologo**, la **psicologa**

psychologist

la **psicologia**

psychology

lo, la **psichiatra**
In questa città non ci sono psichiatri,
ma diversi psicologi.

psychiatrist
In this town there are no
psychiatrists, but several
psychologists.

pazzo, a
E' veramente diventato pazzo dal
dolore ed ora è in cura.

crazy, mad
He truly went crazy from
pain and is now in
treatment.

la **pazzia**

insanity

l'**operazione** f
L'operazione ha luogo nel reparto
del professor Petrelli.

operation
The operation is taking place
in Professor Petrelli's
ward.

la **clinica**
Preferisco essere ricoverata in
un'altra clinica.

hospital, clinic
I prefer to be taken to a different
hospital.

ricoverare

take to a hospital

la **siringa**
L'infermiera ha preso una siringa
ed un ago più piccoli.

syringe
The nurse took a smaller
syringe and needle.

il **terrore**
Quand'ero bambina avevo
terrore delle iniezioni.

fear, terror
As a child I was terrified of
injections.

le **analisi** *pl*

lab tests

l'**urina**
Il medico ha consigliato di fare
l'analisi dell'urina.

urine
The doctor advised having a urine
test.

la **radiografia**
La radiografia ha confermato la
diagnosi.

x-ray (photograph)
The x-ray has confirmed the
diagnosis.

la **diagnosi**

diagnosis

la **barella**
Gli infermieri arrivarono
di corsa con la barella.

stretcher
The nurses hastily came
with the stretcher.

il **reparto**

ward, section

operare
Devo farmi operare di appendicite.

operate
I have to have my appendix
operated on.

rivolgersi a

contact

l'**emergenza**
In caso di emergenza rivolgersi a ...

emergency
In case of emergency please
contact ...

la **sedia a rotelle**

wheelchair

depresso, a
Da quando è costretto a vivere nella
sedia a rotelle, Ferdinando è molto
depresso.

depressed
Since he was confined to the
wheelchair, Ferdinando has been
very depressed.

Pharmacy, Medications, Drugs

la **farmacia**
Sbrigati, la farmacia chiude alle 20!

pharmacy
Hurry, the pharmacy closes at 8!

prescrivere
Mi dispiace, ma la medicina che Le ha prescritto il medico deve essere ordinata; venga domani mattina!

prescribe
I'm sorry, but the medication the doctor prescribed for you has to be ordered; come back tomorrow morning!

le **gocce** *pl*

drops

il **cerotto**
Mi dia per favore cinque cerotti per pelli delicate.

(adhesive) plaster
Please give me five plasters for sensitive skin.

il **veleno**
Il veleno della vipera richiede un intervento immediato.

poison, venom
Viper venom requires immediate intervention.

la **camomilla**
Se non riesci a dormire ti faccio una camomilla.

camomile
If you can't sleep, I'll make you camomile tea.

la **medicina**
Il signor Blandini è un famoso professore di medicina.

medicine; medication
Mr. Blandini is a famous professor of medicine.

la **ricetta**
Senza ricetta non te lo danno.

prescription
They won't give it to you without a prescription.

la **droga**
Lo hanno condannato per spaccio di droga.

drug
He was sentenced for drug dealing.

drogarsi
Lo ha lasciato perché si drogava.

take drugs
She left him because he was taking drugs.

drogato, a

drug-addicted

il, la **farmacista**
Mi faccio misurare la pressione
del sangue dal farmacista.

pharmacist
I have my blood pressure taken
by the pharmacist.

la **pasticca**
Vuole una confezione da 10
o da 20 pasticche?

tablet
Would you like a package of
10 or of 20 tablets?

la **confezione**

package, parcel

la **supposta**
Vorrei delle supposte contro il mal di
mare.

suppository
I would like suppositories for
prevention of seasickness.

il **mal di mare**

seasickness

la **fascia**
Mi fa male il ginocchio, mi serve
una fascia elastica.

bandage
My knee hurts; I need an
elastic bandage.

la **pomata**

salve, ointment

la **pressione** (**del sangue**)

(blood) pressure

il **tranquillante**
Ti prego di fare attenzione con i
tranquillanti.

tranquilizer
I beg you to be careful with the
tranquilizers.

gli **stupefacenti** *pl*
La cocaina è uno degli stupefacenti
più pericolosi.

narcotics, drugs
Cocaine is one of the most
dangerous narcotics.

la **cocaina**

cocaine

colpire <colpisco>
La droga è come una disgrazia che
colpisce tutta la famiglia.

hit, strike
The drug is like a disaster that
strikes the entire family.

la **disgrazia**

disaster, misfortune

distribuire <distribuisco>
Bisogna trovare un modo concreto per
fermare quelli che la distribuiscono
ai ragazzi.

distribute
We need to find a definitive
way to stop those who are
distributing it to young
people.

concreto, a

concrete, definitive, real

il **ragazzo**, la **ragazza**

boy, girl

======= **Foods** =======

mangiare
Vi posso offrire qualcosa da mangiare?

eat
Can I offer you something to eat?

bere
Che cosa hai bevuto ieri sera?

drink
What did you drink last night?

il **latte**

milk

l'**acqua** (minerale)
Niente di speciale, solo dell'acqua minerale.

(mineral) water
Nothing special, just some mineral water.

il **pane**
Ora è possibile comprare il pane nero anche in Italia.

bread
Now dark bread can be bought in Italy too.

la **pasta**
Che tipo di pasta vi piace di più?

pasta
What kind of pasta do you like best?

l'**uovo**
Le uova sode sono pesanti.

egg
Hard-boiled eggs are hard to digest.

la **farina**
Non c'è più farina in casa.

flour
There's no more flour in the house.

lo **zucchero**

sugar

la **carne**
Oggi rinunciamo alla carne e mangiamo un po' di pesce.

meat
Today we'll do without meat and eat a little fish instead.

il **pesce**
Fai attenzione che il pesce sia fresco e non surgelato.

fish
Make sure that the fish is fresh and not frozen.

la **verdura**
In Italia si trovano tantissime qualità di verdura.

vegetables
In Italy one finds a wide variety of vegetables.

l'**insalata**
Al mercato ho trovato diverse qualità d'insalata.

salad (greens)
I found various kinds of salad greens at the market.

trovare

find; get

la **frutta**
Conviene comprare la frutta di
stagione.

fruit
It is advisable to buy fruits in
season.

il **formaggio**
Il Parmigiano è il formaggio italiano
più famoso.

cheese
Parmesan is Italy's
best-known cheese.

le **conserve** *pl*
Gli italiani consumano meno
conserve dei tedeschi.

canned goods
Italians use fewer canned
goods than Germans.

consumare

use; consume

gli **alimentari** *pl*
Nella seconda strada a destra c'è
un buon negozio di alimentari.

foods, groceries
On the second street to the right
there is a good grocery store.

i **generi alimentari** *pl*

foodstuffs, eatables

la **massaia**
Quella massaia va sempre al
supermercato, perché è
più economico.

housewife
That housewife always goes to the
supermarket, because it is
more economical.

economico, a

economical, frugal, thrifty

la **bevanda**

beverage, drink

ghiacciato, a
Vorrei che le bevande non fossero
ghiacciate.

ice-cold
I would prefer that the drinks not
be ice-cold.

potabile

drinkable, potable

il **cibo**
Non tocco cibo da tre giorni.

nourishment; food; dish
I haven't touched food for three days.

l'**alimentazione** *f*

nutrition, feeding

la **cassetta**
Dato il suo tipo di alimentazione è
indispensabile comprare qualche
cassetta di frutta.

box; small case; cassette
In view of his eating habits, it's
essential to buy some small crates
of fruit.

indispensabile

essential, indispensable

la **fame**
Non ho né fame né sete.

hunger
I'm neither hungry nor thirsty.

la **sete**

thirst

la **bibita**
Vuoi una bibita?

(nonalcoholic) beverage
Would you like a soft drink?

la **cioccolata**
No, mi faccio una cioccolata calda.

chocolate
No, I'll make myself some hot
chocolate.

il **burro** Il burro italiano ha un sapore completamente diverso.	butter Italian butter has a completely different taste.
la **margarina**	margarine
i **salumi** *pl* Al Sud si fanno salumi molto piccanti.	sausages In the south, very spicy sausages are made.
i **cereali** *pl* I cereali sono molto nutrienti ma anche leggeri.	cereals, grain Cereals are very nutritious and also easy to digest.
nutrire	nourish, feed
nutriente	nutritious
leggero, a	light, easy to digest
la **scaloppina** Mangeremo una scaloppina con un po' di verdura, non è pesante!	scallop (of veal or pork) We'll eat a scallop with a few vegetables; that's not hard to digest!
pesante	heavy, hard to digest
sodo, a	hard-boiled

Shopping

la **spesa** Se mi aspetti vengo a fare la spesa con te.	shopping (*for groceries*) If you'll wait, I'll go shopping with you.
il **portafoglio**	wallet, pocketbook
mancare Ci manca il latte e ci mancano anche le uova.	be in need of; miss; lack We're out of milk, and we need eggs too.
il **panino**	roll
il **salame** Anna vuole solo un panino con il salame.	salami Anna would like only a roll with salami.
la **salsiccia**	(pork) sausages
l'**oliva** Comprami un etto di olive, per favore.	olive Please buy me 100 grams of olives.
il **mercato** Veronica va tutti i giorni al mercato a prendere la verdura.	market Veronica goes to the market every day to buy vegetables.

il **supermercato**
Hanno aperto un nuovo
supermercato in periferia.

supermarket
A new supermarket has been
opened at the edge of town.

il **barattolo**

can

i **surgelati** *pl*
Il consumo dei surgelati si è
diffuso anche da noi.

frozen food
Use of frozen foods has
spread in our country too.

surgelato, a

frozen

gli **spinaci** *pl*
Gli spinaci freschi si
comprano al mercato.

spinach
Fresh spinach is bought
at the market.

il **fico**
Compra tu i fichi, io
penso al prosciutto.

fig
You buy the figs,
I'll get the ham.

il **cocomero**
In Italia si può comprare il
cocomero a fette per strada.

watermelon
In Italy, watermelon is
sold by the slice on the
street.

il **melone**

melon

il **peperone**
Che peperoni desidera, signora?
Quelli rossi, quelli verdi o quelli
gialli?

pepper
What kind of peppers do you
want, madam? Red, green, or
yellow?

la **pera**

pear

la **mela**

apple

la **pesca**

peach

l'**arancia**

orange

l'**albicocca**
Ci vogliono mezzo chilo di albicocche,
due etti e mezzo di ciliegie, sette etti e
mezzo di pesche e qualche arancia.

apricot
We want 1 pound of apricots, ½
pound of cherries, 1½ pounds
of peaches, and a few
oranges.

la **ciliegia**

cherry

il **dolce**
Il panettone è il classico dolce di
Natale.

cake; sweet
Panettone is the traditional
Christmas cake.

la **torta**

tart, pie, cake, pastry

la **panna**

cream

il **biscotto**
Questi biscotti sono di produzione
propria.

cookie
These cookies were made in our
own bakery.

il **portamonete**	wallet, billfold
la **salumeria** In quella salumeria trovi sicuramente anche le salsicce.	delicatessen shop In this delicatessen you'll surely find sausages as well.
sicuramente	surely, certainly
il **cetriolo**	cucumber; gherkin
il **macellaio** Il macellaio ha assicurato che questacarne di manzo è tenerissima.	butcher The butcher assured us that this beef is very tender.
tenero, a	tender
duro, a	hard; tough
la **carne di manzo** Vorrei mezzo chilo di carne di manzo per fare il bollito.	beef I would like a pound of beef for boiling.
la **carne di maiale** La carne di maiale è molto più cara in Italia che in Germania.	pork Pork is much more expensive in Italy than in Germany.
caro, a	expensive, dear
la **carne di bue**	beef
la **carne di vitello**	veal
il **fornaio** Se passi dal fornaio, non dimenticare i panini!	baker If you pass the baker's, don't forget the rolls!
passare	pass, go past
la **panetteria** Non puoi pretendere di trovare una panetteria ad ogni angolo.	bakery You can't expect to find a bakery on every corner.
la **pasticceria** Cristina, fai un salto in pasticceria e compra una torta.	pastry shop, confectioner's shop Cristina, run to the pastry shop and buy a cake.
la **pasta**	piece of pastry, sweet morsel
il **cioccolatino** Che meraviglia, i cioccolatini al liquore!	chocolate How marvelous these liqueur-filled chocolates are!
la **scatola** Ne voglio comprare una scatola anch'io.	box; can I want to buy a box of them too.

maturo, a	ripe, mature
la **prugna**	plum
il **mandarino**	mandarin orange, tangerine
Ti piacciono le mele o vuoi un mandarino?	Do you like apples, or do you want a tangerine?
la **fragola**	strawberry
il **budino**	pudding
Vuoi gustare il mio budino alle fragole?	Do you want to taste my strawberry pudding?
gustare	taste

■■■ Coffee, Tea, Alcohol, and Tobacco ■■■

il **caffè**	coffee
tiepido, a	lukewarm, tepid
Ma questo caffè è tiepido, io lo voglio caldo!	This coffee is lukewarm, and I would like it hot!
caldo, a	warm; hot
il **tè**	tea
il **vino**	wine
Ho già ordinato un quarto di vino rosso.	I've already ordered a quarter-liter of wine.
secco, a	dry
il **cavatappi**	corkscrew
la **birra (alla spina)**	beer (on draft)
Una buona birra alla spina è quello che ci vuole con la pizza.—Sì, ma ci sediamo a un tavolino.	A good draft beer is just the right thing with pizza.—Yes, but let's sit down at a table.
freddo, a	cold
la **birreria**	brewery
l'**apribottiglie** *m*	bottle opener
Fatti dare un apribottiglie al bar.	Have them give you a bottle opener at the bar.
lo **spumante**	sparkling wine
Questo spumante è secco come piace a me.	This dry sparkling wine is just what I like.
il **brindisi**	toast
Facciamo un brindisi alla salute di Wanda!	Let's drink a toast to Wanda's health!

cin cin	Here's to you!
ubriaco, a	drunk
Erano tutti ubriachi e li hanno cacciati via.	They were all drunk and they got thrown out.
fumare	smoke
il **tabacco**	tobacco
Di che marca è questo tabacco da pipa?	What brand of pipe tobacco is this?
la **sigaretta**	cigarette
la **pipa**	pipe
Mi piacciono gli uomini che fumano la pipa.	I like men who smoke a pipe.
il **portacenere**	ashtray
Fatti portare anche una bottiglia di acqua frizzante ed un portacenere.	Have them bring you a bottle of sparkling water and an ashtray too.
la **cenere**	ash
i **fiammiferi** *pl*	matches
l'**accendino**	cigarette lighter
il **liquore**	liquor; liqueur; spirits
il **tappo**	cork
Dov'è il tappo della bottiglia di liquore?	Where is the cork for the liquor bottle?
la **grappa**	grappa (*grape brandy*)
Qui si beve spesso una grappa dopo mangiato.	Here grappa is often drunk after a meal.
frizzante	sparkling
il **sigaro**	cigar
il **tabaccaio**	tobacconist
Se vai dal tabaccaio, portami un pacchetto di sigarette e due francobolli da 700.	If you go to the tobacconist, bring me a pack of cigarettes and two 700-lire stamps.

■ Cooking, Dishes, Ingredients ■

la **cucina**
La cucina italiana è leggera e ricca di sapore.

kitchen; cuisine, cooking
Italian cooking is easy to digest and flavorful.

cucinare
Mia madre cucina molto bene.
Voglio cucinare le patate al forno con rosmarino.

cook
My mother cooks very well.
I want to cook the potatoes in the oven, with rosemary.

bollire
Invece di far bollire la carne, vuole stufarla.

boil
Instead of boiling the meat, he wants to stew it.

preparare

prepare, fix

condire <condisco>

season, dress

il **limone**

lemon

il **sugo**, la **salsa**
Come condisci la pasta? In bianco o con la salsa al pomodoro?

sauce; gravy
How do you prepare the pasta? With butter and cheese, or with tomato sauce?

il **riso**
Per il risotto ci vuole un riso speciale.

rice
For risotto you need a special kind of rice.

il **prosciutto**
Ho proprio voglia di un bel piatto di prosciutto con fichi.—Va bene, ma in casa ho solo quello cotto.

prosciutto (cured ham)
I really want a nice plate of prosciutto with figs.—All right, but all I have in the house is boiled ham.

cotto, a

boiled; done, cooked

crudo, a

raw, uncooked

la **fetta**

slice

il **tonno**
Con il tonno e le sardine si può fare un ottimo sugo.

tuna
An excellent sauce can be made with tuna and sardines.

il **pollo**
Come cuciniamo il pollo?
—Facciamolo arrosto.

chicken
How shall we prepare the chicken?—Let's roast it.

la **barbabietola**

beet

pelare
Hai finito di pelare le patate?

peel
Have you finished peeling the potatoes?

il **cavolo**	cabbage
pulire <pulisco> Aspetta un attimo, devo prima pulire il cavolo.	clean Wait a moment, first I have to clean the cabbage.
il **pomodoro**	tomato
la **carota** Puoi aggiungere le carote tagliate fini.	carrot You can add the finely sliced carrots.
il **sale** Nell'insalata basta mettere sale, pepe, olio ed aceto.	salt It's enough to season the salad with salt, pepper, oil, and vinegar.
il **pepe**	pepper
l'**aceto**	vinegar
l'**olio**	oil
la **noce moscata** La noce moscata è un aroma molto usato in Italia.	nutmeg Nutmeg is a very common seasoning in Italy.
l'**aglio**	garlic
la **cipolla**	onion
piccante	spicy
salato, a	salty; salted

il **cuoco**, la **cuoca** Tonino e Rodolfo sono cuochi pieni di fantasia.	cook Tonino and Rodolfo are very imaginative cooks.
cuocere Hai cotto male la carne, non è più tenera.	cook (by every method) You cooked the meat badly, it's tough.
la **pentola**	pot
il **coperchio** Questo coperchio non va bene per quella pentola!	lid This lid doesn't fit that pot!
il **sedano**	celery
il **finocchio** Facciamo un'insalata di sedano e finocchi crudi?	fennel Shall we make a salad of celery and raw fennel?
la **senape** Per favore, poca senape! Noi italiani l'usiamo pochissimo.	mustard Just a little mustard, please! We Italians don't use it much.
il **rosmarino**	rosemary

la **salvia**
Facciamo le tagliatelle con burro e salvia.

sage
We make the *tagliatelle* with butter and sage.

le **tagliatelle** *pl*

tagliatelle, broad noodles

il **prezzemolo**
Metti un po' di prezzemolo, di aglio e una cipolla nella pentola!

parsley
Put a little parsley, garlic, and an onion in the pot!

macinare
Non potresti almeno macinare la carne?

grind, put through the grinder
Couldn't you at least grind the meat?

l'**aroma** *m*

aroma; seasoning

assaggiare
Ti conviene assaggiare, prima di aggiungere altro sale.

taste
You should taste before adding more salt.

il **purè**

puree

mescolare

stir; mix

bruciarsi
Devi mescolare bene, altrimenti il purè si brucia.

burn, get burned
You have to stir well, otherwise the puree will burn.

stufare

stew

l'**apriscatole** *m*

can opener

l'**ingrediente** *m*
Bisogna fare la spesa, mancano troppi ingredienti.

ingredient
We need to go shopping, we lack too many ingredients.

la **sardina**

sardine

la **trota**

trout

lesso, a
Cuciniamo la trota lessa?

poached
Shall we poach the trout?

la **sogliola**

sole

fritto, a
Non fargli la sogliola fritta, la vuole alla griglia.

fried
Don't make him fried sole, he prefers it grilled.

■■■■ Espresso Bar, Restaurant, Rosticceria ■■■■

ordinare

order

il **cameriere**, la **cameriera**
Cameriere, senta per favore!
Questa panna non è più buona!

waiter, waitress
Waiter, please! This cream has
gone bad!

la **mancia**

tip

il **bar**
Faccio sempre la prima colazione al
bar con un caffellatte e una pasta.

espresso bar; counter
I always eat breakfast in a "bar"
and have cafe au lait and a
pastry.

la **tazza**
Anch'io, ma prendo solo un espresso
o una tazza di tè.

cup
I do too, but I have only an
espresso or a cup of tea.

la **limonata**

lemonade; soda pop

la **consumazione**
Non dimenticarti di pagare anche
la mia consumazione.

consumption; refreshments
Don't forget to pay for my
refreshments too.

la **(prima) colazione**

breakfast

il **succo (di frutta)**
Che succo di frutta vuoi?—Mi va
bene tutto, basta che sia una spremuta.

(fruit) juice
What kind of fruit juice do you
want?—I don't really care, the
main thing is that it be fresh.

lo **yogurt**

yogurt

dolce

sweet

amaro, a

bitter

il **gelato**
Quel bar fa degli ottimi gelati.

ice cream, ice
This espresso bar makes excellent
ice creams.

l'**aperitivo**
Mi fai assaggiare un sorso del tuo
aperitivo?

aperitif
May I have a sip of your aperitif?

il **pasto**

meal, repast

la **rosticceria**

Ci procuriamo un pollo arrosto,
pomodori e melanzane ripieni in
rosticceria.

quick-service restaurant with take-
out foods
We'll get a roast chicken and
stuffed tomatoes and eggplant in
the rosticceria.

la **patata**
Prendiamo un po' di patate al forno.

potato
Let's take some roasted potatoes!

gli **zucchini** *pl* — zucchini
Occorrono almeno dieci zucchini. — You need at least 10 zucchini.

occorrere — be necessary

la **melanzana** — eggplant

ripieno, a — stuffed

la **pizza** — pizza

il **bicchiere** — glass

la **bottiglia** — bottle

---

la **carta**, la **lista** — menu

la **vivanda** — dish (of food)

il **caffellatte** — cafe au lait

la **tazzina** — small cup

la **spremuta (di frutta)** — freshly squeezed fruit juice
Vorrei una spremuta d'arancia, per favore. — I would like some freshly squeezed orange juice, please.

l'**aranciata** — orange soda pop
Mi dispiace, abbiamo solo l'aranciata. — I'm sorry, we have only orange soda pop.

il **miele** — honey
Il miele dell'Abruzzo è molto buono. — The honey from the Abruzzi is very good.

la **caramella** — candy
Senti che buon sapore hanno queste caramelle al miele! — See how good these honey candies taste!

il **sapore** — taste

l'**odore** *m* — odor, smell

la **marmellata** — marmelade; jam
Questa marmellata di fragole è troppo dolce. — This strawberry jam is too sweet.

tostare — toast; roast
Quel dolce è ricoperto di mandorle tostate. — That cake is covered with roasted almonds.

ricoprire — cover; sprinkle

la **fetta** — slice

la **fetta biscottata** — zwieback, rusk
Dammi solo una fetta biscottata, non ho tanta fame. — Just give me a rusk, I'm not very hungry.

alla griglia	from the grill
la **mandorla**	almond
la **noce**	nut
schiacciare Mi schiacci un po' di noci per favore? Io non ci riesco.	crack; crush Will you crack me a few nuts, please? I can't do it.
il **tramezzino**	sandwich
l'**osteria** Pietro va sempre all'osteria a bere un bicchiere di vino ed a giocare a carte.	restaurant Pietro always goes to the restaurant to drink a glass of wine and play cards.
offrire Posso offrirti almeno un tramezzino?	offer May I at least offer you a sandwich?
stimolare Prendiamo un aperitivo per stimolare l'appetito?	stimulate Shall we drink an aperitif to stimulate our appetite?
stendersi Dopo mangiato vorrei stendermi un po' sul divano.	stretch out After eating I would like to stretch out a little on the sofa.
lo **stato** Dato il tuo stato, è bene che tu lo faccia.	condition, state In your condition, you are wise to do so.
il **digestivo**	digestive
il **sorso** Prendi anche un sorso di digestivo!	sip Have a sip of digestive too!
la **specialità** Quali specialità potete consigliarci?	specialty What specialties can you recommend to us?
il **vassoio**	tray

In a Restaurant

il **ristorante** Il ristorante è troppo caro, preferisco mangiare in una trattoria, costa meno.	restaurant The restaurant is too expensive. I'd rather go to a trattoria, it's cheaper there.
riservare Faccio riservare un tavolo per sei o per otto persone?	reserve Shall I reserve a table for six or for eight persons?

la **tovaglia**
Mi cambi la tovaglia per favore,
questa è sporca.

tablecloth
Please change the tablecloth, this
one is dirty.

il **piatto**
Il minestrone alla casalinga è il
piatto forte di questo locale.

plate; dish of food; course
The minestrone *alla casalinga*
is this restaurant's best
dish.

il **minestrone**

vegetable soup

il **cucchiaio**

(soup) spoon

il **cucchiaino**
Fatti portare un cucchiaino; Pierino
non può ancora mangiare col
cucchiaio.

teaspoon
Have them bring a teaspoon;
Pierino can't eat with a soup
spoon yet.

la **forchetta**

fork

il **coltello**

knife

il **menù**
Io scelgo il menù di pesce e tu?

menu; (complete) meal, dinner
I'll choose the fish dinner, and you?

prendere

take, choose

l'**appetito**
Buon appetito!

appetit
Bon appetit!

il **primo (piatto)**
Come primo piatto prendo solo una
minestra.

first course
As a first course, I'll just have
soup.

la **minestra**

soup

il **secondo** (piatto)
Cosa desidera di secondo, signora?

main course
What would you like as a main
course, madam?

le **cozze** *pl*
Per mangiare le cozze non occorre
né coltello né forchetta.

mussels
To eat mussels, neither a
knife nor a fork is
necessary.

la **bistecca**

steak

ai ferri
Mi faccia una bistecca ai ferri, ma
ben cotta.

from the grill
Grill me a steak please, but make
sure it's well done.

arrosto *inv*

roasted

il **contorno**
E di contorno?

accompaniment, side dish
And as a side dish?

i **fagiolini** *pl*
Vorrei dei fagiolini al burro.

green beans
I would like green beans sauteed
in butter.

Antipasti

Insalata di mare	L. 9000
Cozze alla marinara	» 10000
Cozze ripiene	» 10000
Zuppa di cozze	» 10000
Polpo all'inferno	» 10000
Polpo alla marinara	» 9000
Miscuglio alla Ciccillo	» 10'000
Cocktail di gamberetti	» 10000
Antipasto misto	» 10'000
Salmone in carpaccio	» 9000

Primi piatti

Risotto alla marinara	L. 8000
Spaghetti ai frutti di mare	» 8000
Spaghetti "Bomba alla Ciccillo"	» 8'000
Penne al pesto o pomodoro	» 7000
Penne "Bomba alla Ciccillo"	» 8000
Penne ai frutti di mare	» 8000

Secondi piatti

Fritto misto di pesce	L. 16000
Fritto di calamari	» 14'000
Fritto di gamberi	» 15000
Fritto calamari - gamberi	» 15'000
Zuppa di pesce	» 17000
Sogliola alla mugnaia	» 15'000
Sogliola alla griglia	» 15'000
Sogliola all'acqua pazza	» 16000
Misto di pesce alla griglia	» 22'000
Spiedino di gamberoni	» 20'000
Scampi ai ferri	» 18'000
Scampi al vapore	» 18'000
Zuppa di datteri	»
Pesce ai ferri a porzione	» (SQ. PESCE)
	»

Carni

	»
Bistecca ai ferri	L. 14000
Cotoletta alla milanese	» 10000

la **cotoletta**
Ho ordinato per me una cotoletta di
agnello, per Giovanni le seppie,
per Anna invece un filetto.

cutlet, chop
I ordered a lamb chop for myself,
cuttlefish for Giovanni, and a beef
filet for Anna.

la **seppia**

cuttlefish

il **filetto**

filet (of beef)

il **dolce**
Non ce la faccio più a mangiare
anche il dolce.

dessert
I can't manage a dessert too.

---

la **cena**

supper

la **trattoria**
No, grazie sono già stato a
pranzo in trattoria.

restaurant, inn
No, thank you, I've
already eaten dinner, in
a trattoria.

il **pranzo**

dinner (at midday); lunch

la **portata**
Posso consigliarle un'ottima
portata di pesce, signore!

course
Sir, may I recommend to you
an excellent fish course!

il **locale**

restaurant

il **coperto**
Pane e coperto sono compresi nel
prezzo.

cover charge
The bread and cover charge are
included in the price.

compreso, a

included

il **tovagliolo**
In questo locale hanno solo tovaglioli
di carta.

napkin
In this restaurant there are only
paper napkins.

la **lista delle bevande**
Quando viene il cameriere con la
lista dellebevande, possiamo già
ordinare gli antipasti.

list of beverages
When the waiter comes with
the list of beverages, we may also
order the appetizers at the
same time.

l'**antipasto**
Perché non prendiamo tutti un
bell'antipasto misto?

appetizer
Why don't we all have a
platter of assorted
appetizers?

misto, a

mixed; variegated

i **frutti di mare** *pl*
Attenzione, il piatto con i frutti di
mare scotta!

shellfish
Careful, the plate with the shellfish
is very hot!

scottare

be very hot, scald, burn

il **brodo**
Qui fanno un ottimo brodo di pesce.
—Lo so, ma preferisco una zuppa
di fagioli.

broth, soup
The fish soup is excellent here.
—I know, but I prefer bean soup.

la **zuppa**

soup

i **piselli** *pl*

peas

i **fagioli** *pl*

broad beans

il **bollito misto**

various kinds of boiled
meats

Un bollito misto con salsa verde,
per favore!

A bollito misto with green sauce,
please!

l'**agnello**

lamb

alla casalinga

home-style

il **fegato**
Mi dispiace, signore, il fegato è
finito.

liver
Sorry, sir, we're out of
liver.

pranzare

eat dinner (at midday)

cenare
Voglio cenare qui, perché fanno la
migliore zuppa inglese della città.

eat supper
I want to eat supper here, because
they make the best *zuppa inglese*
in town.

la **zuppa inglese**

custard with liqueur-soaked
spongecake

il **dessert**

dessert

il **servizio**
Qui si mangia ottimamente,
ma il servizio è pessimo.

service
The food here is excellent,
but the service is awful.

servire

serve

lo **stuzzicadenti**
Cameriere, potrei avere degli
stuzzicadenti, per favore?

toothpick
Waiter, can you bring me some
toothpicks, please?

il **conto**
Il conto, per favore!

bill, check
The check, please!

■■■■■■■■ **Articles of Clothing** ■■■■■■■■

vestirsi
Non ho ancora finito di vestirmi.

get dressed, dress
I haven't finished dressing yet.

la biancheria
Non ho più voglia di lavare la tua biancheria.

laundry, wash
I no longer feel like washing your laundry.

la maglia
E' più igienico mettere una maglia anche se fa caldo.

undershirt
It's more hygienic to wear an undershirt, even when it's warm.

i **collant** *pl* [kɔ'lant, kɔ'lã]

pantyhose

la **calza**

stocking

il **pigiama**
Sei più bella con la camicia da notte che in pigiama.

pajamas
You look prettier in a nightgown than in pajamas.

la camicia
Cambiati e metti una camicia con le maniche corte.

shirt, shift
Change clothes, and put on a short-sleeved shirt.

elegante

elegant

l'**eleganza**

elegance

la **camicetta**
Quella camicetta nera è molto elegante.

blouse
That black blouse is very elegant.

i **pantaloni** *pl*
Giovanna aveva un bel paio di pantaloni blu con la giacca beige.

trousers, pants
Giovanna wore a pretty pair of blue pants and a beige jacket.

la **gonna (a pieghe)**

(pleated) skirt

il **pullover**
Devo comprarmi due pullover nuovi per l'inverno.

sweater, pullover
I have to buy myself two new winter sweaters.

il **collo (alto)**
Si è comprato un pullover grigio con il collo alto.

turtleneck
He bought himself a gray turtleneck sweater.

la **giacca**
Porta, per favore, le mie giacche in lavanderia.

jacket
Please take my jackets to the cleaners.

il **cappotto**
Con questo tempo è meglio se ti metti il cappotto.

overcoat
In this weather you'd better wear an overcoat.

mẹttersi

wear, put on

il **vestito**

dress; suit

Quanto costa questo vestito a scacchi?

How much does this checked dress cost?

il **costume da bagno**

bathing suit

La piccola aveva un costume da bagno a fiori veramente carino.

The little girl wore a really charming flowered bathing suit.

cambiarsi

change (clothes)

portare

wear

Anna porta abiti troppo seri per la sua età.

Anna dresses too severely for her age.

il **paio**

pair

la **scarpa**

shoe

Quante paia di scarpe hai comprato in Italia?

How many pairs of shoes did you buy in Italy?

---

spogliarsi

undress, get undressed

i **jeans** *pl* [dʒiːnz]

jeans

Guarda per favore dove sono i miei jeans nuovi!

Please go and see where my new jeans are!

guardare

look (at); (go and) see

vestire

dress; wear

Ti piace come veste Massimo?

Do you like the way Massimo dresses?

Ti prego di vestire la bambina, è ora di andare.

Please dress the child, it's time to go.

a scacchi

check(er)ed

il **vestiario**

clothing

Se parti per il sud, ti serve il vestiario leggero.

When you go south, you need light clothing.

buttare

throw away, discard

Questi vestiti non servono più, perché non li butti?

These dresses are no longer usable, why don't you throw them away?

il **reggiseno**

bra

le **mutande** *pl*

underpants

la **sottoveste**

slip, petticoat

Monica non porta mai la sottoveste.

Monica never wears a slip.

la **camicia da notte**

nightgown, nightshirt

la **manica**	sleeve
il **maglione**	pullover
il **golf**	cardigan sweater
Cosa porti più volentieri, maglioni o golf?	What do you prefer to wear, pullovers or cardigans?
l'**abito**	dress; suit
Maria porta un abito a righe.	Maria is wearing a striped dress.
la **riga**	stripe
il **costume**	costume
Il carnevale di Venezia è famoso per i suoi costumi.	The Carnival of Venice is famous for its costumes.
il **soprabito**	interseasonal coat
il **mantello**	cloak, cape
l'**impermeabile** *m*	raincoat
Preferisco l'impermeabile al soprabito.	I prefer a raincoat to an interseasonal coat.
il **tacco**	heel
Luciana porta sempre i tacchi alti.	Luciana always wears high heels.
Io invece amo le scarpe senza tacco.	I, on the other hand, love flats.
lo **stivale**	boot
il **sandalo**	sandal
Ti piacciono quei sandali marrone?	Do you like those brown sandals?

Shopping

comprare	buy
Compra quegli articoli quando sono in svendita.	Buy these articles when they are on sale.
il **negozio**	business, store, shop
il **sacchetto**	bag, sack
In quel negozio danno solo sacchetti di carta e non di plastica.	In that store you get only paper bags, not plastic.
costare	cost
Il vestito di Luigi è veramente stupendo, ma costa troppo.	Luigi's suit is really great, but it costs too much.

a buon mercato

cheap

spendere
Abbiamo speso troppo anche questa
volta.

spend
We spent too much this time also.

il **prezzo**
Mi può dire il prezzo di questi
stivali, per favore?

price
Can you tell me the price of
these boots, please?

l'**etichetta**

price tag, label, ticket

pagare
In quel negozio paghi molto di più.

pay
In that store you pay much
more.

la **svendita**

sale

lo **sconto**

discount, reduction

il **reparto**
Scusi, dov'è il reparto di
abbigliamento per uomo,
per favore?

department, section
Excuse me, where is the
menswear department,
please?

il **commesso**, la **commessa**
Si rivolga a quel commesso e
verrà consigliato bene.

salesman, saleslady
Ask this salesman,
and you will get good
advice.

il **numero**
Che numero di scarpe porta?—Porto
il 36.

size
What shoe size do you wear?—
Size 5.

provare
Dove posso provare questo
vestito?

try on
Where can I try on this
dress?

la **cabina di prova**

dressing room

mettere

wear, put on

cambiare
Vorrei cambiare quest'articolo, è
possibile?

change; exchange
Is it possible to exchange this
article?

stretto, a
Cerco una gonna nera stretta.

narrow, tight, straight
I'm looking for a straight black
skirt.

largo, a
Vorrei quella camicetta con il collo
largo.

wide
I would like the blouse with the
wide collar.

corto, a

short

lungo, a

long

la **moda**
La moda italiana è famosa in tutto il mondo.

fashion, style
Italian fashion is famous all over the world.

la **pelle**
C'è una vasta scelta di borsette in vera pelle.

leather
There is a vast selection of handbags in genuine leather.

vero, a

genuine, real

le **spese**
Vieni con me a fare le spese in centro?

purchases
Will you come shopping with me downtown?

gli **acquisti** *pl*

acquisitions

la **cassa**
La prego di pagare all'altra cassa, questa è già chiusa.

cashier's desk
Please pay at the other cashier's desk, this one is already closed.

gli **spiccioli** *pl*

small change

il **cassiere**, la **cassiera**
Ho l'impressione che la cassiera si sia sbagliata.

cashier
It's my impression that the cashier made an error.

lo **scontrino**
Da qualsiasi negozio si esca, si deve avere sempre lo scontrino, altrimenti si rischia una multa.

receipt
Whenever you leave a store, you always need to have the receipt, otherwise you risk being fined.

i **contanti** *pl*
Che sconto c'è, se si paga in contanti?

cash
What discount is there if I pay cash?

a rate
Non mi piace pagare a rate.

in installments
I don't like paying in installments.

valutare
D'accordo, non hai già valutato cosa è meglio per te?

estimate; consider, weigh
Agreed, but have you figured out what is more advantageous for you?

l'**IVA** ['iːva]
Hai chiesto se nel prezzo è inclusa l'IVA?

value added tax (VAT)
Did you ask whether the VAT is included in the price?

incluso, a

included

l'**assegno**
Mi dispiace, non accettiamo assegni.

check
I'm sorry, we don't accept checks.

l'**abbigliamento**

clothing

esporre
In quel negozio d'abbigliamento
hanno esposto bellissimi cappotti
in panno.

display
In that clothing store, very pretty
cloth coats are displayed in the
window.

il panno

cloth; piece of clothing

l'articolo

article

la vetrina
Quel negozio ha sempre articoli
molto interessanti in vetrina.

shop window
That store always has very interesting articles in the shop window.

la scelta

selection, choice, pick

pignolo, a
Non essere sempre così pignolo
nelle tue schelte!

fussy, pedantic
Don't always be so fussy
in making your selections!

togliersi
Togliti pure quei pantaloni,
sono troppo larghi.

take off
Just take off these pants,
they are too big.

comodo, a
Sì, ma sono molto comodi.

comfortable
Yes, but they are very comfortable.

star bene/male

Questa camicia non sta
bene con quei pantaloni.
L'abito blu ti sta benissimo, quello
giallo no.

fit well/poorly; go
well/badly
This shirt doesn't go
well with the pants.
The blue dress fits you very well,
but the yellow one doesn't.

combinare

combine, put together

il gilè

vest, waistcoat

il cuoio

leather

At the Tailor's Shop

il sarto, la **sarta**

tailor

consigliare

advise, recommend

indossare

put on, wear

le misure *pl*
Il sarto deve prendere le misure a
Giovanni.

measurements
The tailor has to take
Giovanni's measurements.

la taglia
Questo pullover mi piace, ma ho
bisogno di una taglia più piccola.

size
I like this pullover, but I need
one size smaller.

il **modello**

Signora, Le consiglio questo modello, è stupendo!

model

Madam, I recommend this model to you, it is wonderful!

il **taglio**

Ma veramente preferirei un taglio classico.

cut

But honestly, I would prefer a classic cut.

la **qualità**

La qualità è ottima, ma il modello non è di moda.

quality

The quality is excellent, but the model is not in fashion.

la **seta**

silk

la **lana**

wool

il **cotone**

In estate è meglio portare abiti di seta o di cotone.

cotton

In summer it's advisable to wear silk or cotton dresses.

il **lino**

linen

la **meraviglia**

Questa stoffa di lino è una meraviglia!

Non capisco la tua meraviglia.

marvel, wonder; surprise

This linen fabric is a marvel!

I don't understand your surprise.

il **velluto**

Devo comprare un gilè di velluto per mia figlia.

velvet

I have to buy my daughter a velvet vest.

stupendo, a

wonderful

Jewelry and Accessories

la **borsetta**

handbag

il **bordo**

Scegli un bordo a fiori per la camicetta.

border

Choose a flowered border for the blouse.

il **bottone**

button

il **cappello**

hat

la **cintura**

Gli ho regalato una cintura di cuoio nero.

belt

I gave him a black leather belt as a gift.

la **cravatta**

Qui ci vuole una bella cravatta di seta e non una farfalla.

(neck)tie

A pretty silk necktie goes with this, not a bowtie.

il **fazzoletto**	handkerchief
il **foulard** [fu'laːr] Un foulard in tinta unita è quello che ci vuole.	scarf A solid-colored scarf is what is called for.
lo **scialle** Portati uno scialle, la sera fa fresco.	shawl Take a shawl with you, the evening is cool.
il **guanto**	glove
l'**ombrello**	umbrella
lo **spillo**	pin; brooch
lo **spillo di sicurezza**	safety pin
la **tasca** La mia giacca ha quattro tasche.	pocket (*in clothing*) My jacket has four pockets.
il **gioiello**	jewel, piece of jewelry
l'**argento**	silver
l'**oro**	gold
il **plạtino**	platinum
l'**anello** Quell'anello è di platino e non d'argento.	ring That ring is platinum, not silver.
la **catena**	chain
l'**orecchino** Vorrei degli orecchini con le perle.	earring I would like earrings with pearls.
l'**orologio (da polso)** L'orologio si è rotto, si può riparare subito?	(wrist)watch The watch is broken, can it be repaired right away?
la **perla**	pearl

gli **accessori** *pl*	accessories
il **bastone** Quel vecchio signore cammina sempre col bastone.	(walking) stick This old gentleman always walks with a stick.
la **cerniera** Si è rotta la cerniera, dammi uno spillo di sicurezza.	zipper The zipper broke, please give me a safety pin.
la **farfalla**	bowtie

la **tinta**	color
la **stringa**	shoelace
Preferisco le scarpe senza stringhe.	I prefer shoes without laces.
il **gioielliere**, la **gioielliera**	jeweler
il **braccialetto**	bracelet
Cristina ha un braccialetto in oro bianco e giallo.	Cristina has a bracelet of white and yellow gold.
la **fede**	wedding ring
la **spilla**	brooch
Su questa spilla ci sono molte pietre preziose.	This brooch is set with many precious stones.
la **pietra preziosa**	precious stone

━━━━━ **Care and Cleaning** ━━━━━

sporco, a	dirty
Non indossare quella camicia, è tutta sporca!	Don't put this shirt on, it's all dirty!
la **macchia**	spot
Ho provato a lavare, ma la macchia non va via.	I tried washing it, but the spot won't come out.
lavare	wash
lavare a secco	dry clean
pulito, a	clean
la **lavatrice**	washing machine
Non puoi mettere questi vestiti nella lavatrice, sono troppo delicati!	You can't put these dresses in the washing machine, they're too delicate!
delicato, a	delicate, sensitive
spazzolare	brush
Spazzolami bene la giacca, per favore!	Brush my jacket thoroughly, please!
la **stoffa**	fabric, cloth
Questa stoffa deve essere lavata a secco.	This fabric has to be dry cleaned.
Voglio un fazzoletto di stoffa e non di carta.	I want a cloth handkerchief, not a paper one.

il **filo**

thread

l'**ago**

sewing needle

le **forbici** *pl*

scissors

cucire
Non dimenticare ago e filo, altrimenti non posso cucire!

sew
Don't forget the needle and thread, otherwise I can't sew!

il **buco**

hole

la **macchina da cucire**
Non posso aggiustare niente, ci vuole la macchina da cucire!

sewing machine
I can't mend anything this way, I need a sewing machine!

appendere
Se appendete subito i vestiti, non occorre stirarli.

hang up
If you'll hang up the dresses right away, ironing them won't be necessary.

stirare

iron

il **ferro da stiro**
Perché non ti sei portato il ferro da stiro da viaggio?

iron
Why didn't you take the traveling iron?

il **calzolaio**, la **calzolaia**
Mi si è rotto un tacco, devo trovare assolutamente un calzolaio.

shoemaker
I've broken a heel; I absolutely have to find a shoemaker.

aggiustare

repair, mend

sporcare

get dirty

il **bucato**
Facciamo il bucato oggi o domani?

laundry, washing
Do we do the laundry today or tomorrow?

il **sapone da bucato**

laundry soap

il **detersivo**
Bisogna usare detersivo per biancheria delicata per questa camicetta di seta.

detergent
This silk blouse has to be washed with a detergent for delicate fabrics.

macchiare

stain, spot

la **lavanderia**
Scusi, c'è una lavanderia da queste parti?

laundry; dry cleaning shop
Excuse me, is there a laundry nearby?

il **tessuto**
Può far tingere questo tessuto senza problemi.

cloth, fabric; tissue
You can have this fabric dyed without any problems.

tingere
Si può mettere nel bucato, non tinge.

dye; stain, bleed (color)
You can put it in the wash, the colors won't run.

strappare	tear
lo **strappo**	tear, rip
Guarda che strappo ti sei fatto nella manica!	Just look how you've torn your sleeve!
fare la maglia	knit
Sai fare la maglia?	Do you know how to knit?
il **ferro da maglia**	knitting needle
la **piega**	pleat

Il calzolaio cuce pelle strappata.
The shoemaker sews torn leather.

■■■ Building a House ■■■

il terreno
Cerco un terreno fabbricabile da
queste parti.

lot, site
I'm looking for a building site in
this area.

vendere
Sarà difficile, perché qui non
vendono più niente.

sell
That will be difficult, because
nothing is for sale here now.

la casa
Voglio costruirmi una casa al mare.

house
I want to build myself a house by
the ocean.

costruire <costruisco>

build, construct

la costruzione
La costruzione di questo edificio
è durata tre anni.

construction; structure
The construction of this building
took three years.

la pianta
L'architetto ha preparato la pianta,
ma non abbiamo ancora il permesso
di costruire.

plan, ground plan
The architect has the plan ready,
but we don't have the building
permit yet.

il garage [ga'ra:ʒ)

garage

il muro

wall

il tetto
Durante il temporale sono cadute
alcune tegole dal tetto.

roof
During the storm some
tiles fell off the roof.

il terrazzo
Giovanni costruisce un grande
terrazzo per tenerci molti fiori.

terrace
Giovanni is building a big terrace
for growing lots of flowers.

il materiale

material

il cemento

cement; concrete

il vetro
Questo palazzo è tutto vetro e
cemento.

glass
This big apartment house is
nothing but glass and concrete.

la camera

room

la stanza
Dobbiamo ancora rinnovare quattro
stanze.

room
We still have to renovate four
rooms.

la porta

door

sbattere
Ti prego di non sbattere la porta in
quel modo!

slam, bang (door)
Please don't slam the door that
way!

la **finestra**
La prossima estate farò mettere le porte e le finestre nuove.

window
Next summer I'll have new doors and windows put in.

la **scala**
Perché non costruisci una scala in metallo?

stairs; ladder
Why don't you have metal stairs built?

lo **scalino**

step

rinnovare

renovate

ricostruire <ricostruisco>

reconstruct

il **restauro**
Chiuso per restauri.

restoration, repair
Closed for repairs.

la **ricostruzione**
Per la ricostruzione di quel palazzo ci vorranno almeno due anni.

reconstruction, rebuilding
The reconstruction of that palazzo will take at least two years.

l'**edilizia**

building trade

fabbricabile

ready or suitable for building

il **cantiere**
Le persone estranee non possono entrare nel cantiere.

construction site
Construction site off limits to unauthorized persons.

estraneo, a

strange, alien

il **palazzo**

palace; palazzo; large apartment building

il **grattacielo**
Con questi grattacieli hanno proprio rovinato la città.

skyscraper
They've really ruined the city with these skyscrapers.

il **permesso (di costruzione)**

(building) permit

l'**architetto**

architect

la **maniglia**
L'architetto mi ha consigliato di mettere le maniglie di ottone a tutte le porte.

handle (of door, drawer)
The architect advised me to put brass handles on all the doors.

il **muratore**
Il materiale è finito, il muratore ha bisogno anche di mattoni.

mason, bricklayer
There's no material left, the mason needs some more bricks.

il **mattone**

brick

la **tegola**

tile, roofing tile

il **camino**
In quella casa c'è un bellissimo camino di rame.

chimney, fireplace
In that house there's a beautiful copper fireplace.

la **soglia**
Lo spazio davanti alla soglia di
casa deve restare libero.

threshold, doorstep
The area before the front door
has to remain clear.

dipingere

paint

l'**intonaco**
E' ora di dipingere la camera,
l'intonaco cade già.

plaster
It's time to paint the room,
the plaster is already
crumbling.

la **corrente**

electric current

l'**illuminazione** *f*
Per questa stanza è necessaria
un'illuminazione più forte.

lighting; illumination
Stronger lighting is needed
for this room.

necessario

needed, necessary

la **necessità**
Che necessità hai di illuminare tutto?

necessity
Why do you need everything
brightly lit?

il **tubo**
Hai chiuso bene il tubo del gas?

pipe
Have you turned off the gas pipe
completely?

l'**impianto**
L'impianto elettrico non funziona più.

plant, installation, system
The electrical system doesn't work
anymore.

funzionare

function, work

Houses and Apartments

abitare
Ci piace molto abitare qui.

live, reside
We really like living here.

l'**abitazione** *f*
L'abitazione non è molto grande,
ma piena di luce.

apartment
The apartment is not very big,
but it is full of light.

l'**appartamento**
Cerchiamo un appartamento a
pianterreno.

apartment
We're looking for an apartment
on the ground floor.

il **piano**
Giulia abita al 5° piano.

floor
Giulia lives on the fifth floor.

il **vicino**, la **vicina**
I nostri vicini sono veramente gentili.

neighbor
Our neighbors are really nice.

il **campanello**
Non ho potuto suonare il campanello
perché non l'ho trovato.

doorbell
I couldn't ring the doorbell,
because I didn't find it.

l'**ascensore** *m*
L'ascensore è bloccato, bisogna
chiamare il portinaio.

elevator
The elevator is stuck; you have
to call the caretaker.

chiamare

call

il **riscaldamento**
Fa già freddo, è ora di aprire
il riscaldamento.

heating, heat
It's already cold, and time
to turn on the heat.

il **balcone**
Abbiamo fatto montare una nuova
antenna sul balcone.

balcony
We had a new antenna installed
on the balcony.

il **giardino**
Cerco una casa con giardino.

garden, yard
I'm looking for a house with a yard.

il **pavimento**
Ci piacciono molto i pavimenti di
marmo.

floor
We love marble floors.

il **soffitto**
I soffitti di quella vecchia casa
sono tutti decorati.

ceiling
The ceilings in that old house
are all decorated.

decorare

decorate

la **parete**
Quella parete è ideale per il quadro
nuovo che hai comprato.

wall
That wall is ideal for the new
picture that you bought.

la **camera da letto**
Quante camere da letto vi occorrono?

bedroom
How many bedrooms do you need?

la **sala**

(large) room; hall

il **salotto**

drawing room, parlor, living room

la **cucina**

kitchen

il **bagno**
Peccato che questo bagno sia così
piccolo.

bath
Too bad this bath is so small.

il **bidè**

bidet

il **gabinetto**

toilet, lavatory

la **toilette** [toa'lɛt]
Dove si trova la toilette?
—Al primo piano, signora.

toilet
Where is the toilet located?
—On the first floor, madam.

il **corridoio**
Troverai la cucina alla fine di quel
corridoio.

corridor
The kitchen is at the end of the
corridor.

71

l'**elettricità**
In questa zona di montagna non c'è elettricità.

electricity
In this mountainous region there is no electricity.

---

il **pianterreno**

ground floor

stabilirsi <mi stabilisco>
Gabriella si stabilisce a pianterreno perché così non ha il disagio delle scale.

settle down, establish oneself
Gabriella is establishing herself on the ground floor, so that she doesn't have trouble with the stairs.

il **disagio**

discomfort; hardship

i **dintorni** *pl*
Sai se c'è ancora qualche appartamento libero qui nei dintorni?

surroundings, neighborhood
Do you know whether there's still an apartment vacant in this neighborhood?

disperato, a
Siamo disperati perché non troviamo casa.

desperate
We are desperate because we can't find an apartment.

disperare
Non disperare ti aiuteremo noi.

despair
Don't despair, we'll help you.

il **suolo**

ground, soil; floor

il **portinaio**, la **portinaia**

caretaker, concierge, superintendent

la **portineria**
Puoi lasciare il pacchetto in portineria.

caretaker's apartment; office
You can leave the package in the caretaker's apartment.

l'**antenna**

antenna

la **terrazza**
Antonio ha una magnifica terrazza piena di fiori.

terrace
Antonio has a magnificent terrace full of flowers.

la **ringhiera**

banisters; railing

la **persiana**
Aprite le persiane, così entra il sole.

shutter
Open the shutters, then the sun will come in.

dare su
Questa finestra dà sul mare, l'altra sul cortile.

look out upon, face
This window looks out on the ocean, the other faces the courtyard.

il **soggiorno**
Il soggiorno è molto ampio e ben arredato.

living room
The living room is very spacious and well furnished.

la **cantina**
La nostra cantina è fresca.

cellar
Our cellar is cool.

la **soffitta**	attic
il **cavo**	cable
Non c'è più la luce, perché si è rotto un cavo.	There's no light, because a cable broke.
la **presa**	socket
Per che tipo di corrente è questa presa?	For what type of current is this socket meant?
bloccato, a	blocked; shut off
sfondare	break through, stave in
Vogliamo sfondare il muro che separa le due stanze.	We want to break through the wall that separates the two rooms.
separare	separate

Buying and Renting

il **quartiere**	part of town, neighborhood, quarter
Abitiamo in un quartiere molto tranquillo.	We live in a very quiet part of town.
cambiare casa	move
Abbiamo cambiato casa sei mesi fa.	We moved six months ago.
il **trasloco**	move, relocation
Quando pensate di fare il trasloco?	When do you plan to make the move?
il **proprietario**, la **proprietaria**	owner
l'**inquilino**, l'**inquilina**	tenant
Questi lavori devono essere fatti dal proprietario e non dall'inquilino.	These jobs have to be performed by the owner, not by the tenant.
il **padrone (di casa)**, la **padrona (di casa)**	landlord, landlady
l'**affitto**	rent
La casa è molto confortevole, ma l'affitto è piuttosto caro.	The house is very comfortable, but the rent is rather high.
affittare	let; rent; lease; hire
l'**agenzia immobiliare**	real estate agency
il **contratto d'affitto** '	rental contract, lease
Il proprietario ha disdetto il contratto d'affitto.	The owner has terminated the lease.

ammobiliato, a
Qui non ci sono appartamenti ammobiliati.

furnished
There are no furnished apartments here.

la **vendita**
Casa in vendita

sale
House for sale

il **pagamento**
Il termine per il pagamento è già scaduto.

payment
The date of payment has already passed.

il **termine**

due date

cercare

look for, seek

l'**alloggio**

accommodations, lodgings

---

confortevole

comfortable

affittasi
Affittasi appartamento di tre camere con servizi.

for rent, to let
Three-room apartment with kitchen and bath for rent.

le **spese (supplementari)** *pl*

(additional) expenses

la **manutenzione**
In questa casa ci sono molti lavori di manutenzione.

maintenance
A lot of maintenance work is necessary in this house.

rinnovare il contratto

renew the contract

disdire

cancel

il **condominio**
Abitiamo nel nuovo condominio in Piazza Garibaldi.

condominium
We live in the new condominium on Piazza Garibaldi.

l'**inserzione** *f*
Ho fatto un'inserzione sul giornale per affittare la casa.

classified ad
I put an ad in the paper to rent the house.

la **ricerca**
Siamo alla ricerca di un alloggio adeguato.

search
We are in search of suitable accommodations.

l'**accordo**
Abbiamo fatto un accordo per rinnovare il contratto con l'inquilino.

agreement
We made an agreement to renew the contract with the tenant.

sgombrare
L'inquilino deve sgombrare l'appartamento entro 15 giorni.

vacate
The tenant has to vacate the apartment within 15 days.

cercasi
Cercasi camera ammobiliata per luglio–agosto.

wanted
Wanted, furnished room for July–August.

Household and Housework

la **casalinga**
Il lavoro della casalinga non è così
semplice come sembra.

housewife
A housewife's job is not as
easy as it seems.

il **lavoro**
Devo ancora sbrigare tutti
i lavori domestici.

work
I still have to do
all the housework.

pulire <pulisco>

clean

la **pulizia**

cleaning (work)

strofinare
Bisogna strofinare bene il
pavimento, perché ci sono delle
macchie.

scrub, clean, wipe
The floor has to be scrubbed
well, because it is full of
stains.

fare la stanza/le pulizie
Non puoi fare la stanza, perché
Giovanni dorme ancora.

pick up; tidy/do (the rooms)
You can't do the rooms,
because Giovanni is still
sleeping.

ampio, a

ample, roomy, spacious

lavare i piatti

wash the dishes

asciugare
Io lavo i piatti e tu li asciughi,
così facciamo prima.

dry
I'll wash the dishes and you
dry, that way we'll be done
faster.

aiutare

help

apparecchiare la tavola
Puoi aiutare Angela ad
apparecchiare la tavola?

set the table
Can you help Angela
set the table?

la **posata**
Hai già lavato le posate?

cutlery; knives, forks, and spoons
Have you already washed the
cutlery?

la **tavola**

table

il **forno**
Questo forno è troppo vecchio,
bisogna cambiarlo.

oven
This oven is too old,
we have to replace it.

il **fornello**
Spegni il fornello, è ancora troppo
presto per cuocere la pasta.

stove
Turn off the stove, it's still too
early to boil the pasta.

accendere
Hai già acceso il forno per il dolce?

turn on
Have you already turned on the
oven for the cake?

spegnere — turn off

il **frigorifero** — refrigerator
Metti tutto nel frigorifero,
c'è abbastanza posto.
Put everything in the refrigerator,
there's enough room.

il **cestino** — wastebasket

la **polvere** — dust
E' dappertutto pieno di polvere.
Everything is full of dust.

---

il **casalingo** — household goods
Andiamo in un buon negozio di
casalinghi.
Let's go to a good household
goods store.

domestico, a — domestic

dare una mano — lend a (helping) hand

sparecchiare la tavola — clear the table
Dammi una mano per favore
a sparecchiare la tavola.
Please lend me a hand in
cleaning the table.

le **stoviglie** *pl* — dishes, crockery, tableware
Dove devo mettere le stoviglie
sporche?
Where should I put the dirty
dishes?

la **stufa** — oven; stove

la **macchina del caffè** — coffee machine
La macchina del caffè non funziona
più.
The coffee machine doesn't work
anymore.

la **lavatrice** — washing machine
La mia lavatrice nuova ha
moltissimi programmi.
My new washing machine has
a great many programs.

l'**aspirapolvere** *m* — vacuum cleaner
E' meglio pulire le scale con l'aspira
polvere.
It's better to clean the stairs with
the vacuum cleaner.

spazzare — sweep

la **scopa** — broom
Se mi dai la scopa posso già
spazzare la terrazza.
If you give me the broom, I can
start sweeping the terrace.

la **pattumiera** — garbage can
Se non trovi la pattumiera, puoi
mettere tutto nel cestino.
If you don't find the garbage can,
you can put everything in the
wastepaper basket.

spolverare — dust
Carla sta spolverando, io cerco di
eliminare un po' di disordine.
Carla is dusting; I'm trying to
straighten up some of the mess.

il **disordine** — disorder, mess

posare
Qui c'è troppo disordine, non so
più dove posare le provviste.

lay (down); set (down); put
There's such a mess here; I don't
know where to set down the
shopping.

la **provvista**

provision, supply; purchase

procędere
Ora faremo ordine, ma
procediamo con calma.

proceed, go forward
We'll tidy up now, but let's
proceed with composure.

sbrigare

expedite

Home Furnishings

arredare
Ha saputo arredare molto bene questa
stanza.

furnish, equip
He was able to furnish the room
quite well.

la **tenda**

curtain

il **tappeto**
Le tende ed i tappeti sono stati
consigliati dall'arredatore.

carpet, rug
The curtains and carpets were
recommended by the interior
designer.

i **mọbili** *pl*
Noi amiamo molto i mobili antichi,
e voi?

furniture
We adore antique furniture, and
you?

la **doccia**

shower

il **lavandino**
Nel mio bagno ho un lavandino
doppio.

sink, wash basin
In my bathroom I have a double
sink.

il **rubinetto**
Per fortuna il rubinetto non perde
più.

tap, cock
Luckily the water tap doesn't drip
anymore.

lo **specchio**
Non pensi che due specchi siano
troppi per questo bagno?

mirror
Don't you think that two mirrors
are too much for this bathroom?

il **letto**

bed

la **coperta**

blanket; bedspread

l'**armadio**
Nella camera di Marco ci sono tre
armadi.

wardrobe, armoire
In Marco's room there are three
armoires.

il **cassetto**
In quell'armadio ci sono anche due
cassetti.

drawer
This armoire also has two drawers.

la lampada
Accendi la lampada vicino alla
poltrona.

lamp
Please switch on the lamp next to
the armchair.

la sedia
I miei amici vogliono comprare un bel
tavolo con quattro sedie antiche.

chair
My friends want to buy a pretty
table with four antique chairs.

il tavolo

table

il divano
Il divano sta molto bene con
queste due poltrone.

sofa, couch, divan
The sofa goes very well with
the two armchairs.

abbassare

turn down (the volume)

la radio
Per favore, abbassa la radio!

radio
Please turn down the radio!

il televisore
In quella casa c'è il televisore sempre
acceso.

television
In that house the television is
always on.

---

la cassetta delle lettere
Devo pregare Maria di vuotare la mia
cassetta delle lettere mentre sono in
viaggio.

mailbox
I have to ask Maria to empty my
mailbox while I'm away on a trip.

vuotare

empty

l'arredatore, **l'arredatrice**

interior designer, decorator

stendere
Dove stendiamo questo tappeto?

spread (out); stretch out
Where shall we spread this rug?

splendido, a
Bisogna scegliere un bel posto
perché è veramente splendido.

splendid, gorgeous
We need to look for a good place,
because it is really splendid.

la vasca da bagno
Qui non ci sono vasche da bagno, ma
ogni stanza ha la sua doccia.

bathtub
There are no bathtubs here, but
every room has its own shower.

morbido, a

soft

il materasso
Non riesco a dormire perché il
materasso è troppo morbido.

mattress
I can't sleep because the
mattress is too soft.

il lenzuolo
Ora prendo le lenzuola e la coperta
e ti preparo subito il letto.

(bed)sheet
I'll go get the sheet and the
blanket and make your bed.

il guanciale
Questo guanciale è troppo alto,
potrei averne uno più basso?

pillow
This pillow is too high; can
I have a flatter one?

lo **scaffale**	bookcase
la **lampadina** Quella lampadina è rotta ora la cambio.	light bulb That bulb is burned out; I'll change it now.
il **tavolino** Non fare disordine sul mio tavolino da lavoro!	little table; desk Don't make a mess on my worktable!
spostare	move (furniture), displace
la **scrivania** Perché vuoi spostare la scrivania?	writing desk Why do you want to move the writing desk?
la **poltrona**	armchair
la **televisione** Spegni la radio ed accendi la televisione, è ora del TG1.	television Turn the radio off and the TV on; it's time for the news on Channel 1.
il **canale**	channel
il **giradischi** Questo giradischi è vecchissimo, il mangianastri invece è nuovo.	record player This record player is ancient, but the tape recorder is new.
il **mangianastri**	tape recorder
il **registratore (a cassette)**	cassette tape recorder

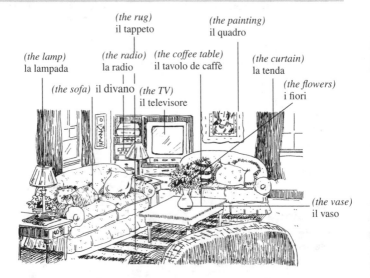

(the rug)
il tappeto

(the painting)
il quadro

(the lamp)
la lampada

(the radio)
la radio

(the coffee table)
il tavolo de caffè

(the curtain)
la tenda

(the sofa) il divano

(the TV)
il televisore

(the flowers)
i fiori

(the vase)
il vaso

7 | Human Characteristics

allegro, a
Beato te, che sei sempre allegro!

cheerful; lively
You lucky fellow, you're always in a good mood!

l'**allegria**
Passiamo qualche ora in allegria!

mirth, gaiety, hilarity
Let's spend a few hours having fun!

avaro, a
Sono molto avara del mio tempo.

stingy
I'm very stingy with my time.

bravo, a
Antonio è veramente una brava persona.

able; capable; honest
Antonio is really an honest person.

buono, a
I bambini di Mirella sono molto buoni.

good; kind; right
Mirella's children are very good.

il **carattere**

character

cattivo, a
Se fai così, sei proprio cattivo!

bad, wicked, naughty
If you do that, you're really bad!

il **coraggio**
Non è sempre facile avere coraggio.

courage
It's not always easy to have courage.

coraggioso, a
Sei stato molto coraggioso a saltare in acqua.

courageous
It was very courageous of you to jump into the water.

crudele
Ti prego di non essere così crudele con quel ragazzo.

cruel, merciless
I beg you, don't be so cruel to the boy.

picchiare

hit, beat, strike

curioso, a

curious

la **curiosità**

curiosity

duro, a
Giuseppe è un uomo molto duro.

hard(hearted), harsh
Giuseppe is a very harsh man.

fedele
Mario non è proprio capace di essere fedele!

faithful
Mario just isn't capable of being faithful!

la **gentilezza**

kindness, courtesy

gentile
Siete veramente gentili!

kind, courteous, polite
You are truly kind!

veramente — truly, really, indeed

lo **sgarbo** — rudeness, incivility
Non abbiamo mai fatto uno sgarbo a nessuno. — We have never been rude to anyone.

modesto, a — modest
Non essere sempre così modesta! — Don't always be so modest!

onesto, a — honest, honorable, decent

la **personalità** — personality
Ha avuto una personalità molto forte fin da bambino. — He has had a very strong personality since childhood.

prudente — cautious, prudent, careful

sensibile — sensitive
Fate attenzione a Carla, è così sensibile. — Be considerate of Carla; she is so sensitive.

sincero, a — upright, sincere, honest
Ti prego di essere sincero con me! — Please be honest with me!

timido, a — shy, timid
Maria è la più timida della famiglia. — Maria is the most timid of the entire family.

vigliacco, a — cowardly
Secondo me, sono stati solo prudenti e non vigliacchi. — In my opinion they were only cautious and not cowardly.

la **mentalità** — mentality

affascinante — fascinating
Trovo quella signora molto affascinante, e tu? — I find this lady quite fascinating, how about you?

astuto, a — astute; crafty, wily
Daniele è un uomo molto astuto. — Daniele is a very wily fellow.

la **bugia** — lie
Ti prego di non dire più bugie. — Please stop telling lies.

mentire — lie

chiuso, a — reserved; closed, locked
E' difficile capirlo perché è molto chiuso. — It's hard to understand him, because he is very reserved.

cinico, a — cynical
Non siate così cinici! — Don't be so cynical!

dolce — sweet, mild, gentle
Federico è un bambino molto dolce. — Federico is a very gentle child.

egoista — egoistic, selfish
Ma guarda che egoisti quei due ragazzi! — It's outrageous how egoistic the two boys are!

l'**egoista** *mf*

egoist

falso, a
Quella persona è troppo falsa per i nostri gusti.

false; disloyal; tricky
That person is too false for our liking.

fine
Amalia è una persona molto fine e generosa.

fine; refined
Amalia is a very fine and generous person.

folle
Il suo è stato un gesto folle.

crazy, insane
He committed an insane act.

Sei proprio folle, ma tanto simpatica!

You are really crazy, but very nice!

la **follia**
Ti ama alla follia.

insanity
She loves you to the point of insanity.

furbo, a
Non siete certo stati furbi a fare così!

cunning, sly, subtle
You weren't particularly subtle when you did that!

generoso, a

generous

matto, a
Giulio è proprio matto, ma anche simpatico.

mad, deranged; rash
Giulio is really mad, but nice too.

orgoglioso, a
Sono troppo orgogliosi per fare certe cose.

proud
They are too proud to do certain things.

pauroso, a

fearful

romantico, a
Non è male essere romantici al giorno d'oggi.

romantic
These days it doesn't do any harm to be romantic.

la **sincerità**
Amo molto la sincerità.

sincerity, honesty
I put a high value on honesty.

il **temperamento**

temperament

vivace
Angelo ha un temperamento assai vivace.

lively, vivacious
Angelo has a very lively temperament.

l'**individualista** *mf*
Non vi sembra di essere un po' troppo individualisti ragazzi?

individualist
Don't you think you're slightly overdoing your individualism, boys?

volgare
Non parlare così, diventi volgare!

vulgar
Don't talk that way, you're becoming vulgar!

l'**amore** *m*
Il suo grande amore per la musica
è famoso in tutta la città.

love
His great love for music is
known throughout town.

amare
Amo molto questo paese e voglio
restarci.

love, like
I like this country very much and
want to stay here.

odiare
Odio questa confusione.

hate
I hate this confusion.

gli **amanti** *pl*
Sono stati amanti per alcuni anni
ed ora invece si odiano.

lovers
They were lovers for some years,
but now they hate each other.

l'**affetto**
Ho sempre provato tanto affetto per
Angelo.

affection, fondness
I've always felt great affection for
Angelo.

affettuoso, a
Tanti affettuosi saluti a tutta la
famiglia.

affectionate, fond
Fond regards to the entire family.

ammirare
Da qui potete ammirare un
panorama bellissimo.

admire
From here you can admire
a beautiful panorama.

piacere
Quei ragazzi non mi piacciono.

pleasure
I am not pleased with those boys.

l'**ammirazione** *f*
Avete tutta la nostra ammirazione
per la vostra casa!

admiration
Your house deserves our
total admiration!

disprezzare
Non disprezzarlo troppo per questo!

despise, disdain, scorn
Don't despise him too much for it!

l'**invidia**

envy

provare
Quando vedo queste cose,
provo uno schifo enorme.

feel
When I see such things,
I feel enormous disgust.

la **sensazione**
Ho la sensazione che stia per
succedere qualcosa!

feeling, perception
I have the feeling that something
is about to happen!

il **sentimento**
Giacomo è un uomo di nobili
sentimenti.

sentiment, feeling
Giacomo is a man of noble
sentiments.

la **simpatia**
Ho tanta simpatia per lui, perché è
sempre sincero con tutti.

liking, affection, sympathy
I have a great liking for him,
because he is always honest with
everyone.

simpạtico, a
Abbiamo conosciuto due
ragazze molto simpatiche.

charming, nice, agreeable
We have met two very nice girls.

la passione
Si amano con passione da dieci
anni!

passion
They've loved each other
passionately for 10 years!

la nostalgia
Ho tanta nostalgia dell'Italia.
anni!

homesickness, nostalgia
I'm so homesick for
Italy.

la paura
I tuoi bambini non hanno paura di
niente.

fear
Your children are not afraid of
anything.

l'istinto
Gli istinti degli animali sono molto
più forti di quelli degli uomini.

instinct
Animals' instincts are much
stronger than those of
humans.

nọbile

noble

commuọvere
Quel film mi ha proprio
commosso!

move, touch
That film really touched
me!

commosso, a

moved, touched

grato, a
Ti sono molto grato per tutto
quello che hai fatto.

grateful, thankful
I'm very grateful to you for
everything you've done.

vergognarsi
Perché vi vergognate? Non ce n'è
motivo!

be ashamed
Why are you ashamed? There's no
reason for it!

triste
Perché sei così triste, cosa è successo?

sad
Why are you so sad, what has
happened?

la voglia
Ho una voglia pazza di andare a
Milano.

desire, wish; will
I have a crazy wish to go to Milan.

il **calore**

E' bello godere il calore della
famiglia.

warmth; eagerness;
ardor
It's nice to enjoy the warmth of
the family.

gọdere

enjoy

appassionato, a
Quelle parole appassionate mi
hanno riempito di gioia.

passionate
Those passionate words
filled me with joy.

riempire

fill (up)

la **gioia**
Che gioia vederti qui!

joy, delight
How delightful to see you here!

l'**emozione** *f*
Il medico ha detto che bisogna
evitargli emozioni improvvise.

excitement, emotion
The doctor said that he should
be spared sudden excitement.

evitare

avoid

improvviso, a

sudden, unexpected

commuoversi
Chiara è una persona che si
commuove con facilità.

be moved, touched
Chiara is a person who is easily
moved.

la **commozione**

emotion, agitation

la **stima**
Con la massima stima

esteem, respect, regard
Sincerely yours

stimare
Mi fa piacere che tu stimi tanto i
miei genitori.

esteem, value, regard
I'm glad that you hold my parents
in such high esteem.

indifferente
Non capisco perché siete sempre
così indifferenti a tutto.

indifferent
I don't understand why you're
always so indifferent to
everything.

l'**animo**
Alfonso è sempre stato di animo
buono.
Non perderti d'animo!

courage; disposition
Alfonso has always had a good
disposition.
Keep up your courage!

istintivo, a
Il suo è stato un gesto istintivo.

instinctive
His reaction was an instinctive
one.

il **senso**

sense; feeling

suscitare

rouse, cause, provoke

il **rimorso**
Il rimorso per quello che ha fatto,
non gli ha più dato pace.

remorse
Remorse for what he did has
given him no peace.

provocare
Queste scene provocano
solo un senso di orrore.

provoke, cause
These scenes provoke only
a sense of horror.

antipatico, a
A me è antipatica.

disagreeable, unpleasant
I find her disagreeable.

il **risentimento**
Perché tutto questo risentimento
nei nostri confronti?

resentment
Why such resentment toward us?

85

lo **schifo**

disgust, loathing

l'**orrore** *m*

horror, dread

l'**odio**
Sei riuscito a suscitare in lui un grande odio per questo lavoro.

hate, hatred
You've succeeded in arousing in him a great hatred for this work.

la **tristezza**
Che tristezza queste giornate di pioggia!

sadness
How sad these rainy days are!

la **vergogna**
Sarebbe proprio una vergogna, se Adele non venisse.

shame; disgrace
It would really be a disgrace if Adele didn't come.

pentirsi
Mi sono pentita di averti detto quelle cose.

regret
I regretted having said those things to you.

geloso, a
Alessandro è geloso di tutti.

jealous
Alessandro is jealous of everyone.

invidiare
Non ho mai invidiato nessuno.

envy
I have never envied anyone.

arrabbiare
Guarda che se fai arrabbiare ancora tuo padre ti da uno schiaffo.

become angry
Watch out, if you make your father angry again, he'll give you a smack.

lo **schiaffo**

slap, smack

arrabbiarsi
Non arrabbiarti!

be angry
Don't be angry!

arrabbiato, a
Sono tanto arrabbiato, che devo assolutamente sfogarmi.

enraged, angry
I'm so angry that I absolutely have to let off steam.

temere
Non temere, sfogarsi fa bene.

fear, be afraid
Don't be afraid, it's good to let off steam.

sfogarsi

let off steam; unburden oneself

capire <capisco>
Mi dispiace, ma non capisco bene la tua lingua.

understand, comprehend
I'm sorry, but I don't understand your language well.

complicato, a
Non è complicato trovare la strada.

complicated
It's not complicated to find the street.

facile
L'italiano è abbastanza facile.

easy, simple
Italian is a relatively easy language.

difficile
E' molto difficile, che lui sappia queste cose.

difficult, hard
It's very hard to imagine that he knows those things.

figurarsi
Figurati tu, cosa gli ho risposto!

imagine
Just imagine what answer I gave him!

Non mi disturba affatto, si figuri!

It doesn't disturb me at all, what do you take me for!

formulare
Cerca di formulare questa frase in modo più corretto.

formulate
Try to formulate this sentence in a more correct way.

l'**idea**

idea

immaginarsi
Mi immagino già quello che succederà domani.

imagine
I can already imagine what will happen tomorrow.

intelligente

intelligent

logico, a
In questo momento non sono in grado di pensare in modo logico.

logical
At the moment I'm not in a position to think logically.

pensare

think

il **pensiero**
Il pensiero va sempre a chi è lontano.

thought
Our thoughts always turn to those who are far away.

credere
Non credo che la tua sia una bell'idea.

believe
I don't believe that your idea is very good.

preoccuparsi
Mi preoccupo perché è già tardi.

worry, be worried
I'm worried because it's already late.

il **problema**
Forse posso aiutarti a risolvere i tuoi problemi.

problem
Perhaps I can help you solve your problems.

dimenticare
Non dimenticherò mai i giorni passati in Italia.

forget
I will never forget the days I spent in Italy.

dimenticarsi
Non dimenticarti di imbucare la lettera.

forget; neglect, omit
Don't forget to mail the letter.

progettare
Abbiamo progettato di andare in Italia in agosto.

plan, project, devise
We have planned to go to Italy in August.

ragionare
Mi dispiace, ma ragioni proprio male.

argue, discuss, reason
I'm sorry, but your reasoning is very bad.

ricordarsi
Vi ricordate dell'ultima sera passata insieme?

remember
Do you remember the last evening we spent together?

il **ricordo**

memory, recollection

il **senso**
Quello che dice Luigi non ha alcun senso.

sense, meaning
What Luigi says makes no sense.

sapere

know

supporre
Suppongo che tu sappia quello che fai.

suppose, assume
I assume that you know what you're doing.

la **supposizione**

supposition, assumption

la **soluzione**
Abbiamo già trovato una buona soluzione.

solution
We've already found a good solution.

il **cervello**
Oscar ha un cervello come un computer.

brain
Oscar has a brain like a computer.

la **mente**
Tu hai in mente qualcosa, non negarlo.

mind
You have something in mind, don't deny it.

negare

deny

combinare
Le nostre opinioni non combinano molto.

combine; match
Our opinions don't match very well.

comprendere
E' evidente che non avete compreso il suo piano.

comprehend, understand
It's obvious that you haven't understood his plan.

evidente

obvious, evident

la **facilità**
Mariella impara tutto con grande facilità.

ease, facility
Mariella learns everything with great ease.

la **difficoltà**
Tutti devono affrontare le difficoltà della vita.

difficulty
We all have to face life's difficulties.

affrontare

face; defy; attack

immaginario, a
Salvatore soffre sempre di malattie immaginarie.

imaginary
Salvatore is always suffering from imaginary illnesses.

l'**immaginazione** f
Probabilmente è tutto frutto della sua immaginazione.

imagination
Probably it's all the fruit of his imagination.

intellettuale
Lei è un tipo intellettuale, lui invece è il contrario.

intellectual
She is the intellectual type; he is the exact opposite.

l'**intelligenza**
Grazie alla sua intelligenza, ha risolto tutto bene.

intelligence
Thanks to his intelligence, he solved everything nicely.

l'**ignoranza**
La sua non è mancanza di intelligenza, è solo ignoranza.

ignorance
In his case it's not a lack of intelligence, but merely ignorance.

ignorante

ignorant; dumb

pensarci
E' meglio che ci pensi bene, prima di decidere.
Ai biglietti ci pensa Giorgio.

think over, consider; see to
You'd better think it over well before you decide.
Giorgio is seeing to the tickets.

preoccupato, a
Non essere preoccupato per me, va tutto bene!

worried, concerned
Don't worry about me, everything is all right!

primitivo, a

primitive; original

probabilmente

probably

problemạtico, a
Non credo che sia così problematico come dici tu.

problematic
I don't believe it's as problematic as you say.

programmare
Voglio programmare bene i miei studi.

plan
I want to plan my studies carefully.

il **programma**
Non c'è nessuna possibilità di cambiare i programmi.

program; platform
There's no possibility of changing the programs.

la **possibilità**	possibility
decidere	decide
la **decisione** La sua decisione ha sconvolto tutti i miei piani che avevo fatto.	decision His decision has upset all the plans that I had made.
sconvolgere	upset, overturn
ricordare Ricordo con piacere il viaggio in Italia.	remember I remember the trip to Italy with pleasure.
riflettere Hai riflettuto su quello che ti ho detto?	reflect, consider Have you thought about what I told you?
risolvere Abbiamo risolto tutti i nostri problemi.	solve We have solved all our problems.
la **ragione** Ascolta di più la ragione che il cuore.	reason He follows his mind more than his heart.

Ha riflettuto sul problema?
Have you thought about the problem?

━━━━━━━ **General Terms** ━━━━━━━

abituato, a
Non sei più abituato a tanto lavoro.

used, accustomed
You're not used to so much work
any more.

l'**abitudine** f
Rosa ha l'abitudine di parlare troppo.

habit
Rosa has the habit of talking too
much.

l'**attenzione** f
Fate attenzione ai bambini!
Ho seguito la conferenza con
la massima attenzione.

attention, heed, care
Pay attention to the children!
I have followed the conference
with the greatest attention.

calmo, a
Come fai a rimanere sempre così
calmo?

calm, quiet
How do you manage to stay so
calm all the time?

rimanere

stay, remain

tranquillo, a
Ti prego di stare tranquillo
non è successo niente.
Abbiamo passato una giornata
molto tranquilla.

calm, serene, peaceful
Please be calm, nothing has
happened.
We've spent a very peaceful day.

succedere

happen

la **tranquillità**

tranquility, calm

comico, a
Quando raccontano quella storia
sono proprio comici.

comic(al), funny
When they tell that story,
they're really funny.

lo **scherzo**
Caterina mi ha tirato proprio
un bruttissimo scherzo.

joke, jest; trick
Caterina has really played
a nasty joke on me.

scherzare
Perché dovrei pagare tanto? Tu
scherzi!

joke, make jokes
Why should I pay so much?
You're joking!

forte
Sii forte!

strong
You have to be strong!

la **fiducia**
Ho molta fiducia in te.

trust
I have great trust in you.

fidarsi
Marco non si fida di nessuno.

trust
Marco trusts no one.

l'**intenzione** f
Non ho intenzione di rispondere
a questa domanda.

intention
I have no intention of answering
this question.

interessarsi
Laura si interessa molto di mobili antichi.

be interested
Laura is very interested in antique furniture.

l'**interesse** *m*

interest

irọnico, a
Non è necessario che siate così ironici.

ironic
It's not necessary for you to be so ironic.

obbligato, a

obligated

occupato, a
Può telefonare più tardi? Il dottore è occupato in questo momento.

busy, occupied, taken
Can you call back later? The doctor is busy at the moment.

Scusi, questo posto è già occupato?

Excuse me, is this place already taken?

ordinato, a
Cerca di essere un po' più ordinato!

orderly, neat
Try to be a little neater!

la **pazienza**
Mi dispiace, ma ho perso del tutto la pazienza.

patience
I'm sorry, but I've lost all patience.

pigro, a
Su, non essere pigro, andiamo a fare una passeggiata!

lazy
Come on, don't be so lazy, let's take a walk!

la **prudenza**
Un po' di prudenza non fa mai male!

caution, prudence
A little caution never hurts!

puntuale
Possibile che tu non sia mai puntuale?

punctual
Can't you ever be punctual?

sgarbato, a
Ti prego di non essere così sgarbato con noi.

rude, impolite
Please don't be so rude to us.

aperto, a
Mi piacciono le persone aperte.

frank, open
I like frank people.

spiritoso, a
Non fare tanto lo spiritoso e non essere cretino, per favore!

witty; silly
Don't be so silly and stop being stupid, please!

cretino, a

stupid, idiotic

attento, a
Stai attento a quello che ti dico!
Attento alle macchine!

attentive; careful
Pay attention to what I tell you!
Look out for the cars!

la **calma**
Vedrai che con calma riuscirai a fare tutto.

calm, tranquility
You'll see that you'll succeed in doing everything if you're calm.

chiudersi
Appena parliamo di queste cose, ti chiudi subito.

withdrawn into oneself
As soon as we talk about these things, you withdraw into yourself.

l'**umore** *m*

humor, mood, temper

freddo, a
E' difficile essergli amico, è troppo freddo.

cold, distant, reserved
It's hard to be friends with him, he's too reserved.

indeciso, a
Perché sei sempre così indeciso?

indecisive
Why are you always so indecisive?

inquieto, a
I bambinbi oggi sono molto inquieti ed insistono per andare a giocare fuori.

restless
The children are very restless today and insist on going outside to play.

insistere

insist

ingenuo, a
Ma come sei ingenua!

naive, ingenuous
Are you naive!

intendere
Intendo fare presto un viaggio in Italia.

intend
I intend to travel to Italy soon.

paziente
Se saremo pazienti otterremo tutto.

patient
If we're patient, we'll achieve everything.

il **pregiudizio**

prejudice

prudente
Non ti preoccupare, saremo prudenti!

careful, prudent
Don't worry, we'll be careful!

rifiutarsi
Mi rifiuto di continuare questo discorso.

refuse
I refuse to continue this discussion.

il **rifiuto**
Non capisco il suo rifiuto.

refusal
I don't understand his refusal.

tollerante
Cerca di essere un po' più tollerante con lui!

tolerant
Try to be a little more tolerant toward him!

villano, a
Questo tipo è stato molto villano con voi.

rude, boorish
This fellow was extremely rude to you.

capitare
Da quando l'abbiamo incontrato ce ne capitano di tutti i colori.

happen, befall
Since we met him, everything possible has happened to us.

Action and Reaction

abituarsi
Ci siamo abituati molto presto a questo lavoro.

get used to
We quickly got used to this work.

apposta
Ti prego di scusarmi, non l'ho fatto apposta.

on purpose
Please excuse me, I didn't do it on purpose.

attivo, a
Giorgio è stato sempre molto attivo.

active
Giorgio has always been very active.

il **comportamento**
Il vostro comportamento è stato perfetto.

behavior, conduct
Your conduct was perfect.

comportarsi
Non capisco perché tu ti comporti così.

behave, conduct oneself
I don't understand why you behave that way.

l'**agio**
Come dovrei comportarmi quando non sono a mio agio!

ease, comfort; leisure
How should I behave when I'm ill at ease!

deciso, a
Mi piace il tuo essere così deciso.

decided, determined
I'm glad you're so determined.

energico, a
Non tutti sanno essere energici.

energetic
Not everyone is able to be energetic.

la **forza**
La sua grande forza è la gentilezza che ha con tutti.

strength, power, force
His great strength is his kindness to everyone.

la **volontà**

will

l'**iniziativa**
E' ora di prendere l'iniziativa.

initiative
It's time to take the initiative.

la **prova**
Hanno messo alla prova il tuo coraggio.

proof, trial, test
Your courage was put to the test.

reagire <reagisco>
Maurizio reagisce male a queste cose.

react
Maurizio reacts negatively to these things.

ridere
A me invece fanno solo ridere.

laugh
They only make me laugh.

la **reazione**
La tua reazione alle sue parole mi ha sorpreso.

reaction
Your reaction to his words surprised me.

sorprendere

surprise

rifiutare
Perché hai rifiutato il suo aiuto?

refuse
Why have you refused his help?

rispettare
Rispettiamo la natura!

respect
Let's respect nature!

sbagliarsi

err, make a mistake

---

esitare

hesitate

irritare
Il suo modo di fare mi ha irritato molto.

irritate, annoy
His way of acting annoyed me greatly.

l'**intuito**
Se avessi seguito il mio intuito non avrei fatto così.

intuition
If I had followed my intuition, I would have acted otherwise.

sospirare
Mi hai fatto sospirare troppo!

sigh
I've sighed enough on your account!

il **sospiro**

sigh

il **sollievo**
Alla fine ho tirato un sospiro di sollievo.

relief
At the end I gave a sigh of relief.

impulsivo, a
La tua reazione è stata troppo impulsiva.

impulsive
Your reaction was too impulsive.

spontaneo, a
Credo di essere stata troppo spontanea.

spontaneous
I believe I was too spontaneous.

il **torto**
Sì, ma il torto è stato suo, perché voleva aver ragione a tutti i costi.

wrong, fault, blame
Yes, but the fault was his, because he wanted to be right at all costs.

la **lotta**

struggle, fight

lottare
Stiamo lottando per le nostre idee.

struggle, fight
We are fighting for our ideas.

impazzire <impazzisco>
Riccardo è quasi impazzito dal dolore.

become insane, go mad
Riccardo almost went mad from pain.

incitare
Bisogna incitarlo alla calma.

incite, urge; instigate
We have to urge him to be calm.

piangere
Il bambino ha pianto tutta la notte.

cry
The baby cried all night.

la **lacrima**
Ma quante lacrime per così poco!

tear
How many tears over such a small thing!

la **malinconia**
Quando sento queste storie mi viene sempre la malinconia.

melancholy
When I hear these stories, I always get melancholy.

la **mania**
Mi raccomando, non farti venire anche tu questa mania.

mania, madness, insanity
Please, don't you start this madness too.

tremare
Non devi tremare di paura, non succederà nulla!

tremble
You need not tremble with fear, nothing will happen!

provare
Prova a vedere le cose senza pregiudizi.

try
Try to see things without prejudice.

costringere
Non mi costringere, non ti conviene!

force
You'd better not force me!

cedere
Date le circostanze, penso che sia meglio cedere.

give in
Under the circumstances, I think it's better to give in.

la **circostanza**

circumstances

sbrigarsi
Sbrighiamoci, altrimenti arriviamo tardi.

hurry
Let's hurry, otherwise we'll arrive late.

sorridere
Marcella mi è simpatica perché sorride sempre.

smile
I find Marcella pleasant, because she's always smiling.

il **sorriso**
E' vero, ha un bel sorriso.

smile
It's true, she has a nice smile.

vantarsi
Giuliano si vanta sempre di tutto quello che fa.

boast, brag, show off
Giuliano always shows off in everything he does.

adoperare
Come si adopera questa macchina?

use, employ; operate
How do you operate this machine?

capace
Sei capace di tradurre questa lingua?

capable, able
Are you able to translate this language?

competente
Il dott. Rossi è veramente competente nel suo campo.
Mi dispiace, ma quest'ufficio non è competente.

competent; responsible
Dr. Rossi is really competent in his field.
I'm sorry, but this agency is not responsible.

compiere
Abbiamo compiuto tutti il nostro dovere.

accomplish, fulfill
We all have fulfilled our duty.

la **concentrazione**

concentration

controllare
Prima di partire controlleremo tutto.

control, check
Before leaving we'll check everything.

creare
Con pochissimi oggetti ha creato un'atmosfera stupenda nella sua casa.

create
With a very few things he has created a wonderful atmosphere in his house.

dimostrare
Salvatore ha dimostrato molta forza.

demonstrate
Salvatore has demonstrated great strength.

essere in grado
Non sono più in grado di guidare, sono troppo stanca.

be in a position, be able
I'm not able to drive anymore, I'm too tired.

l'**improvvisata**
Che bella improvvisata ci avete fatto con il vostro arrivo!

surprise
What a nice surprise your arrival was for us!

inventare
Ti prego di non inventare storie, voglio sentire la verità.

invent
Please don't invent any stories; I want to hear the truth.

modificare
Perché modifichi sempre il programma?

change, alter, modify
Why do you keep changing the program?

organizzare
Se vuoi, ti organizzo io una bella gita.

organize
If you like, I'll organize a nice outing for you.

perfetto, a
Il provvedimento non è perfetto,
ma molto pratico.

perfect
The measure is not perfect, but
very practical.

la **perfezione**
Il piano è stato progettato alla
perfezione.

perfection
The plan was perfectly devised.

pratico, a
Siete pratici della città?

practical, experienced
Do you know your way around the
city?

provarci
Noi non ci siamo riusciti, provateci voi!

try, give it a try
We didn't succeed, now you try it!

realizzare
Vorrei realizzare questo progetto
prima possibile.
Quanto avete realizzato con la
vendita della casa?

realize, carry out; fetch (price)
I would like to carry out this
project as quickly as possible.
How much did you realize from
the sale of the house?

il **progetto**

plan; project

riuscire
Sei sicuro che non ci riesci?

succeed
Are you sure that you won't
succeed?

abile

able, capable

agire <agisco>
Sei sicuro che questo prodotto agisca?

Non credo che tu abbia agito
bene in questo caso.

act, behave; work
Are you sure that this product
works?
I don't believe that you acted
properly in this case.

applicare
Se applichi la regola giusta,
non puoi sbagliare.

apply
If you apply the right rule,
you can't go wrong.

la **capacità**
E' un uomo di grandi capacità.

skill, ability
He is a man of great
abilities.

completare
Non ho la concentrazione necessaria
per completare questo esercizio.

complete, finish
I lack the necessary
concentration to finish this
exercise.

il **controllo**
Abbiamo tutto sotto controllo.

control
We have everything under control.

cooperare
Se cooperate anche voi in questo lavoro,
avremo un grande successo.

cooperate
If you also cooperate in this work,
we'll have great success.

dirigere
Andrea dirige molto bene la sua impresa.

direct, manage
Andrea manages his firm very well.

il **direttore**, la **direttrice**

director, manager

fallire <fallisco>
I suoi piani non falliscono mai.

fail, be unsuccessful
His plans never fail.

il **disastro**
I tuoi piani invece sono sempre un disastro.

disaster
Your plans, however, are always a disaster.

impadronirsi <m'impadronisco>
Si è impadronito della materia in pochissimo tempo.

appropriate; master
He mastered the material in a very short time.

improvvisare
I ragazzi hanno improvvisato una festa per il compleanno di Giulia.

improvise
The children improvised a party for Giulia's birthday.

improvvisarsi
Ho dovuto improvvisarmi cantante per i miei nipoti.

try (one's skill at)
For my nephews' sake I had to try singing.

intraprendere
Marcello ha intrapreso una carriera molto difficile.

undertake; begin
Marcello has undertaken a very difficult career.

l'**invenzione** f
Che bella invenzione il computer!

invention
What a fine invention the computer is!

maneggiare
Maneggia questi apparecchi con attenzione, sono molto delicati.

handle; deal with
Handle these devices carefully; they are very sensitive.

motivare
Il tuo consiglio lo ha motivato.

motivate
Your advice has motivated him.

l'**organizzatore**,
l'**organizzatrice**
Chi è stato l'organizzatore di questa manifestazione?

organizer

Who was the organizer of this event?

osare
Come osi dire queste cose?

dare
How dare you say such things?

dire
Lo dico, perché queste cose non dipendono da me.

say; tell
I say them because these things don't depend on me.

provvedere
Alfredo ha detto che provvederà lui a tutto.

take care of, see to
Alfredo said he would take care of everything.

il **provvedimento**

measure, provision, steps

■■■ **Speaking, Informing, Asking, Answering** ■■■

affermare
L'imputato continua ad affermare
di essere innocente.

claim, assert, affirm
The accused continues to assert
his innocence.

continuare

continue, keep on

annunciare
Ora annunciano l'arrivo del
volo da Francoforte.

announce
Now the arrival of the flight from
Frankfurt is being announced.

chiacchierare
Mi dispiace, ma per i miei gusti
chiacchieri troppo.

chatter
I'm sorry, but you chatter
too much for my taste.

le **chiacchiere** *pl*
Perché non vieni da me a fare
quattro chiacchiere?

chat(ter), talk
Why don't you come to my
place for a chat?

chiedere
Chiedi la strada a quel signore!
Ti chiedo solo di ascoltarmi.
Marco chiede troppo!

ask; request, beg; demand
Ask this gentleman the way!
I beg you only to listen to me.
Marco demands too much!

comunicare
Mi hanno comunicato proprio
ora questa bella notizia!

communicate, inform
I have just now been informed
of this good news!

il **consiglio**
Che consiglio mi dà, dottore?

advice
What advice do you give me,
Doctor?

la **conversazione**
Abbiamo avuto una conversazione
molto piacevole con i tuoi amici.

conversation
We had a very pleasant
conversation with your friends.

piacevole

pleasant

convinto, a
Sei proprio convinto di quello che
dici?

convinced
Are you really convinced of what
you say?

discutere
Se non sei d'accordo possiamo
discuterne!

discuss
If you're not in agreement, we can
discuss it!

trattarsi
Di che cosa si tratta?

be a question (matter) of
What is it about?

la **domanda**
Mi scusi, ma non ho capito la sua
domanda.

question; request; demand
Excuse me, but I didn't understand
your question.

domandare
Adesso domandiamo a che
ora aprono i negozi.

ask; request; demand
Now we'll ask what time
the stores open.

gridare
Tutti gridavano come pazzi.

shout
They all shouted like madmen.

informare
Bisogna informare subito tuo fratello.

inform
Your brother has to be informed at
once.

l'**informazione** f
Scusi, vorrei un'informazione.

information
Excuse me, I would like some
information.

interrompere
Non interrompermi quando parlo!

interrupt
Don't interrupt me when I'm
talking!

il **messaggio**
Possiamo lasciare un messaggio
per Alberto in portineria.

message; news
We can leave a message
for Alberto with the
caretaker.

l'**opinione** f

opinion

parlare
Con chi desidera parlare?

speak, talk
To whom do you wish to speak?

raccontare
Per favore, mi racconti tutto con
ordine.

tell
Please tell me everything in order.

il **racconto**
E' sempre molto interessante
sentire i suoi racconti.

tale, story
It's always very interesting
to hear his stories.

rispondere
Rispondimi subito, ti prego!

answer
Answer me at once, please!

la **risposta**
Hai già ricevuto una risposta?

answer
Have you gotten an answer
yet?

l'**argomento**
I tuoi argomenti non mi convincono.

argument; topic
Your arguments don't convince
me.

ridicolo, a
A me sembrano proprio ridicoli.

ridiculous
They seem really ridiculous
to me.

avvertire
Avvertiamo Carlo che deve
venire un'ora prima.

inform; warn, caution
We will warn Carlo that he needs
to come an hour earlier.

avvisare

Hai avvisato tutti i parenti?

inform; warn; give notice

Have you informed all the relatives?

consigliarsi

Prima di decidere, vorrei consigliarmi con l'avvocato.

consult, take counsel

Before I decide, I would like to consult my attorney.

convincere

Cerchiamo di convincere i ragazzi a venire con noi.

convince

We're trying to convince the boys to come with us.

dichiarare

Cosa avete dichiarato alla polizia?

declare, state

What statement did you give the police?

il **discorso**

Scusa, ma che discorsi stai facendo?

talk, speech

Excuse me, but what are you talking about?

riferire <riferisco>

Io ti riferisco solo quello che mi è stato detto.

report, relate

I'm reporting to you only what was said to me.

il **riferimento**

reference

esprimere

Tutti possiamo esprimere la nostra opinione.

express

We all can express our opinion.

esprimersi

Se ti esprimi così male, non posso capirti.

express oneself

When you express yourself so poorly, I can't understand you.

interrogare

Il professore di storia mi ha interrogato oggi.

question, interrogate; examine

The history teacher asked me questions today.

l'**interrogatorio**

Andiamo a sentire l'interrogatorio in tribunale.

examination, cross-examination

Let's go hear the cross-examination in court.

tacere

Io taccio, ma non so se taceranno anche gli altri.

be silent; keep silent about

I'll be silent, but I don't know whether the others will also keep quiet.

intervistare

Chi intervisteranno alla televisione?

interview

Whom will they interview on TV?

l'**intervista**

Quell'intervista non mi è piaciuta affatto.

interview

I didn't enjoy that interview at all.

moderato, a	moderate
la **questione**	question, issue
E' una questione molto complicata.	It's a very complicated issue.
strillare	scream, squall, shriek
Quel bambino strilla dalla mattina alla sera.	That baby screams from morning till night.
urlare	shout, yell
Perché urlate tanto?	Why do you yell so much?
il **proverbio**	proverb

Wishing and Consoling

augurare	wish
Vi auguro di cuore che siate felici.	I sincerely wish you happiness.
gli **auguri** *pl*	best wishes
Tanti auguri per il tuo comple anno!	Happy birthday!
l'**augurio**	wish
Il mio augurio è che tu possa realizzare i tuoi sogni.	My wish is that you will be able to realize your dreams.
Che peccato!	What a pity!
il **complimento**	compliment
Non lo dico per farti un complimento, lo penso davvero!	I'm not saying it to pay you a compliment, I really mean it!
congratularsi	congratulate
Ci congratuliamo con te per l'ottimo risultato.	We congratulate you on the splendid result.
le **congratulazioni** *pl*	congratulations
Ha ricevuto le congratulazioni di tutti i colleghi per il suo lavoro.	For his work he received the congratulations of all his colleagues.
le **condoglianze** *pl*	condolence
Bisogna scrivere subito una lettera di condoglianze a Giancarlo. Sentite condoglianze.	We need to write Giancarlo a letter of condolence at once. My condolences.
il **lutto**	mourning

consolare	console
Mi ha consolato con parole piene di speranza.	He consoled me with words full of hope.
davvero	really
eventuale	eventual, possible; probable
eventualmente	possibly; in any case
Di questa cosa parleremo eventualmente più tardi.	We may possibly talk about this later.
il **dispiacere**	regret; trouble; grief
fare complimenti	stand on ceremony
La prego, non faccia complimenti!	Please don't stand on ceremony!
povretto, a!	You poor thing!

■■■■ Requesting and Commanding ■■■■

desiderare	wish, desire
Desidero che tu vada subito a casa!	I want you to go home at once!
il **desiderio**	wish, desire
Non è molto facile soddisfare i vostri desideri.	It's not very easy to satisfy your wishes.
volere	will; wish, want
Non voglio assolutamente che tu faccia questo.	I absolutely don't want you to do that.
assolutamente	absolutely
pregare	request
raccomandare	recommend, urge
Ci hanno raccomandato di arrivare puntuali.	They urged us to come on time.
Lo ha raccomandato un amico per fargli avere quel posto.	A friend recommended him for this position.
per favore	please
spiegarsi	explain oneself, make oneself clear
Vorresti spiegarti meglio per favore?	Would you please make yourself clearer?
dovere	shall, should, must, ought

l'ordine *m*
Abbiamo ricevuto l'ordine
di presentarci subito.

order, command
We received an order to
appear at once.

garantire <garantisco>
Chi mi garantisce che eseguirete
i miei ordini?

guarantee
Who guarantees that you
will carry out my orders?

la **garanzia**
Ti do io la garanzia che faremo
tutto come vuoi tu.

guarantee
I give you a guarantee that we
will do everything the way you
want.

eseguire

carry out

guardarsi
Guardati bene dal fare promesse
che poi non mantieni.

beware, take care, guard against
Take care that you don't
make promises that you can't
keep.

mantenere

maintain; keep

la **firma**
Se vuoi ti ci metto la firma.

signature
If you wish, I'll give you my
signature on it.

firmare
Non è necessario che firmi niente.

sign
You don't have to sign
anything.

pretendere
Ma cosa pretendete ancora da lui?

claim; demand, ask for
What else do you demand of
him?

obbedire <obbedisco>
Fa il bravo ed obbedisci alla
mamma!

obey
Be good and obey your mama!

proporre
Alfredo ha proposto di aspettare ancora,
io invece propongo di partire subito.

propose, suggest
Alfredo suggested waiting longer,
but I propose leaving at once.

la **proposta**
Bernardo sostiene che la
sua proposta è buona.

suggestion, proposal
Bernardo insists that his
suggestion is good.

sostenere

insist; uphold; sustain

sottoporre
Bene, ora la sottopongo al vostro
giudizio.

submit; subject
Fine, now I submit it to your
judgment.

il **sostegno**
Senza il sostegno degli altri però
non possiamo fare nulla.

support, prop, stay
Without the others' support,
however, we can't do anything.

ricorrere a
Non potremmo ricorrere all'aiuto di qualche personalità nota?

resort to, call upon
Couldn't we call upon the help of some other well-known personality?

l'aiuto

help

noto, a

known, well-known

riferirsi <mi riferisco>
A chi ti riferisci?

refer; mean
To whom are you referring?

richiamare
Vorrei richiamare la vostra attenzione su di un argomento speciale.

call back, recall; summon
I would like to call your attention back to a particular topic.

speciale

special, particular

stabilire <stabilisco>
Avete già stabilito il prezzo per la casa?

establish, set
Have you already set the price for the house?

nominare
Giovanni è stato nominato presidente.

E' tanto tempo che non sento più nominare quella persona.

name; nominate; appoint, elect
Giovanni has been appointed president.
I haven't heard that person's name in a long time.

il **dovere**

duty, obligation

l'autorità
In questo caso devo fare valere la mia autorità di padre.

authority
In this case I have to make use of my authority as a father.

autoritario, a
Il padre di Marcello è molto autoritario.

authoritarian
Marcello's father is very authoritarian.

▬▬▬ Attacking, Excusing, Thanking ▬▬▬

attaccare
Se tu non mi avessi attaccato in quel modo, non avrei reagito così male.

attack
If you hadn't attacked me in that way, I wouldn't have reacted so angrily.

minacciare
Perché hai paura, ti hanno minacciato forse di qualcosa?

Queste discussioni stanno minacciando la nostra amicizia.

threaten
Why are you afraid? Have you perhaps been threatened with something?
These discussions are threatening our friendship.

offendere
Scusami, se ti ho offeso.
Non ne avevo intenzione.

offend, insult
Excuse me, if I offended
you. I didn't intend to.

perdonare
Potete perdonarci ancora una volta?

forgive, pardon
Can you forgive us one more
time?

il **perdono**
Ti chiedo perdono per il mio
errore.

forgiveness, pardon
I beg your pardon for my
error.

purtroppo

unfortunately

scusare
Scusate il ritardo, ma c'era molto
traffico.
Scusi, che ore sono?

excuse
Excuse my lateness, but there was
a lot of traffic.
Excuse me, what time is it,
please?

grato, a
Ti sono molto grato.—Non mi
ringraziare di niente!

grateful, thankful
I'm very grateful to you.
—You don't owe me
any thanks!

la **scusa**
Mi ha presentato le sue scuse
già ieri.
Penso proprio che tu debba
chiedergli scusa.

excuse, apology
He already offered me his
apologies yesterday.
I really think you ought to
apologize to him.

ringraziare
La ringrazio tanto del bellissimo
regalo.

thank
Thank you very much for the
beautiful gift.

grazie
Grazie mille!—Non c'è di che!

thanks
Thanks very much!—You're
welcome!

prego

Please!; Not at all!

l'**imbarazzo**
Non mi ringrazi tanto, mi mette in
imbarazzo!

embarrassment
Don't thank me so much, you
embarrass me!

aggressivo, a

aggressive

l'**attacco**

attack

insultare
Perché lo insulti? Non ha
fatto niente di male!

abuse, insult, revile
Why are you insulting him?
He has done nothing wrong!

la **minaccia**
Non devi prendere troppo sul
serio la sua minaccia.

threat
You mustn't take his threat so
seriously.

l'**offesa**
Le tue parole sono state una
grande offesa per lui.

insult, offense
Your words were a great
insult to him.

polemico, a
Siete troppo polemici per i miei gusti!

polemical; argumentative
You're too argumentative for my
taste!

chiarire <chiarisco>
E' bene che tu chiarisca il tuo
rapporto con lui.

make clear
You ought to make your
relationship with him clear.

il **rapporto**

relation(ship)

il **malinteso**
Sono felice di aver chiarito
questo malinteso.

misunderstanding
I'm happy to have cleared
up this misunderstanding.

scusarsi
Non è necessario che tu ti scusi.

excuse oneself, apologize
There's no need for you to
apologize.

Forbidding and Allowing

proibire <proibisco>
Perché gli proibisci di giocare
con gli altri bambini?

forbid, prohibit
Why do you forbid him to play
with the other children?

proibito, a
Il frutto proibito è sempre il più
desiderato.

forbidden
Forbidden fruit is always the most
coveted.

il **divieto**
In questa strada c'è divieto di sosta.

prohibition
Parking is prohibited on this
street.

ammettere
Devo ammettere che hai ragione tu.

admit; allow
I have to admit that you're
right.

approvare
Approvate tutti quello che vogliamo
fare?

approve (of), consent; confirm
Do you all approve of what we
want to do?

concedere
Mi hanno concesso di vederla
solo per un paio di minuti.
Concedimi un po' di tempo per favore!

concede, grant, allow, permit
I was allowed to see her
for only a few minutes.
Grant me a little time, please!

permettere
Non vi permetto di dire certe
cose davanti a tutti.

permit, allow
I don't allow you to say
certain things in front
of everyone.

potere
Si possono mangiare queste pere?

can, may, could, might
Can one eat these pears?

si

oneself

il **permesso**
Avete il permesso di entrare?

permission
Do you have permission to enter?

---

impedire <impedisco>
Chi ti impedisce di fare quello
che vuoi?

prevent
Who's keeping you from doing
what you want?

vietare
Il medico mi ha vietato di fumare.

forbid
The doctor has forbidden me to
smoke.

accordare

grant, concede, award

autorizzare
Ti autorizzo ad accordare tutto.

authorize
I authorize you to grant
everything.

consentire
Consenti a tua figlia di uscire almeno
una volta con i suoi amici!

consent; allow
Allow your daughter to go
out with her friends at least
once!

permettersi
Come si permette di parlare
in questo modo?

take the liberty, venture to
How can you take the liberty of
speaking this way?

Confirming

accettare
Accettiamo il vostro invito con
piacere.

accept
We accept your invitation with
pleasure.

la **conferma**
Vi darò la conferma domani.

confirmation
I'll give you the confirmation
tomorrow.

confermare
Ci ha confermato che sarebbe venuto
anche lui.

confirm
He has confirmed that he is also
coming.

d'**accordo**
Penso di partire alle cinque,
d'accordo?—Sì, in ogni caso.

agreed
I plan to leave at five,
agreed?—Yes, by all
means.

sì

yes; thus, so

infatti
Forse Ugo non aveva neanche
voglia di venire, infatti non c'è.

indeed, in fact
Perhaps Ugo didn't want to
come at all; in fact, he isn't here.

esatto

exact

promęttere
Ti prometto che sarò molto calmo.

promise
I promise you that I'll be very
quiet.

ripętere
Vuoi ripetermi le sue parole, per
favore?

repeat
Would you please repeat your
words to me?

giurare
Giuri di dire la verità, nient'altro che
la verità!

swear
Swear to tell the truth and nothing
but the truth!

assicurare

assure, ensure, insure

furioso, a
Le assicuro che ero proprio furioso!

furious, enraged
I assure you that I was really
furious!

l'**impressione** *f*
Avevo l'impressione che Lei volesse
impormi le sue condizioni.

impression
I had the impression that you
wanted to force your conditions on
me.

imporre

impose; force

la **condizione**

condition

la **verità**

truth

la **promessa**
Questa è proprio una
promessa da marinaio!

promise
This is nothing but an
empty promise!

riconǫscere
Riconosco che avevi ragione tu.

acknowledge, admit
I acknowledge that you were
right.

paragonare
Perché lo paragoni sempre a
suo padre?

compare
Why do you always compare him
with his father?

il **paragone**
Questo paragone non può essere
accettato.

comparison
This comparison can't be
accepted.

interpretare
Abbiamo interpretato male le sue
parole, almeno così credo.

interpret
We misinterpreted his words;
at least, I think so.

citare
Antonio cita sempre gli autori che
ha letto.

quote, cite
Antonio always quotes the authors
he has read.

━━━━ **Qualifying and Rejecting** ━━━━

dubitare
Dubito che sia giusto fare così, altrimenti lo avrei già fatto.

doubt
I doubt that it is right to act that way; otherwise, I would already have done it.

criticare
Tu critichi troppo, sii più tollerante!

criticize
You're too critical; be a little more tolerant!

contraddire
Mi dispiace contraddirti. D'altronde le cose non stanno affatto come dici tu.

contradict
I'm sorry to contradict you. However, things are not at all as you say.

la **contraddizione**
Nei loro argomenti ci sono troppe contraddizioni.

contradiction
There are too many contradictions in your arguments.

forse
Forse vengo, forse no.

perhaps
Perhaps I'll come, perhaps not.

no

no

non
Andiamo a mangiare qualcosa?
—No, non ne ho voglia.

not
Shall we go eat something?
—No, I don't want to.

mai
Sei mai stato in quel locale?

ever; never
Have you ever been in that restaurant?

—No, non ci sono mai stato.

—No, I've never been there.

niente
Non ho voglia di fare niente.

nothing
There's nothing I want to do.

almeno

at least

altrimenti

otherwise

il **dubbio**
Su questa cosa non ho alcun dubbio. Viene anche lui?—Senza dubbio!

doubt
About this matter I have no doubt at all. Is he coming too?—Without doubt!

l'**equivoco**
Ci dispiace molto, ma è stato proprio un equivoco.

misunderstanding
We're very sorry, but it was really a misunderstanding.

disdire
Per oggi abbiamo disdetto tutti gli appuntamenti.

cancel, retract
We've canceled all appointments for today.

respingere
La sua offerta è stata respinta
senza commenti?—Esatto!

refuse, reject
Your offer was rejected
without comment?—Exactly!

contestare
Gli studenti hanno contestato il
programma.

contest; oppose
The students opposed the
program.

opporsi
Ci siamo opposti con tutte le nostre
forze.

resist, oppose
We resisted with all our might.

d'**altronde**

on the other hand; however

l'**eccezione** *f*
Non esageriamo, è solo
un'eccezione ed è ingiusto opporsi.

exception
Let's not exaggerate; it's only an
exception, and it's wrong to be
oppposed.

esagerare

exaggerate

ingiusto, a

unjust, wrong

affatto
Mi dispiace ma non ci penso affatto.

quite, entirely; (not) at all
Sorry, but I'm not considering it at
all.

Dubito che abbia detto quello. E'possibile che sbagli?
I doubt that he said that. Could you be mistaken?

■■■■ General Statements and Positions ■■■■■

accontentarsi
Mi accontento di un giornale,
se non hai un buon libro.

be contented, be satisfied with
I'm satisfied with a newspaper, if
there are no good books
around.

contento, a

contented; happy

basta
Grazie, basta così!
Adesso basta!
Basta che voi telefoniate a Carlo.

enough; that's enough
Thanks, that's enough!
That's enough now!
It's sufficient if you phone Carlo.

concludere

Ancora non abbiamo concluso
nulla.

conclude; decide;
carry out
We haven't concluded anything
yet.

consentire
Consentiamo con voi su tutto.

agree; consent
We agree with you on
everything.

considerare
La considero una vera amica.

Quel professore è poco considerato
dai suoi alunni.

consider; esteem
I consider her a true
friend.
That teacher is not held in
esteem by his pupils.

ritenere
Ritengo giusto dire queste cose ma
mi riservo di decidere quando farle.

consider; think, deem
I think these things are fair, but I
reserve the right to decide when to
do them.

riservarsi

reserve (oneself), claim

constatare
Ho constatato che molte
cose sono cambiate.

establish
I have established that many
things have changed.

accorgersi
Ce ne siamo accorti pure noi.

notice
We have noticed that too.

il **giudizio**
Il giudizio del pubblico è
stato molto favorevole.

opinion; judgment, verdict
Public opinion has been
very favorable.

giustificare
Come giustifichiamo la nostra assenza?

justify
How do we justify our absence?

indovinare
Indovina chi viene a cena stasera?

guess
Guess who's coming to dinner
tonight?

razionale   rational; reasonable

la **conclusione**
Non ho capito la conclusione
del suo discorso.

conclusion
I didn't understand the conclusion
of his speech.

il **consenso**
Senza il consenso della mia
famiglia non posso partire.

consent
Without my family's
consent I can't leave.

generale

general

acceso, a
Siamo arrivati ad un consenso
generale solo dopo una discussione
molto animata ed accesa.

lit; enflamed; heated
We arrived at a general
consensus only after a
very lively, heated
discussion.

animato, a

lively, animated

giudicare
Lo giudico una persona molto
razionale.

consider, deem
I consider him a very rational
person.

giustificarsi
Non hai bisogno di giustificarti,
ti capisco benissimo.

justify oneself
You don't need to justify yourself,
I understand you very well.

l'**ipotesi** *f*
La vostra è un'ipotesi molto
interessante.

hypothesis
Your hypothesis is very
interesting.

il **parere**
Vogliamo sentire anche il
parere di un esperto?

opinion
Shouldn't we also hear an
expert's opinion?

la **proposta**
Trovo la vostra proposta molto
gradevole.

suggestion, proposal
I find your suggestion very
agreeable.

gradevole

agreeable

riguardare
Non voglio sentire nessuno, queste
cose riguardano solo me.

concern
I don't want to listen to
anybody; these things concern me
alone.

prevalente

prevailing, predominant

prevalere
Le tue opinioni prevalgono quasi
sempre.

prevail, be predominant
Your opinions almost always
prevail.

riassumere
Riassuma solo i punti più importanti.

resume, sum up; summarize
Summarize only the most
important points.

il **punto**	point
il **riassunto**	summary, recapitulation
Carlino deve scrivere un riassunto per la lezione di domani.	Carlino has to write a summary for tomorrow's class.

Positive Evaluations

abbastanza
Credo di essere stata abbastanza corretta.

enough; fairly
I believe I was fairly correct.

adatto, a
Mirella è proprio la persona adatta per questo lavoro.

right, suitable, appropriate
Mirella is just the right person for this work.

bene

well (*adverb*)

bravo, a
Brava, Maria!

bravo
Bravo, Maria!

buono, a

good (*adjective*)

chiaro, a
Giacomo ha fatto un discorso molto chiaro.

clear
Giacomo gave a very clear talk.

corretto, a

correct; right

eccezionale
Cristina è una donna eccezionale.

exceptional
Cristina is an exceptional woman.

l'**entusiasmo**
Erano tutti pieni di entusiasmo per quel programma.

enthusiasm
Everyone was full of enthusiasm about that program.

giusto, a
Penso che sia giusto dire queste cose.

right; fair, just
I think it's right to say these things.

ideale
Questo vino è ideale per bere con il dolce.

ideal
This wine is ideal to drink with dessert.

interessante

interesting

meglio

better (*adverb*)

magnifico, a
Guarda che magnifici fiori!

magnificent, splendid
See how magnificent the flowers are!

meraviglioso, a
Abbiamo passato una serata
meravigliosa.

wonderful, marvelous
We had a wonderful evening.

migliore

better (*adjective*)

naturale

natural

ottimo, a
Hai preparato un'ottima cena.

very good; excellent
You've prepared an excellent
supper.

positivo, a
Andrea ha dato una risposta
positiva.

positive
Andrea has given a positive
reply.

possibile

possible

preciso, a

precise, exact

preferire <preferisco>
Cosa preferisci fare stasera?

prefer
What do you prefer to do this
evening?

soddisfatto, a
Siamo molto soddisfatti del nostro
lavoro.

satisfied
We're very satisfied with our job.

la **soddisfazione**
Ho avuto la soddisfazione di
dirgli quello che pensavo.

satisfaction
I had the satisfaction of
telling him what I was
thinking.

utile
Non credo che queste cose
siano poi tanto utili.

useful, helpful
I don't believe that these things
are very helpful in the end.

il **vantaggio**
Ora Le spiegherò i vantaggi
di quest'affare.

advantage
Now I'll explain to you the
advantages of this business.

adeguato, a
Non mi è sembrata una reazione
adeguata.

adequate; suitable
It didn't seem to me to be a
suitable reaction.

affascinante
Riesce ad essere sempre
affascinante.

fascinating
He always succeeds in being
fascinating.

l'**ammirazione** *f*
Ho una grande ammirazione
per quello scrittore.

admiration
I have great admiration
for this writer.

conveniente
Non è conveniente fare acquisti
in questo momento.

convenient, suitable, advantageous
It's not advantageous to make
acquisitions at this time.

eccellente
E' un consiglio eccellente.

excellent
That's excellent advice.

impressionante
E' stato uno spettacolo
molto impressionante.

impressive
It was an impressive performance.

meritare
Meriti tutta la nostra simpatia.

deserve
You deserve all our sympathy.

il **merito**
Il merito di questo successo è tuo.

merit, worth, service
The credit for this success is yours.

la **precisione**
Ha lavorato con una
precisione straordinaria.

precision
He worked with extraordinary
precision.

preferibile
Credo che sia preferibile partire
subito.

preferable, better
I think it's preferable to leave at
once.

il **pregio**

worth; estimation; excellence

soddisfare
Soddisfo (soddisfaccio)
bene il tuo desiderio?

satisfy; fulfill
Are you really satisfied with me?

straordinario, a

extraordinary

vantaggioso, a
Questa è una soluzione molto
vantaggiosa per tutti.

advantageous
This is a very advantageous
solution for everyone.

Negative Evaluations

assurdo, a
Quest'idea è davvero assurda.

absurd
This idea is really absurd.

cattivo, a
A me non sembra una cattiva idea.

bad; wicked
It doesn't seem like a bad idea to
me.

Oggi sei stato cattivo con me.

Today you were bad to me.

contrario, a
Perché siete contrari a questo
viaggio?

contrary; opposed, disinclined
Why are you opposed to this trip?

impossibile
Ci dispiace, ma per noi è impossibile
venire.

impossible
We're sorry, but it's impossible
for us to come.

incredibile
Gabriella ha raccontato una storia incredibile.

incredible, unbelievable
Gabriella told an incredible story.

tragico, a
Non siate così tragici con le vostre previsioni!

tragic
Don't make such pessimistic predictions!

inutile
E' inutile provare ancora; non c'è nessuno.

useless, pointless
It's useless to keep trying; no one is there.

lamentarsi
Perché ti lamenti? Non sei mai contento!

complain
Why are you complaining? You're never satisfied!

negativo, a
La nostra impressione è stata negativa.

negative
Our impression was negative.

male

badly, poorly (*adverb*)

peggio

worse (*adverb*)

peggiore

worse (*adjective*)

pessimo, a
Il pranzo era proprio pessimo.

very poor
The dinner was really very poor.

protestare
Se protestiamo tutti, ci ascolteranno.

protest
If we all protest, they'll listen to us.

rinunciare
Rinuncio all'incontro per mancanza di tempo.

refuse, renounce, forego
I'm foregoing the meeting because of lack of time.

Che schifo!

How disgusting!

spaventarsi
Mi sono spaventata vedendo improvvisamente quell'uomo.

be frightened, be scared
I was scared when I suddenly saw that man.

strano, a
E' strano che Umberto non sia ancora arrivato.

strange
It's strange that Umberto hasn't arrived yet!

brontolare
Daniela brontola dalla mattina alla sera.

grumble
Daniela grumbles from morning to night.

caotico, a
Oggi il traffico è più caotico che mai.

chaotic
Today the traffic is more chaotic than ever.

ordinario, a
E' roba ordinaria, è meglio che non la compri.

ordinary
It's ordinary stuff, better not buy it.

disprezzare
Stefano non disprezza certo un buon vino.

despise, disdain, scorn
Stefano certainly won't scorn a good wine.

il **vizio**

vice

insopportabile
Quella persona è insopportabile.

intolerable, unbearable
That person is unbearable.

il **lamento**
Sono stanca dei suoi lamenti continui.

complaint; complaining
I'm tired of his constant complaining.

la **pena**
Puoi immaginare la pena del padre nel vedere suo figlio così.

anguish, grief; difficulty
You can imagine the father's anguish when he saw his son in this state.

Fa pena anche a me.

I'm sorry for him too.

la **pietà**
Proviamo tutti pietà per lui.

pity, compassion
We all feel pity for him.

sfortunato, a
E' perché si considera molto sfortunato.

unlucky, unhappy, unfortunate
It's because he considers himself a very unlucky person.

la **sfortuna**
Non credo che abbia avuto più sfortuna di noi.

misfortune, bad luck
I don't think that he's had more bad luck than we.

respingere
Ho respinto la sua offerta perché ormai è superflua.

refuse, reject
I rejected your offer because it's superfluous now.

rimproverare
Io non ti rimprovero nulla.

reproach
I'm not reproaching you for anything.

spaventare
Lo ha spaventato con le sue parole.

frighten, scare, alarm
She alarmed him with her words.

lo **spavento**
Smettila! Non vedi che la bambina muore dallo spavento?

fright, fear, scare; terror
Stop it! Don't you see that the child is scared to death?

spaventoso, a
In questa casa c'è una confusione spaventosa.

terrible
In this house there's a terrible mess.

superfluo, a

superfluous

illudersi
Secondo me hai fatto l'errore di illuderti troppo.

deceive, delude oneself
In my opinion you made the mistake of deluding yourself too greatly.

l'**illusione** *f*

illusion

impaziente
Non sia così impaziente, non è sempre possibile trovare una soluzione immediata.

impatient
Don't be so impatient; it's not always possible to find an immediate solution.

immediato, a

immediate

l'**imbecille** *mf*
E' vero, a volte mi comporto come un imbecille!

imbecile
That's right, sometimes I act like an imbecile.

impostare
Dovevi impostare il problema in modo diverso.

define; state (a problem)
You should have stated the problem differently.

Luigi non ha mai pazienza, e Bruno è spesso spiacente.
Luigi is always impatient, and Bruno is often sorry.

la **famiglia**
In genere gli italiani sono molto
legati alla famiglia.

family
In general Italians have very
close family ties.

la **madre**
Mia madre era una donna
meravigliosa.

mother
My mother was a wonderful
woman.

il **padre**
Quanti anni ha tuo padre?

father
How old is your father?

i **genitori** *pl*
Vorrei fare un viaggio con i miei
genitori.

parents
I'd like to take a trip with my
parents.

dipendere
Finché dipendi dai tuoi genitori,
fai quello che ti dicono.

be dependent, depend
As long as you're dependent on
your parents, you do what they tell
you.

il **bambino**, la **bambina**
Francesca ama molto i bambini.

boy, girl; child, baby
Francesca is very fond of children.

il **figlio**, la **figlia**
Quanti figli avete?
Sono felice che tua figlia sia
amica della mia.

son, daughter; child
How many children do you have?
I'm happy that your daughter is
friendly with mine.

il **fratello**
I miei fratelli sono già tutti grandi.

brother
All my brothers are already grown.

i **fratelli** *pl*
Siamo in tutto cinque fratelli:
due maschi e tre femmine.

siblings
There are five of us siblings
in all: two boys and three
girls.

la **sorella**
Laura è la sorella minore di
Franco.

sister
Laura is Franco's younger
sister.

il **nonno**, la **nonna**
Il nonno ha sette anni più della nonna.

grandfather, grandmother
Grandfather is seven years older
than Grandmother.

Domani andiamo a trovare i nonni.

Tomorrow we're going to
visit our grandparents.

andare a trovare

(go) visit

lo **zio**, la **zia**
Mio zio Giovanni è molto cordiale
con tutti.
Zia Dina è la sorella di mio padre.

uncle, aunt
My Uncle Giovanni is very
friendly to everyone.
Aunt Dina is my father's
sister.

il, la **nipote**	grandchild; nephew, niece
Il nonno racconta una bella storia al nipote.	Grandfather tells the grandchildren a nice story.
La zia gioca in giardino con la nipote.	The aunt plays in the garden with her niece.
il **cugino**, la **cugina**	cousin
Mia cugina ha scritto che verrà fra una settimana.	My cousin wrote that she's coming in a week.
il, la **parente**	relative
I nostri parenti vivono nelle Marche.	Our relatives live in the Marche (province).
il **fidanzato**, la **fidanzata**	fiance(e)
Vorrei farti conoscere il mio fidanzato.	I would like to introduce my fiance to you.
Livio ha comprato un bellissimo anello per la fidanzata.	Livio bought his fiancee a gorgeous ring.
la **moglie**	wife
La moglie è molto simpatica, il marito un po' meno.	The wife is very nice, the husband less so.
il **marito**	husband
sposare	marry
Indovina chi ha sposato Federico!	Guess whom Federico has married!
il **matrimonio**	marriage, matrimony
E' un matrimonio molto felice.	It's a very happy marriage.
la **coppia**	couple

il **bimbo**, la **bimba**	(little) boy, (little) girl; (little) child
Stefania è una bimba molto allegra.	Stefania is a very happy little girl.
il **babbo**	papa, daddy
Il babbo accarezza sempre i suoi bambini.	Papa is always very affectionate with his children.
accarezzare	caress; cherish
il **papà**	papa, daddy
la **mamma**	mama, mom
il **ragazzino**	boy
l'**infanzia**	childhood
maggiore	older
Chi è il maggiore dei fratelli?	Which of the brothers is older?

minore
Io sono la sorella minore di
Isabella.

younger
I am Isabella's younger
sister.

legittimo, a
Lo sapevi che Francesco
non è figlio legittimo?

legitimate
Did you know that Francesco
is an illegitimate child?

il gemello, la gemella

Le gemelle Annalisa e Daria si
assomigliano come due gocce
d'acqua.

twin; twin brother,
twin sister
The twins Annalisa and Daria
are as alike as two peas in
a pod.

assomigliarsi

resemble one another, be alike

unito, a
Sì, sono anche molto unite.

united
Yes, they're often together too.

educare
Non è facile educare bene i figli.

educate, bring up, rear
It's not easy to rear children
well.

la **generazione**
Umberta è stata educata secondo i
principi della vecchia generazione.

generation
Umberta was brought up
according to the principles of the
old generation.

l'**educazione** *f*
Liliana ha ricevuto un'ottima
educazione.

education, upbringing, rearing
Liliana had an excellent
upbringing.

viziare
E' bene non viziare troppo i figli.

spoil
It's good not to spoil children too
much.

il cognato, la cognata
Oggi ho incontrato tuo cognato in
città.

brother-in-law, sister-in-law
Today I ran into your brother-in-
law in town.

il suocero, la suocera
Il suocero di Anna è molto malato.
Conosci già mia suocera?

father-in-law, mother-in-law
Anna's father-in-law is very ill.
Do you already know my mother-
in-law?

i **suoceri** *pl*
I suoceri di Letizia sono arrivati ieri.

parents-in-law
Letizia's parents-in-law arrived
yesterday.

anziano, a
I miei suoceri non sono molto anziani.

old; aged
My parents-in-law are not very
old.

il **genero**
Ho due generi molto affettuosi.

son-in-law
I have two very affectionate sons-
in-law.

la **nuora**
Paola è la nuora di mia cognata.

daughter-in-law
Paola is the daughter-in-law of my sister-in-law.

fidanzarsi
Si sono fidanzati già un anno fa.

become engaged
They got engaged a year ago.

sposarsi
Ci sposeremo in Italia in agosto.

get married
We will get married in Italy in August.

lo **sposo**, la **sposa**
Lo sposo era in blu.

groom, bride
The groom was in dark blue.

La sposa aveva un bellissimo abito bianco.

The bride wore a gorgeous white dress.

le **nozze** *pl*
Le nozze avranno luogo nel duomo della mia città.

wedding
The wedding will take place in the cathedral of my hometown.

La coppia Fieramosca, i loro figli e figlie.
The Fieramosca couple, their sons and daughters.

▬▬▬ Forms of Address, Greetings, Invitations ▬▬▬

ciao
Ciao, come stai?

hello, hi, ciao
Hello, how are you?

stare
Io sto bene, grazie. E tu?

to be
I'm fine, thanks. And you?

come
Come stai oggi?

how
How are you today?

Buongiorno
Buongiorno, signora Rossi, come sta?

Good morning; Good day
Good morning, Mrs. Rossi, how are you?

Buona sera
Buona sera a tutti, cosa facciamo di bello?

Good evening
Good evening, everyone; what fun thing shall we do?

Buona notte
Dopo aver detto buona notte, puoi andare a letto.

Good night
After you've said good night, you can go to bed.

caro, a
Cara signora Giovanna, che piacere incontrarla!

dear; expensive
Dear Mrs. Giovanna, what a pleasure to see you here!

il **signor(e)**

Mr.; gentleman

la **signora**

Mrs.; madam; lady

la **signorina**

Miss; young lady

incontrare

meet, encounter

salutare
Se vedi i tuoi genitori, salutali tanto da parte mia.

greet; say goodbye
When you see your parents, give them my warm regards.

il **saluto**
Cordiali saluti a tutta la famiglia.

greeting
Cordial greetings to the entire family!

cordiale

cordial, hearty

l'**addio**
E' arrivato il momento di dirsi addio!

goodbye, farewell
It's time to say goodbye!

presentare
Signora Bianchi, Le presento la mia amica Annamaria.

present, introduce
Mrs. Bianchi, may I present my friend Annamaria?

dare del tu

use (the familiar) "tu"

dare del lei
Al signor Ferri do del lei, sua moglie ed io invece ci diamo del tu.

use (the polite) "lei"
I call Mr. Ferri "lei," but his wife and I call each other "tu."

il piacere
Piacere di conoscerla, signora!

pleasure
It's a pleasure to meet you, madam!

l'amico, l'amica
Abbiamo invitato anche gli amici di Roberto.

friend
We have also invited Roberto's friends.

intimo, a

close, intimate

invitare
Li abbiamo invitati già tre volte e non sono mai venuti.

invite
We've already invited them three times, but they've never come.

l'invitato, l'invitata
Quanti invitati ci saranno alla tua festa?

(invited) guest
How many guests will there be at your party?

l'invito
Vorrei mandare l'invito anche a Carlo. Spero che possa venire.

invitation
I would like to send Carlo an invitation too. I hope he can come.

l'ospite *mf*
Gli ospiti se ne sono andati poco dopo mezzanotte.

guest
The guests left shortly after midnight.

la visita
Oggi andiamo a far visita a tua nonna.

visit
Today we're going to pay a visit to your grandmother.

Permesso?

May I?

avanti
Permesso?—Avanti! Si accomodi pure!

forward; come in
May I?—Come in! Have a seat!

arrivederci
Arrivederci al prossimo anno e fate buon viaggio!

goodbye
Goodbye until next year, and have a good trip!

arrivederla
Arrivederla, signor Martini, e grazie della sua visita.

goodbye (*polite form of address*)
Goodbye, Mr. Martini, and thanks for your visit.

bussare
Si prega di entrare senza bussare!

knock
Please enter without knocking!

benvenuto, a
Sei sempre benvenuta, accomodati, prego!

welcome
You're always welcome; please come in!

accomodarsi

sit down; come in

conoscere
Conosci già i miei colleghi?

know; make the acquaintance of
Do you already know my colleagues?

il, la **conoscente**
In questa città abbiamo molti buoni conoscenti.

acquaintance
In this town we have many good acquaintances.

la **conoscenza**

acquaintance; knowledge

il **legame**

bond, tie; connection

il, la **collega**

colleague

ritrovare
Ieri ho ritrovato vecchi colleghi, che non vedevo da tanto tempo.

find again, meet again
Yesterday I met some old colleagues again whom I hadn't seen in a long time.

la **cortesia**
Per cortesia, potrebbe aiutarmi?
La cortesia è sempre apprezzata.

courtesy, kindness
Would you be kind enough to help me? Courtesy is always appreciated.

incontrarsi
Quando ci incontriamo alle 10 o alle 11?

meet
When shall we meet? At 10 or at 11?

vedersi
E' tanto tempo che non ci vediamo.

see one another
We haven't seen each other in a long time.

visitare

visit

presentarsi
Permette che mi presenti?

introduce oneself
Allow me to introduce myself.

lieto, a
Molto lieto di fare la Sua conoscenza.

happy, delighted, glad
I'm delighted to make your acquaintance.

dispiacere
Mi dispiace che Lei si disturbi tanto.

be sorry; displease
I'm sorry that you're going to such trouble.

disturbarsi

take trouble, put oneself out

favorire <favorisco>
Prego, favorisca, non faccia complimenti!

have the kindness to; help oneself
Please, help yourself! Make yourself at home!

l'ospitalità
Spero di poter ricambiare
presto la tua ospitalità.

hospitality
I hope to be able to return
your hospitality soon.

ospitare
Mi piacerebbe ospitare i tuoi amici,
ma purtroppo non ho posto.

put up for the night
I would be glad to put up your
friends, but unfortunately I have
no room.

ricevere
Quella signora riceve sempre
le amiche il giovedì.

receive
This lady always receives
her friends on Thursday.

il ricevimento
Sono molto lieta di venire
al vostro ricevimento.

reception
I will be very pleased to
attend your reception.

ricambiare

reciprocate, return

a presto
Arrivederci a presto!

see you soon
Goodbye, see you soon!

Positive Social Behavior

accompagnare
Posso accompagnarti a casa?

accompany
May I accompany you
home?

accontentare
Prima accontentiamo i bambini,
poi pensiamo ai grandi.

content, satisfy, please
First we'll satisfy the children,
then we'll think about the
adults.

aiutare
Scusi, può aiutarmi, per favore?

help
Excuse me, can you help me,
please?

il favore
Se posso farti un favore,
te lo faccio volentieri.

favor; goodwill
If I can do you a favor,
I'll gladly do so.

l'aiuto

help

calmare
Se non la calmi presto,
sveglierà tutti i vicini.

calm (down), soothe
If you don't calm her down at
once, she'll wake all the
neighbors.

calmarsi
Per fortuna Daniela si è calmata
subito.

become calm, quiet down
Luckily Daniela quieted down
right away.

il **comportamento**

behavior, conduct, deportment

comportarsi
Secondo noi, vi siete comportati
benissimo.

behave, conduct oneself
In our opinion you behaved very
well.

partecipare
Grazie dell'invito, parteciperemo
volentieri a questa manifestazione.

participate
Thank you for the invitation. We'll
be happy to participate in this event.

responsabile
Chi è responsabile di questo
lavoro?

responsible
Who is responsible for this
work?

la **responsabilità**
Abbiamo fatto tutto sotto la nostra
responsabilità.

responsibility
We did it all on our own
responsibility.

il **rispetto**
Proviamo tutti grande rispetto per
lui.

respect
We all have great respect for
him.

il **soccorso**
Grazie di essere venuta in mio
soccorso, ne avevo bisogno.

help, aid, assistance
Thanks for coming to my aid,
I needed it.

sociale
I rapporti sociali sono molto
importanti.

social
Social relations are very
important.

la **società**
La società di oggi non condanna
più certe cose.

society
Modern society no longer
condemns certain things.

accontentarsi
Non ti preoccupare, io mi
accontento di poco!

be contented, be satisfied with
Don't worry, I'm easily satisfied!

arrangiarsi
Si sono arrangiati tra di loro
senza problemi.

agree, reach an agreement
They reached an agreement among
themselves without difficulty.

aspettarsi
Noi ci aspettavamo da lui un
comportamento più gentile.

expect
We were expecting more
courteous behavior from him.

la **sorpresa**
E' stata una sorpresa anche per noi.

surprise
It was a surprise for us too.

l'**atteggiamento**
Perché avete sempre quell'
atteggiamento verso di lui?

attitude
Why do you still have this
attitude toward him?

intendersi
Se la intende molto bene con lui.

agree; understand; know about
He gets along well with him.

introdurre
Perché non introduci i tuoi amici nel nostro circolo, ci intendiamo tutti bene con loro.

introduce
Why not introduce your friends to our circle, we all get along well with them.

privilegiare
Non voglio che privilegiate mio figlio in nessun modo.

grant a privilege to, favor
I don't want you to favor my son in any way.

il **privilegio**
Francesca ha il privilegio di essere molto socievole.

privilege; advantage; favor
Francesca has the advantage of being very sociable.

la **cortesia**
Puoi aspettare ancora un po', per cortesia?

courtesy, kindness
Can you wait a little longer, please?

ricompensare
Ti assicuro che sarai ricompensato di tutto.
Le tue parole mi hanno ricompensato di ogni fatica.

recompense, reward
I assure you that you will be recompensed for everything.
Your words have rewarded me for all my pains.

soccorrere
Li soccorsero subito e poterono salvarli.

help, aid
They were helped at once, and they could be saved.

socievole

sociable

la **solidarietà**
La solidarietà aiuta più di qualsiasi legge.

solidarity
Solidarity helps more than any law.

Negative Social Behavior

abbandonare
Guido ha abbandonato la famiglia senza dire nessun motivo.

abandon
Guido abandoned his family without giving any reason.

avercela con
Scusa, con chi ce l'hai?—Ce l'ho con te, non l'hai ancora capito?

have something against; be angry at
Excuse me, at whom are you angry?—At you, haven't you grasped that yet?

la **colpa**
Ma allora di chi è la colpa? —Non lo so, ma non è certo mia.

guilt, fault
Whose fault is it then?—I don't know, but it's certainly not mine.

deludere
Grazia lo ha deluso tanto, che non ne vuole più sentire parlare.

disappoint
Grazia disappointed him so greatly that he wants nothing more to do with her.

sciocco, a
Secondo me siete stati sciocchi
a comportarvi così.

silly, stupid, foolish
In my opinion it was stupid of
you to behave that way.

la sciocchezza
Non dire sciocchezze!
E' solo una sciocchezza, ma spero
che ti faccia piacere lo stesso.

stupidity; nonsense; small thing
Don't talk nonsense!
It's just a small thing, but
I hope that you'll enjoy
it.

distratto, a
Per piacere, vuoi ripetere? Ero
distratto.

distracted, absent-minded
Would you please repeat it? I was
distracted.

litigare
Non litighiamo più da tanto
tempo, forse troppo!

quarrel, dispute
We haven't quarreled in a long
time, perhaps too long!

offendere
Siamo stati offesi da voi senza
ragione.

offend, insult; hurt, vex
You have offended us for no
reason.

l'offesa
Non posso dimenticare l'offesa
che ha fatto a mio cugino.

offense, affront, insult
I can't forget the fact that he
insulted my cousin.

la rabbia
Mamma mia, che rabbia mi fai!

rage
Holy cow, how you enrage
me!

il, la rivale
Chi è il mio rivale in questa partita?

rival
Who is my rival in this
round?

stancare
Adesso basta, questa storia stanca
tutti.

bore; tire
That's enough now, this story
is boring everyone.

stanco, a
Stiamo in piedi, grazie, non siamo
stanchi.

tired
We'll stand, thanks; we aren't
tired.

vendicare
Perché vendichi su di me l'offesa
che ti ha fatto un altro?

avenge, revenge
Why are you taking revenge
on me for someone else's
offense?

trattenersi
Mi trattengo dal dire quello che
penso solo per buona educazione.

refrain from
I refrain from saying what I think
only because of my good
upbringing.

annoiare
Quella persona mi annoia a morte.

bore
That person bores me to death.

la **delusione**
Quell'incontro fu una delusione
per tutti.

disappointment
That meeting was a
disappointment for everyone.

la **distrazione**
La causa di quell'incidente è
stata solo la distrazione.

distraction; absentmindedness
Absentmindedness alone was
the cause of that accident.

imbrogliare

confuse; cheat, take in

l'**imbroglione**, l'**imbrogliona**
Non vogliamo avere a che fare con
lui, è un grande imbroglione.

swindler, cheat
We don't want to have anything
to do with him; he is an awful
cheat.

infastidire <infastidisco>
Non parlare più di queste cose,
mi infastidisce sentirle.

annoy; inconvenience
Don't talk about these things
anymore; it annoys me to hear
them.

ingannare
Fai attenzione, quella donna
ha già ingannato molti.

deceive, cheat, beguile; betray
Be careful, that woman already
has deceived many people.

il **risentimento**
Come mai tutto questo risentimento
nei loro confronti?

resentment
Why such resentment toward him?

risentire
Risentiamo molto della perdita
dei nostri genitori.

feel the effects of
We deeply feel the effects
of losing our parents.

sospettare
Nessuno sospettava di lui e
così li ha imbrogliati in pieno.

suspect
No one suspected him, and so
he took them in completely.

stancarsi
Ci siamo stancati troppo
ed abbiamo voglia di riposo.

get tired, become exhausted
We got too tired and we want to
rest.

il **riposo**

rest, repose, quiet

tormentare
Il pensiero di andare tanto lontano
lo tormenta da tempo.

torment
The thought of having to go so
far away has long tormented
him.

il **tormento**
Non puoi stare un po' tranquillo?
Sei proprio un tormento!

torment; worry; pain
Can't you be a little quiet?
You're really a pain!

torturare
Non torturarla più con le tue paure.

torture; torment
Don't torture her anymore with
your anxieties.

trattenere
Se devi proprio andare, non ti
tratteniamo più.

detain, keep
If you really have to go, we
won't keep you any
longer.

l'**emarginazione** *f*
Il problema dell'emarginazione
di alcuni gruppi ha raggiunto un
livello molto alto.

marginalization
The problem of the social
marginalization of certain groups
has reached substantial
proportions.

il **livello**

level

Relationships of Possession

avere
Abbiamo un grande giardino con
molti alberi.

have
We have a large yard with many
trees.

appartenere a
A chi appartiene questa bellissima
casa?

belong
To whom does this beautiful house
belong?

essere di
Di chi è questa borsa?—E' di mia
zia Emma.

belong
To whom does this purse belong?
—It belongs to my Aunt Emma.

il **patrimonio**
Ha investito il suo patrimonio in
opere d'arte.

patrimony, inheritance
He has invested his inheritance in
works of art.

possedere
Io non possiedo più nulla in
questa zona, ho lasciato tutto a
mio fratello.

possess, own
I no longer own anything in this
area; I've turned everything over
to my brother.

il **possesso**
Siete ancora in possesso dei vostri
documenti?

possession
Are you still in possession of your
documents?

il **proprietario**, la **proprietaria**

owner, proprietor; landlord

la **proprietà**
Le sue proprietà si trovano
in Emilia-Romagna.

property, possession
His property is in Emilia-
Romagna.

proprio, a
Ognuno deve fare attenzione alle
proprie cose.

own
Everyone needs to look out for his
own things.

restituire <restituisco>
Quando mi restituisci il libro
che ti ho prestato?

return, give back
When will you give me back the
book I loaned you?

investire
invest

mio, a
my, mine

I miei fratelli sono in Germania.
My brothers are in Germany.

La mia sorella piccola è tornata ieri.
My little sister returned yesterday.

tuo, a
your, yours

Quando arrivano i tuoi amici?
When do your friends arrive?

Tua madre è molto cara.
Your mother is very dear.

suo, a
his, her, hers; its; their

I suoi parenti vivono in Calabria.
His (her, their) relatives live in Calabria.

nostro, a
our, ours

Nostro padre è di Torino.
Our father is from Turin.

Le nostre sorelle abitano a Venezia.
Our sisters live in Venice.

vostro, a
your, yours

Dove sono i vostri zii?
Where are your uncles?

Mio zio Antonio è qui, ma il mio zio preferito è a Padova.
My Uncle Antonio is here, but my favorite uncle is in Padua.

loro
their

La loro madre è ancora giovane.
Their mother is still young.

I loro nonni sono molto vecchi.
Their grandparents are very old.

Piazza San Marco a Venezia.
St. Mark's Square in Venetia.

━━━━━━━━━ **General Aspects** ━━━━━━━━━

l'**educazione** f
upbringing; education

la **scuola**
school
Le scuole pubbliche della nostra città sono ottime.
The public schools in our town are excellent.

scolastico, a
school, scholastic
L'anno scolastico comincia verso la metà di settembre.
The school year begins about the middle of September.

la **classe**
class
La nostra classe farà una gita scolastica in maggio.
Our class will take a school trip in May.

la **lavagna**
blackboard

il **gesso**
chalk
Non posso scrivere alla lavagna perché manca il gesso.
I can't write on the blackboard, because there's no chalk.

la **spugna**
sponge
Ora te lo porta insieme alla spugna.
I'll bring it to you along with the sponge.

l'**asilo (infantile)**
kindergarten
La maestra d'asilo di mio figlio è molto carina.
My son's kindergarten teacher is very nice.

la **scuola materna**
preschool

la **scuola elementare**
elementary school
Le scuole elementari in Italia durano cinque anni.
In Italy elementary school lasts five years.

la **scuola media**
middle school
La scuola media è una scuola d'obbligo e dura tre anni.
Middle school is compulsory, and it lasts three years.

la **scuola superiore**
high school
Finite le medie si passa alle scuole superiori.
After finishing middle school, one goes to high school.

il **liceo**
senior high school (*upper grades*)

artistico, a
artistic

linguistico, a
linguistic

il **ginnasio**
high school (*lower grades*)
La quarta e la quinta classe del ginnasio rappresentano il primo corso di studio del liceo classico.
The 4th and 5th grades of high school precede the three senior high school grades in a "liceo classico."

scientifico, a
scientific

la **lezione**
Quante ore di lezione hai oggi?

lesson; school class
How many hours of classes do you have today?

imparare
Devo ancora imparare la lezione per domani.

learn, study
I still have to learn the lesson for tomorrow.

l'**allievo**, l'**allieva**
Gli allievi di quel liceo sono molto bravi.

school pupil
The pupils at this high school are very industrious.

il **compagno**, la **compagna**
Chi è il tuo compagno di banco?

Oggi pomeriggio voglio studiare con le mie compagne di scuola.

classmate, schoolmate
Which schoolmate shares a desk with you?
This afternoon I want to study with my schoolmates.

frequentare
Luigi frequenta il terzo anno delle medie.

attend
Luigi attends the third grade of middle school.

l'**assenza**
Non potete fare tante assenze!

absence
You can't have so many absences!

insegnare
Al liceo classico insegnano anche greco e latino.

teach
In a "liceo classico," Greek and Latin are also taught.

l'**insegnante** *mf*
Quest'anno ci saranno molti nuovi insegnanti.

teacher; teaching
This year there will be many new teachers.

il **maestro,** la **maestra**
Paolino vuole molto bene alla sua maestra, perché non è autoritaria.
I maestri delle elementari di Via Cavour sono tutti molto giovani.

(elementary school) teacher
Paolino likes his teacher a lot, because she is not authoritarian.
The teachers at the elementary school in Via Cavour are all very young.

severo, a

strict, severe

il **professore,** la **professoressa**

Il signor Ferrucci era prima professore alla scuola media, poi è passato al ginnasio.
La mia professoressa d'italiano è molto simpatica.

professor; teacher at higher-level schools
Mr. Ferrucci first taught in middle school, then he switched to high school.
My Italian teacher is very nice.

la **pagella**
Hai avuto una buona pagella quest'anno?

school report card
Did you have a good report card this year?

il **voto**
Sì, sono contento dei voti che
ho avuto.

grade, mark
Yes, I'm satisfied with the grades
that I got.

bocciare
Piergiorgio purtroppo è stato
bocciato.

fail, be held back
Piergiorgio unfortunately was held
back.

promuovere
Luisa è stata promossa in quarta.

promote
Luisa was promoted to fourth grade.

recuperare
Devo studiare molto per
recuperare le lezioni che ho perduto.

make up
I have to study hard to
make up the classes I missed.

la **maturità**

school-leaving exam

il **diploma**
Gabriella ha preso due diplomi.

diploma
Gabriella has earned two diplomas.

le **vacanze** *pl*
I ragazzi italiani hanno spesso i
compiti da fare durante le vacanze.

vacation
Italian children often have to do
assignments during vacation.

la **licenza**
Tutti gli italiani devono avere oggi
almeno la licenza delle scuole

diploma
Today all Italians have to have at
least a middle-school diploma.

la **(pubblica) istruzione**

(public) education system

l'**aula**
Le aule della nuova scuola sono
molto moderne.

classroom; hall
The classrooms of the new school
are very modern.

l'**asilo nido**
L'asilo nido è al completo non possono
prendere altri bambini.

day nursery
The day nursery is completely
full; no more children can be
accepted.

materno, a

motherly, maternal

il **liceo artistico**
In Italia ci sono anche licei artistici.

high school emphasizing music
In Italy there are also high schools
that emphasize music.

il **liceo classico**
Il liceo classico comprende quindi
due anni di ginnasio e tre anni di
liceo e termina con la maturità.

high school emphasizing the classics
The "liceo classico" includes two
years of high school and three of
senior high; it ends with the
graduation exam.

il **liceo scientifico**

high school emphasizing science
and math

Il liceo scientifico prevede cinque anni
di studio e l'esame di maturità.

The "liceo scientifico" includes
five years of study and the
graduation exam.

prevedere	expect, include, envision
lo **scolaro**, la **scolara**	pupil
In questa classe ci sono quindici scolare e otto scolari.	In this class fifteen pupils are girls and eight are boys.
il **banco (di scuola)**	(school) bench
la **cattedra**	rostrum
il **recupero**	recovery; makeup

Classroom Instruction

l'**attenzione** *f*
I bambini devono fare attenzione a quello che dice il maestro.

attention
The children have to pay attention to what the teacher says.

concentrarsi

concentrate

attento, a
Cercate di stare attenti alle spiegazioni del professore.

attentive, alert
Try to be attentive to the teacher's explanations.

il **silenzio**
L'insegnante ha dovuto sgridare gli allievi perché non facevano silenzio.

silence, quiet
The teacher had to scold his pupils, because they wouldn't be silent.

zitto, a
Sì, ma questi ragazzi non stanno mai zitti.

still, quiet
Yes, but these boys are never quiet.

imparare a memoria
Dobbiamo imparare a memoria molte date.

memorize, learn by heart
We have to memorize a lot of dates.

la **materia**
Quante materie devi preparare per l'esame?

subject
How many subjects do you have to prepare for the exam?

l'**esercizio**
Ora faremo un esercizio in classe.

exercise
Now we'll do an exercise with the entire class.

l'**esempio**
L'insegnante ha fatto molti esempi per fare capire le regole.

example
The teacher presented many examples to make the rules understandable.

spiegare
Ti spiegherò subito il metodo che devi usare.

explain
I'll explain to you at once the method that you need to use.

stupido, a
Dato che non sei stupido, se non
hai capito la spiegazione è perché
non sei stato attento.

stupid
Since you're not stupid, you
probably didn't understand the
explanation because you were
inattentive.

il **metodo**

method

sapere
Mi dispiace, ma non so calcolare
molto bene.

know; can
I'm sorry, but I can't do arithmetic
well.

i **compiti** *pl*
Per domani abbiamo molti compiti.

homework
For tomorrow we have a lot of
homework.

esatto, a

correct, right

l'**errore** *m*
Quanti errori hai fatto nel tuo
compito?

error, mistake
How many errors did you make in
your work?

lo **sbaglio**
Ho fatto uno sbaglio, perché non
potevo più concentrarmi.

mistake
I made one mistake, because I
couldn't concentrate any
more.

cancellare
Cancella quella frase, è sbagliata.

cross out
Cross out that sentence; it's wrong.

la **frase**

sentence

correggere
Quando hai corretto quel lavoro?

correct
When did you correct this
work?

ascoltare
Se non ascolti bene, sbaglierai ancora.

listen
If you don't listen well, you'll do
it wrong again.

leggere
Ora leggiamo insieme una bella
poesia.

read
Now we'll read a lovely poem
together.

il **libro**

book

il **quaderno**
Dovete scrivere tutte queste
formule nel vostro quaderno.

notebook
You have to write down all these
formulas in your notebook.

scrivere

write

la **penna**
Puoi prestarmi una penna, per favore?

pen
Can you lend me a pen, please?

la **matita**
No, ma se vuoi ho una matita.

pencil
No, but I have a pencil, if you
wish.

il **dizionario**
Mi può consigliare un buon
dizionario?

dictionary
Can you recommend a good
dictionary to me?

la **grammatica**

grammar

la **lingua straniera**
La grammatica è molto importante,
se si vuole parlare bene una lingua
straniera.

foreign language
Grammar is very important if you
want to speak a foreign language
well.

tradurre
Mi traduci quella lettera della
mia amica tedesca?

translate
Will you translate this letter from
my German friend for me?

contare
Io so contare fino a cento in
quattro lingue, e tu?

count
I can count to 100 in four
languages, how about you?

calcolare

calculate; do arithmetic

sommare

add

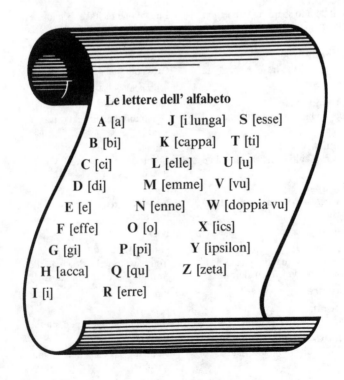

Le lettere dell' alfabeto

A [a]   J [i lunga]   S [esse]

B [bi]   K [cappa]   T [ti]

C [ci]   L [elle]   U [u]

D [di]   M [emme]   V [vu]

E [e]   N [enne]   W [doppia vu]

F [effe]   O [o]   X [ics]

G [gi]   P [pi]   Y [ipsilon]

H [acca]   Q [qu]   Z [zeta]

I [i]   R [erre]

sottrarre
Per calcolare l'importo devi
fare una sottrazione.

subtract
To calculate the total,
you have to subtract.

moltiplicare
Poi moltiplichi per otto e dividi per tre.

multiply
Then you multiply by eight and
divide by three.

dividere

divide

---

sgridare

scold, rebuke, chide

la **memoria**

memory

l'**alfabeto**
Conosci l'alfabeto italiano?

alphabet
Do you know the Italian
alphabet?

la **formula**
Faremo ora degli esempi in cui potrete
applicare la regola che avete
appena imparato.

formula
Now we'll do some examples in
which you can apply the rules you
have just learned.

la **regola**

rule

la **scrittura**
Non riesco a leggere la tua
scrittura.

(hand)writing
I can't read your writing.

la **spiegazione**

explanation

sbagliare

do wrong, make a mistake or
error

lodare
L'insegnante ha lodato i ragazzi
per il loro rendimento.

praise
The teacher praised the children
for their achievement.

il **rendimento**

achievement; efficiency; yield

sufficiente

sufficient, adequate

il **tema**
I ragazzi della mia classe hanno
scritto dei temi molto belli.

theme
The boys in my class
wrote very nice
themes.

copiare
Se copi dal tuo compagno, avrete
un voto bassissimo tutti e due.

copy
If you copy from your neighbor,
you'll both get a very low
grade.

suggerire <suggerisco>

prompt

riassumere

summarize

il **vocabolario**	dictionary, vocabulary
Oggi ho dimenticato a casa il vocabolario di tedesco.	I left my German dictionary at home today.
il **calcolo**	computation
Quel bambino è bravissimo a fare i calcoli.	That boy is very good at arithmetic.
la **sottrazione**	subtraction

University

l'**università**
Bologna ha l'università più vecchia del mondo.

university
Bologna has the world's oldest university.

la **facoltà**

A quale facoltà ti sei iscritto?

faculty, college, division of learning
In which faculty did you register?

lo **studio**
Il mio studio è molto lungo, ma mi piace.

study, education
My course of study is very long, but I enjoy it.

studiare
Oggi ho studiato bene e non ho paura dell'esame.

study, learn
I studied well today and am not afraid of the exam.

lo **studente**, la **studentessa**
Gli studenti del liceo avranno un incontro con quelli dell'università.

student
The high school students will meet with university students.

la **scienza**
Mi affascinano le scienze.

science
The sciences fascinate me.

diventare

become

il **corso**
Sto frequentando un corso di filosofia del Professor Bellini all'università di Bologna.

course (of lectures)
I'm taking a philosophy course from Professor Bellini at the University of Bologna.

il **colloquio**
Vorrei avere un colloquio con un assistente di archeologia.

interview, conference
I'd like to have a conference with an assistant in the Archeology Department.

il **lettore**, la **lettrice**

lecturer

la **lettura**
Bisogna fare esercizi di lettura inglese.

lecture; reading
It's necessary to do the English reading exercises.

le **lettere** *pl*
Studiamo tutti e tre lettere e voi?

letters, liberal arts
All three of us are studying liberal arts, how about you?

la **letteratura**

literature

legge
Noi studiamo legge e tra poco ci laureeremo.

law
We're studying law and soon we'll graduate.

la **filosofia**
A Giovanni piacerebbe studiare storia e filosofia.

philosophy
Giovanni would like to study history and philosophy.

l'**economia**

economics

la **biologia**

biology

l'**archeologia**

archeology

la **storia**

history

il **latino**

Latin

l'**ingegneria**

engineering

la **fisica**
Suo padre vorrebbe che Daniele studiasse fisica nucleare.

physics
Daniele's father wants him to study nuclear physics.

nucleare

nuclear

l'**archittetura**
C'è la facoltà di architettura in quest'università?

architecture
Is there a College of Architecture in this university?

esaminare
In quante materie sarai esaminato?

examine, test
In how many subjects will you be examined?

l'**esame** *m*
Che risultato hai avuto all'esame?

exam(ination)
How well did you do on the exam?

il **risultato**

result

rimandare
Non avevo studiato abbastanza e quindi sono stato rimandato.

fail (someone)
I hadn't studied enough, so I failed.

l'**istituto**
Frequento l'istituto interpreti da due anni.

institute
I've been attending the Translators' Institute for two years.

iscriversi

enroll, register

la **borsa di studio**
Spero di vincere una borsa di studio per la Germania.

stipend, scholarship
I hope to get a scholarship in Germany.

lo **scienziato**, la **scienziata**
Giuseppe ha tutte le doti per diventare un ottimo scienziato.

scientist
Giuseppe has all the gifts needed to become an excellent scientist.

la **dote**

gift

l'**enciclopedia**
Se prendi una buona enciclopedia, troverai tutto quello che ti serve.

encyclopedia
If you get a good encyclopedia, you'll find everything you need.

la **laurea**
Hai scelto una tesi di laurea molto bella ma anche problematica.

academic degree; doctorate
You've chosen a fine but also difficult topic for your doctoral dissertation.

universitario, a

university, academic

laurearsi

graduate, get one's degree

la **lode**
Anna si è laureata con lode.

praise, commendation
Anna graduated *cum laude*.

la **tesi**

doctoral dissertation, thesis

la **riforma**
La riforma dell'università non ha portato solo vantaggi.

reform
University reform has not brought advantages alone.

Vocational Training

apprendere
Un proverbio italiano dice: Apprendi l'arte e mettila a parte.

learn
An Italian proverb says: A man with a trade can always provide for himself.

l'**apprendista** *mf*
In questa fabbrica lavorano molti apprendisti.

trainee, apprentice
Many apprentices work in this factory.

l'**istruzione** *f*
Marcello sta terminando la sua istruzione professionale.

(vocational) training
Marcello is finishing his vocational training.

il **lavoro**

Il mio lavoro non è molto faticoso.

work

My work is not very tiring.

professionale

professional, career

la **formazione professionale**

career training

programmare

Bisogna programmare bene la preparazione dei lavoratori.

plan

The training of the workers has to be well planned.

il **settore**

In questo settore lavorano solo operaie.

sector; area; zone

Only women work in this area.

lavorare

work

lavorativo, a

Durante l'orario lavorativo non si può uscire dalla fabbrica.

working

During working hours one may not leave the factory grounds.

specializzato, a

Da quanto tempo sei lavoratrice specializzata?

skilled, qualified

How long have you been a skilled worker?

il **capo**

boss

l'**officina**

In quest'officina non c'è nessun apprendista.

workshop, factory, works

In this workshop there are no apprentices.

l'**apprendistato**

Quanti anni dura il tuo apprendistato?

apprenticeship, training period

How many years does your apprenticeship last?

istruito, a

trained

sorvegliare

supervise

il **montaggio**

mounting; assembly

montare

Questi operai montano le macchine in fabbrica.

mount; assemble; set up

These workers assemble the cars in the factory.

smontare

dismount; dismantle

la **preparazione**

preparation

Professions

la **professione**
Scusi, che professione fa?

profession
Excuse me, what is your profession?

l'**ingegnere**
Massimo non vuole diventare ingegnere, ma fisico.

engineer
Massimo doesn't want to be an engineer, but a physicist.

l'**avvocato**, l'**avvocatessa**
Ho bisogno di un buon avvocato, me ne puoi consigliare uno della tua città?

lawyer
I need a good lawyer. Can you recommend one from your town?

il, la **giornalista**
Quella giornalista scrive sempre articoli molto interessanti.

journalist
That journalist always writes very interesting articles.

il **dottore**, la **dottoressa**
Il dottore mi ha detto che non è niente di grave.

doctor
The doctor told me that it's nothing serious.

il **medico**
Non è meglio chiamare subito il medico?

doctor, physician
Isn't it better to call the doctor right away?

il **veterinario,** la **veterinaria**

veterinarian

il, la **dentista**
Quando avete l'appuntamento dal dentista?

dentist
When do you have an appointment with the dentist?

il, la **farmacista**
E' meglio farsi consigliare dal farmacista, prima di prendere quella medicina.

pharmacist
It's better to consult a pharmacist before taking that medicine.

lo **psicologo,** la **psicologa**

psychologist

il, la **professionista**
Sono professore di economia e lavoro come libero professionista.

professional
I'm a professor of economics and I work as an independent professional.

l'**architetto**
Quest'architetto è specializzato nella costruzione di scuole.

architect
This architect specializes in school construction.

il, la **commercialista**

Grazie al mio commercialista ho potuto risparmiare molte tasse.

business consultant; economic consultant; tax consultant
Thanks to my tax consultant I was able to save a lot on taxes.

l'**interprete** *mf*
Il lavoro dell'interprete è molto
duro e non così facile come sembra.

interpreter
An interpreter's work is very
tiring and not as easy as it
seems.

il **matematico**

mathematician

il **chimico**
Nando ha deciso di diventare
chimico.

chemist
Nando has decided to become a
chemist.

il **laboratorio**
Dato che Lei è chimico, perché non si
mette a lavorare in un laboratorio?

laboratory
But you're a chemist; why
don't you go to work in
a lab?

mettersi a

set out, get into, start

probabile
E' probabile che io lo faccia.

probable, likely
It's probable that I'll do that.

il **fisico**

physicist

lo, la **psichiatra**
Credo proprio che quel ragazzo
abbia bisogno di un buono
psichiatra.

psychiatrist
I really believe that that boy
needs a good psychiatrist.

Occupations

l'**agente** *mf*

agent; broker;
representative

Giulio cerca un posto come
agente di commercio.

Giulio is looking for a job as a
commercial representative.

l'**agenzia**
I cugini di Sergio hanno un'agenzia
viaggi.

agency
Sergio's cousins have a travel
agency.

l'**assistente** *mf*

assistant

l'**autista** mf
Domanderemo all'autista, se ci può
portare in Piazza del Popolo.

chauffeur, driver
We'll ask the driver whether he
can take us to the *Piazza del
Popolo*.

il **cameriere**, la **cameriera**
In questo locale ci sono
sempre pochi camerieri.
Mariella fa la cameriera
nell'Hotel Michelangelo.

waiter, waitress; chambermaid
In this restaurant there are
always only a few waiters.
Mariella is a chambermaid in
the Hotel Michelangelo.

il **casalingo,** la **casalinga**
Anna ha imparato un buon
mestiere, ma preferisce fare la
casalinga.

househusband, housewife
Anna learned a good trade,
but she prefers to be a
housewife.

collaborare
Mi piacerebbe molto che tu
collaborassi con me.

cooperate, collaborate
I would like you to collaborate
with me.

il **commesso,** la **commessa**

salesman, saleswoman

l'**infermiere,** l'**infermiera**
Ferdinando ha imparato il lavoro da
infermiere facendo il servizio
volontario.

nurse
Ferdinando learned nursing while
doing alternative military service.

volontario, a

voluntary

il **marinaio**
Il mestiere di marinaio può
essere ricco d'avventure.

sailor, seaman
A sailor's career can be
full of adventure.

il **pescatore**

fisherman

il **poliziotto,** la **poliziotta**
Adriano vuole fare il poliziotto,
quando sarà grande.

policeman, policewoman
Adriano wants to be a policeman
when he grows up.

il **pompiere**
Spesso i bambini dicono che da
grandi faranno i pompieri.

fireman
Little boys often say that they
want to be firemen when they
grow up.

il **segretario,** la **segretaria**
Il signor Rossi non c'è, ma Le
passo la sua segretaria.

secretary
Mr. Rossi isn't here, but I'll
connect you with his secretary.

---

l'**agente** di **polizia** *mf*
Gli agenti di polizia hanno indagato
sul caso.

police officer
The police agents investigated the
case.

l'**assistente sociale** *mf*

social worker

l'**assistenza sociale**

social assistance, welfare

il **collaboratore,** la
collaboratrice
Nel nostro ufficio ci sono
tre nuovi collaboratori.

coworker

In our office there are
three new coworkers.

la **collaborazione**

cooperation, collaboration

il, la **dipendente**
Il numero dei dipendenti è rimasto
sempre uguale.

subordinate, employee
The number of employees has
always remained the same.

il **fotografo,** la **fotografa**
Il fotografo che ha il negozio in Via
Gramsci verrà a fare le fotografie
alla nostra festa.

photographer
The photographer who has the
shop on Via Gramsci will
come to take photos at our
party.

il **giardiniere**
Ha scelto il mestiere di giardiniere
perché ama molto i fiori.

gardener
He chose the occupation of
gardener because he loves flowers.

scegliere

choose, select

il **postino,** la **postina**
Il postino suona sempre ed aspetta
fuori, perché ha paura del mio cane.

postal carrier
The postman always rings and
waits outside, because he is afraid
of my dog.

il **ragioniere,** la **ragioniera**
Il capo di questo reparto è
il ragioniere Rizzi.

bookkeeper, accountant
The head of this department is the
accountant Rizzi.

il, la **rappresentante**
Due giorni fa è venuto il rappresentante
della ditta Giacomini per farci vedere
i suoi prodotti.

representative
Two days ago the representative of
the Giacomini Company came to
show his products.

il **venditore**, la **venditrice**
All'angolo di quella strada c'è
sempre un venditore di giornali.

salesman, saleswoman
On this street corner there's
always a newspaper salesman.

Skilled Trades

il **calzolaio,** la **calzolaia**
Se passi da quelle parti, ricordati di
ritirare le scarpe dal calzolaio.

shoemaker, cobbler
When you're in that area,
remember to pick up the shoes at
the cobbler's.

ritirare

pick up

il **cuoco,** la **cuoca**
Paolo ed Antonio sono cuochi ed
apriranno presto un ristorante.

cook
Paolo and Antonio are cooks
and will soon open a
restaurant.

l'**elettricista** *m*
Non riesco a riparare il guasto da
solo, chiama l'elettricista.

electrician
I can't repair the damage
alone; call the electrician.

il **falegname**

carpenter, joiner

Dobbiamo chiamare il falegname per riparare l'armadio, o lo portiamo nella sua bottega?	Should we call the carpenter to repair the armoire, or do we take it to his workshop?
il **macellaio**	butcher
il **meccanico** Da quale meccanico porti la tua macchina?	mechanic To what mechanic do you take your car?
il **parrucchiere,** la **parrucchiera** Lucia fa la parrucchiera per signore. Quel parrucchiere è molto famoso, ma non te lo consiglio perché è troppo caro.	hairdresser Lucia works as a ladies' hairdresser. This hairdresser is quite famous, but I can't recommend him to you because he's too expensive.
il **tecnico,** la **tecnica** Stamattina è venuto il tecnico e mi ha detto che non è più possibile riparare la macchina.	technician This morning the technician came, and he told me that it's no longer possible to repair the machine.

il **mestiere**	trade, craft, job
l'**agricoltore** _m_ Mi piace fare l'agricoltore e lavorare la terra.	farmer, agriculturist I like being a farmer and tilling the soil.
l'**artigiano,** l'**artigiana** Non è più tanto facile trovare buoni artigiani.	artisan, craftsman, tradesman It's no longer so easy to find good craftsmen.
esperto, a Io ne cerco uno molto esperto, perché sono molto esigente.	experienced, expert I'm looking for a very expert one, because I'm very exacting.
esigente	exacting, strict
il **barbiere** E' proprio ora che tu vada dal barbiere! Ma oggi è lunedì, e la bottega è chiusa.	barber It's really time for you to go to the barber! But today is Monday, and the shop is closed.
la **bottega**	shop; workshop
elettronico, a Non è sempre facile imparare ad usare gli apparecchi elettronici.	electronic It's not always easy to learn to operate electronic equipment.
il **fornaio,** la **fornaia** Ora vado dal fornaio a comprare pane fresco.	baker I'm going to the baker now to buy fresh bread.

l'**orologiaio**, l'**orologiaia**
All'angolo di Via Manzoni c'è un orologiaio molto bravo.

watch- and clock-maker
On the corner of Via Manzoni there is a very good watch and clock maker.

il **pittore**, la **pittrice**
Domani verranno i pittori e mi hanno promesso di finire i lavori in tre giorni.

painter
Tomorrow the painters are coming; they have promised me to finish the work in three days.

il **sarto**, la **sarta**
La sarta ha detto che consegnerà il vestito la prossima settimana.

tailor; dressmaker, seamstress
The dressmaker said she would bring the dress next week.

l'**esigenza**

Le posso consigliare un sarto capace di soddisfare tutte le sue esigenze.

need, requirement; exigency
I can recommend to you a tailor capable of satisfying all your requirements.

Ci sono molti artigiani in Italia.
There are many artisans in Italy.

Agriculture

l'**agricoltura**
L'agricoltura è molto importante
per ogni paese.

agriculture
Agriculture is very important
for every country.

il **contadino,** la **contadina**
La contadina si alza sempre
molto presto e va nell'orto.

farmer; countryman, peasant
The farmwoman always gets up
very early and goes to the
vegetable garden.

l'**orto**

vegetable garden

piantare
E' ora di piantare le viti e
di preparare la vigna.

plant
It's time to plant the vines
and prepare the vineyard.

la **vigna**

vineyard

coltivare
Questo campo è coltivato a grano.

grow, cultivate
Grain is cultivated in this
field.

il **prodotto**

product

naturale
Oggi tutti vogliono avere prodotti
naturali.

natural
Today everyone wants to have
natural products.

il **trattore**
Il contadino lavora nei campi con il
trattore.

tractor
The farmer works in the fields
with the tractor.

il **campo**

field

la **miseria**
Questi campi producono poco e
qui c'è una grande miseria.

misery; indigence
These fields yield little, and
there is great indigence
here.

seminare

sow

il **raccolto**
Quando comincia il raccolto?

harvest
When does the harvest begin?

mietere
In giugno bisogna mietere il
grano.

mow
In June the grain has to be
mowed.

la **vendemmia**
Quest'anno la vendemmia è stata
ottima.

vintage, grape harvest
This year the vintage was
excellent.

la **vite**

vine

l'**allevamento**
I Marchetti hanno il più grande allevamento della zona.

cattle (livestock) breeding
The Marchettis have the biggest livestock operation in the area.

la **stalla**

stall

la **paglia**
Andiamo a comprare due sacchi di paglia dal contadino.

straw
We're going to buy two sacks of straw from the farmer.

l'**erba**

grass

il **fieno**
Avete abbastanza fieno per il bestiame?

hay
Do you have enough hay for the cattle?

la **mucca**
Tutte le mucche sono nella stalla.

cow
All the cows are in the stall.

il **vitello**

calf

la **campagna**
In tutta la campagna ci sono diversi tipi di coltivazione.

country; countryside
Throughout the country there are various types of cultivation.

la **coltivazione**

cultivation (of land), farming

l'**aratro**
Bisogna lavorare il terreno con l'aratro prima di seminare.

plow
Before sowing the soil has to be tilled with the plow.

il **terreno**

soil; ground

spianare
Prima di seminare, vorrei che spianassero il terreno.

make level, grade
Before sowing, I would like the soil graded.

la **coltura**
Il terreno non è adatto per la coltura del frumento.

culture, cultivation, farming
The soil is not suitable for wheat farming.

genuino, a

genuine; natural

la **produzione**
E' una produzione genuina garantita.

production, output
It's guaranteed to be a natural product.

ricavare
Portiamo alla cooperativa tutto quello che ricaviamo dai campi.

extract; obtain; derive
We take everything we produce in our fields to the cooperative.

la **cooperativa**

cooperative

il **mulino**
Hai notato quel vecchio mulino in mezzo agli alberi?

mill
Did you notice the old mill amid the trees?

notare	notice
cogliere	harvest
gli **agrumi** *pl* Cominceremo a cogliere gli agrumi in autunno.	citrus fruits We start to harvest the citrus fruits in the fall.
la **falce** Devo lavorare con la falce perché si è rotta la falciatrice.	sickle, scythe I have to work with the scythe, because the harvester is broken.
tagliare Hai già tagliato l'erba?	cut Have you already cut the grass?
la **pianta**	plant
la **falciatrice**	harvester, mowing machine
la **vegetazione** La vegetazione è molto scarsa perché manca l'acqua.	vegetation The vegetation is very sparse here because there's a water shortage.
pascolare	pasture, graze

Industry and Commerce

l'**industria** Nella mia città c'è una grande industria di mobili.	industry In my town there's a large furniture industry.
industriale	industrial
il **commercio**	commerce, trade, business
la **merce**	goods, wares, merchandise
la **domanda** La domanda è superiore alla richiesta e bisogna produrre di più.	demand The demand exceeds the supply; production has to be increased.
produrre	produce
l'**offerta**	offer, offering
fornire <fornisco> La ditta fornisce la merce in base al listino prezzi.	supply, furnish The firm will supply the goods based on the price list.
il **listino prezzi**	price list

l'**ordine** *m*
Avete ricevuto il nostro ordine?

order
Have you received our order?

l'**importazione** *f*
Negli ultimi anni l'importazione
è aumentata del tre percento.

import
In recent years imports
have increased by 3
percent.

aumentare

raise

il **percento**

percent

l'**esportazione** *f*
Alla radio hanno detto che
ridurranno le esportazioni.

export
It was announced on the radio
that exports will be reduced.

ridurre

reduce, lower, lessen

la **tecnica**

technology

la **marca**
Questa marca è famosa in tutto il
mondo.

brand
This brand is famous worldwide.

la **ditta**

firm, company

spettabile
Spettabile ditta Martini - Piazza
Diaz 31 - Milano

Messrs.
Messrs. Martini, Piazza Diaz 31,
Milano (*usual formula for
business correspondence*)

il **socio**, la **socia**
Quanti soci ci sono in questa ditta?

partner
How many partners are there in
this firm?

gratis
Se compri per oltre centomila lire
ti danno un orologio gratis.

gratis, free
If you spend over 100,000
lire, you get a free
watch.

oltre, *inv*

beyond; more than

la **contabilità**
Devo fare la contabilità nell'
ufficio di mio fratello.

accounting, bookkeeping
I have to do the bookkeeping
in my brother's office.

il **bilancio**
La chiusura del bilancio deve essere
pronta per il 31 dicembre.

balance, balance sheet
The financial statements must
be done by December 31.

pronto, a

done; ready

rendere
Il nostro commercio non rende
molto, ma basta per vivere.

render, yield, return
Our business doesn't have a high
return, but it's enough to live on.

il **consumatore,** la **consumatrice**	consumer
la **richiesta** Negli ultimi tempi è aumentata la richiesta di oggetti di lusso.	request; demand Recently the demand for luxury goods has risen.
richiedere	request; ask for again; summon
il **rifornimento** E' ora di pensare al rifornimento di materiale.	supply It's time to think about the supply of materials.
l'**inventario** Avete già fatto l'inventario della merce?	inventory Have you already made the inventory?
la **liquidazione** Questi prodotti sono in liquidazione.	liquidation, sale, clearance sale These products are on sale.
scarso, a	scarce
le **materie prime** *pl* Le materie prime sono diventate scarse in questo paese.	raw materials Raw materials have become scarce in this country.
il **produttore,** la **produttrice**	producer
il, la **commerciante**	trader; businessman/woman
esportare L'Italia esporta molti articoli di moda.	export Italy exports many fashionable articles.
importare Sì, ma deve importare anche molte materie prime.	import Yes, but many raw materials also have to be imported.
la **tecnologia**	technology
il **campione** Hai preparato i campioni per la fiera?	pattern, sample, model Have you prepared the samples for the trade fair?
la **fiera** Alla Fiera dell'Est mio padre comprò un topolino.	trade fair At the *Fiera dell'Est* my father bought a small mouse.
la **riduzione** In questo settore c'è stata una grande riduzione dei prezzi.	reduction In this sector there were large price reductions.
il **preventivo** Per decidere, ho bisogno che mi facciate un preventivo.	estimate So that I can decide, I need you to make me an estimate.

il **rendimento**	yield; efficiency
La nuova tecnologia ha portato all'aumento del rendimento.	The new technology has led to an increase in efficiency.
superiore	higher
il **profitto**	profit
Il calcolo delle perdite e dei profitti verrà fatto dal commercialista.	The profit and loss calculation will be made by our tax consultant.
la **perdita**	loss
commerciale	commercial
l'**assortimento**	assortment, selection; stock
Quel commerciante ha il miglior assortimento della città.	That merchant has the best selection in town.
l'**apertura**	opening
L'orario di apertura e chiusura dei negozi in Italia è abbastanza libero.	Store opening times are not tightly regulated in Italy.
la **chiusura**	closing

Working World

la **fabbrica**	factory
In questa fabbrica lavorano più di cento operai.	Over 100 workers work in this factory.
la **licenza**	license
Lavoriamo su licenza per il Portogallo.	We work under license for Portugal.
invalido, a	disabled, unable to earn a living
Mario non lavora più perché è invalido.	Mario doesn't work anymore because he's disabled.
l'**operaio**, l'**operaia**	worker
Le operaie sono molto contente delle loro paghe.	The female workers are satisfied with their pay.
Salvatore e Giuseppe sono operai specializzati.	Salvatore and Giuseppe are skilled laborers.
la **paga**	pay
l'**anticipo**	advance
La paga non mi basta mai fino alla fine del mese, devo chiedere sempre un'anticipo.	My pay never lasts till the end of the month; I always have to request an advance.
l'**impiegato**, l'**impiegata**	employee
Le impiegate escono dall'ufficio alle 17.00.	The female employees leave the office at 5.

157

guadagnare

earn

faticoso, a

exhausting, tiring

Guadagno bene, ma il lavoro è faticoso.

I earn well, but the work is exhausting.

l'impegno

obligation

Il signor Conestrari ha troppi impegni di lavoro, non può venire.

Mr. Conestrari has too many professional obligations; he can't come.

lo stipendio

salary

Gli stipendi dei nostri impiegati sono molto buoni.

The salaries of our employees are very good.

assumere

employ, hire

Siamo stati assunti tutti insieme tre mesi fa.

We were all hired together three months ago.

l'emancipazione *f*

emancipation, (women's) liberation

Grazie all'emancipazione ora vengono assunte le donne anche per i lavori tecnici.

Thanks to women's lib, women now are being hired for technical work as well.

emancipato, a

liberated

licenziare

dismiss, discharge

Hanno licenziato Mario su due piedi e lui è andato al sindacato.

Mario was dismissed on the spot and he turned to the union.

disoccupato, a

unemployed

Ci sono molti disoccupati in Italia?

Are there many unemployed in Italy?

lo sciopero

strike

il sindacato

trade union

l'impiego

situation, post, job

Ho deciso che se perderò quest' impiego non lavorerò più.

I've decided that if I lose this job I won't work anymore.

la concorrenza

competition

La concorrenza in questo campo non è molto forte.

The competition in this field is not very strong.

Il canale 5 fa molta concorrenza alle altre stazioni.

Channel 5 gives the other stations a lot of competition.

l'**artigianato**   handicraft

l'**azienda**   business, concern, shop, company
Ieri hanno deciso che l'azienda   Yesterday it was decided that the
assumerà dieci nuove lavoratrici.   company will hire 10 new
                                         workers.

il **lavoratore,** la **lavoratrice**   workman, female worker
I lavoratori hanno fatto sciopero per   The workmen have gone on
avere un salario più alto.   strike for higher wages.
Da semplice lavoratore è diventato   He worked his way up from simple
capo del reparto.   workman to department head.

il **salario**   wages, pay

la **tariffa**   tariff, rate, rates

lo **straordinario**   overtime
Il salario è basso ma faccio sempre   The pay is low, but I always
diverse ore di straordinario.   do some overtime.

il **turno**   shift
A che ora sei di turno?   What time does your shift
                                         start?

il **guadagno**   gain, profit; earnings
Mi sembra che quest'anno abbiate   It seems to me that you've
avuto un ottimo guadagno.   had a very good profit this
                                         year.

l'**impresa**   enterprise, firm
L'impresa dell'ingegner Bianchi è   Engineer Bianchi's firm is bigger
più grande di quella concorrente.   than the competitor's.

concorrente   competitor

il **licenziamento**   dismissal, layoff
Abbiamo paura che ci sarà un   We're afraid that there will
licenziamento in massa.   be mass layoffs.

la **disoccupazione**   unemployment
Il problema della disoccupazione si   The problem of unemployment
fa sentire in molti paesi.   makes itself felt in many countries.

la **cassa integrazione**   unemployment benefits
I miei amici sono in cassa integrazione My friends have been getting
già da cinque mesi.   unemployment benefits for five
                                         months now.

scioperare   strike, go on strike
Maria non sciopera mai, perché ha   Maria never strikes, because she's
paura di perdere l'impiego.   afraid of losing her job.

sindacale   (pertaining to a) union
E' stato organizzato uno sciopero   A union strike has been
sindacale per domani.   organized for tomorrow.

lo **stabilimento**
Sì, ho sentito che chiuderanno
tutti gli stabilimenti.

plant
Yes, I heard that all the plants
will be closed.

lo **sviluppo**
Quali sviluppi hanno avuto gli
scioperi degli ultimi giorni?

development, progress
What progress have the strikes of
the past few days made?

Il sindacato ha ordinato ai lavoratori di fare sciopero.
The union ordered the workers to go on strike.

Finance

i **soldi** *pl*
Dove c'è una banca qui vicino?
Devo cambiare i soldi.

money
Is there a bank near here?
I have to change money.

la **moneta**
Ho bisogno di una moneta da
200 lire per il telefono.

coin
I need a 200 lire coin for the
telephone.

la **banca**

bank

il **bancomat**

ATM

cambiare
Scusi, mi può cambiare un
biglietto da centomila?

change, exchange
Excuse me, can you change
a 100,000 lire note for
me?

il **conto corrente**
Vorrei versare questa somma sul
tuo conto corrente.

current account, giro account
I would like to transfer this
amount to your current
account.

l'**assegno**
Mi dispiace, ma non accettiamo
assegni.

check
Sorry, but we don't accept checks.

incassare
Avete già incassato la somma
che avevate prestato?

collect, receive
Have you already collected the
sum that you had lent?

il **credito**
No, ma non è pericoloso fare
credito a quella persona.

credit, loan
No, but to make a loan to
that person is not risky.

la **somma**

sum, amount

il **debito**
Ora non possiamo fare spese perché
abbiamo già troppi debiti.

debt
We can't make any expenditures
now, because we already have too
many debts.

il **compenso**

Il compenso per il nostro lavoro è
minimo.

reward, compensation,
recompense
The compensation for our work is
minimal.

minimo, a

minimal

massimo, a

greatest, maximal

il **pagamento**

payment

effettuare
Il pagamento deve essere effettuato
entro il 15 del mese.

carry out, accomplish
Payment has to be made by the
15th of the month.

netto

net

lordo
Quale importo devo scrivere,
quello netto o quello lordo?

gross
Which amount shall I write down,
the net or the gross?

la **tassa**
Scrivi quello netto e segna la tassa a
parte.

tax; rate; fee
Write down the net amount and
note the tax separately.

le **tasse** *pl*

taxes

il **prestito**

loan

il **costo**

cost, price; expense

calcolare
Se vuoi confrontare bene devi
prima calcolare tutto.

calculate, compute, estimate
To make a good comparison,
you first have to calculate
everything.

il **calcolo**

calculation

la **ricevuta**
Eccole la ricevuta!

receipt
Here's your receipt!

finanziare
Ho bisogno di un prestito
per finanziare la casa.

finance
I need a loan to finance the house.

il **risparmio**
Abbiamo versato tutti i nostri risparmi
nel libretto di risparmio.

saving(s)
We have put all our savings in the
savings book.

risparmiare

save up, put by

versare

pay in (money)

riscuotere

collect, draw
(money)

Oggi ho riscosso gli interessi di tre
mesi.

Today I collected the interest for
three months.

l'**interesse** *m*

interest

trasferire <trasferisco>
Perché non trasferisci gli interessi
sul conto corrente?

transfer
Why don't you transfer the interest
to your current account?

la **borsa**
Cristoforo è un esperto di
operazioni in borsa.

stock exchange
Cristoforo is an expert in stock
exchange operations.

l'**operazione** *f* — operation, transaction

il **denaro** — money
In quale valuta vuole il denaro? — In what currency do you want the money?

le **divise estere** *pl* — foreign currencies
Devo procurare delle divise estere per il prossimo viaggio. — I have to get foreign currencies for the next trip.

il **cambio** — exchange rate
Il cambio del marco è molto favorevole. — The exchange rate of the mark is very favorable.

valere — be worth
Mi può dire quanto valgono queste monete? — Can you tell me how much these coins are worth?

la **valuta** — currency

il **corso** — (exchange) rate

la **lira** — lira

il **marco** — mark

il **franco** — franc
Il corso del franco è salito ancora. — The rate of the franc has climbed.

la **cassa di risparmio** — savings bank

il **libretto di risparmio** — savings book

il **capitale** — capital
Hai risparmiato tutta la vita ed ora hai un bel capitale. — You've saved all your life and now you have a good amount of capital.

prestare — lend
Potresti prestarci l'importo che ci serve per quell'affare? — Could you lend us the amount we need for the business?

l'**affare** *m* — business

l'**importo** — sum, amount

l'**eurocheque** *m* [euroʃˈʃɛk] — Eurocheque
E' possibile pagare con un eurocheque? — Is it possible to pay with a Eurocheque?

la **carta-assegno** — check guarantee card

la **carta di credito** — credit card
Questa carta di credito viene accettata quasi dappertutto. — This credit card is accepted almost everywhere.

il **reddito** — yield; revenue, income

l'**azione** f	share
Il reddito di quelle azioni è molto alto.	Those shares have a very high yield.
l'**attivo**	assets
il **passivo**	debits
L'anno scorso la ditta ha lavorato in passivo, ma quest'anno sarà in attivo.	Last year the firm operated in the red, but this year it will be profitable.
la **cambiale**	promissory note, bill of exchange
Pagherò un acconto in contanti, il resto con cambiali.	I'll pay cash down and the rest with a promissory note.
il **vaglia**	money order, postal order
Ieri è arrivato un vaglia dalla Germania.	Yesterday, a money order came from Germany.
il **contante**	cash, ready money
l'**investimento**	investment
Se vuoi fare degli investimenti finanziari, fatti consigliare dalla tua banca.	If you want to make some financial investments, have your bank advise you.
finanziario, a	financial

Insurance

il **rischio**	risk
la **garanzia**	guarantee
l'**assicurazione** f	insurance
Voglio fare un'assicurazione sulla vita.	I want to take out life insurance.
il **contratto**	contract
la **firma**	signature
In questo contratto manca ancora la firma.	This contract still needs a signature.
assicurare	insure
Siamo già assicurati contro tutti i rischi.	We're already insured against all risks.
il **danno**	loss, claim
Questo danno verrà regolato entro due mesi.	This claim will be settled within two months.

regolare

settle

il **risarcimento**
Se non hai avuto ancora il
risarcimento, devi reclamare.

compensation, damages
If you haven't received
compensation yet, you need to
lodge a complaint.

reclamare

complain, lodge a complaint

sistemare
Non si preoccupi, la mia
assicurazione sistemerà tutto.

arrange, take care of
Don't worry, my insurance
will take care of
everything.

risarcire <risarcisco>
Sei sicuro che ti risarcisca?

compensate, indemnify
Are you sure that he will
compensate you?

la **responsabilità**
Sì, perché la responsabilità è solo
sua.

responsibility
Yes, because the responsibility is
solely his.

l'**infortunio**

accident

la **mutua**
Siamo iscritti alla mutua degli
artigiani.

health insurance plan
We're enrolled in the tradesmen's
health insurance plan.

iscritto, a

enrolled

la **tessera**
Sono iscritto solo da poco tempo
e non ho ancora la tessera.

identity or membership card
I haven't been a member long and
I don't have the card yet.

il **certificato medico**
Hai già presentato il certificato
medico?

medical certificate
Have you already turned in the
medical certificate?

l'**obbligo**
Sei sicuro che abbia l'obbligo di
farlo?

obligation
Are you sure I have an obligation
to do so?

i **dati personali** *pl*

personal data

la **pensione**
Non ho ancora diritto alla pensione,
devo aspettare altri tre anni.

pension
I'm not entitled to a pension
yet; I have to wait three more
years.

il **pensionato**, la **pensionata**

pensioner

l'**indennità**
Angelo ha ricevuto un'indennità
di dieci milioni.

indemnity, compensation
Angelo received compensation
of 10 million.

la **polizza** La polizza copre i danni dell'assicurato fino ad un miliardo.	policy The policy covers the insured's claims up to 1 billion.
coprire	cover
l'**assicurato**, l'**assicurata**	insured (person)
provvedere Non ha provveduto in tempo alla denuncia del sinistro.	provide, supply You didn't give notification of loss in time.
il **sinistro**	loss
la **denuncia**	notification
rivendicare Abbiamo già rivendicato un adeguato indennizzo.	claim; demand We've already claimed an appropriate indemnity.
l'**indennizzo**	indemnity
contrattare Dobbiamo contrattare una soluzione diversa.	negotiate, bargain We have to negotiate a different solution.
rispondere La mia assicurazione risponderà di tutto.	be liable; compensate My insurance will compensate for everything.
garantire <garantisco>	guarantee
il **reclamo** Non pensi che sia ora di fare un reclamo per l'indennizzo?	claim Don't you think it's time to put in a claim for damages?
escludere Ci dispiace, ma la Sua polizza esclude il risarcimento di questo danno.	exclude I'm sorry, but your policy excludes compensation in this case.
gli **assegni familiari** *pl*	family allowance
la **cassa malattia** Sono in cassa malattia da una settimana.	health insurance plan I've been on sick leave for a week.
la **formalità** E' solo una formalità, ma Le devo chiedere tutti i dati personali.	formality It's just a formality, but I have to ask for all your personal data.
obbligare Speriamo che siano obbligati a pagarci gli assegni familiari!	obligate We hope they're obligated to pay us the family allowance!

Professional Tools

l'**apparecchio**
Non puoi usare quell'apparecchio, è rotto.

apparatus, device, machine
You can't use this device; it's broken.

l'**attrezzo**
Per questo lavoro ho bisogno di molti attrezzi.

utensil, tool, implement
For this work I need many tools.

il **metro**
Se non mi dai un metro, non posso misurare niente.

measuring tape or stick
If you don't give me a measuring stick, I can't measure anything.

la **sega**
Questa sega non taglia più.

saw
This saw doesn't cut any more.

il **martello**
Dov'è il mio martello?

hammer
Where is my hammer?

il **chiodo**
Te lo porto subito insieme ai chiodi.

nail
I'll bring it to you at once, along with the nails.

la **vite**
Di quante viti avete bisogno per fissare quello scaffale?

screw
How many screws do you need to fasten that bookcase?

le **tenaglie** *pl*

pliers

il **pennello**
Questo pennello va bene per applicare lo smalto.

brush
This brush is just right for applying enamel.

applicare

apply

lo **smalto**

enamel, glaze

il **secchio**
Non prendere quel secchio, è già troppo pieno.

bucket, pail
Don't take that pail; it's already too full.

la **bilancia**
Abbiamo bisogno di una bilancia per pesare la pasta.

scales
We need scales to weigh the pasta.

pesare

weigh

il **termometro**
E' meglio controllare la temperatura con il termometro.

thermometer
It's better to take the temperature with the thermometer.

usare

use

trasformare
Con poco lavoro e pochi attrezzi abbiamo trasformato tutta la stanza.

transform
With a little work and a few tools we transformed the entire room.

l'**attrezzatura**
Hai una bellissima attrezzatura e puoi fare tutto da solo.

equipment; machinery
You have wonderful equipment and can do everything yourself.

utilizzare

use, utilize

l'**arnese** *m*
Cosa vuoi fare con quell' arnese che hai in mano?

tool; instrument
What are you going to do with the tool you have in your hand?

il **gancio**
Chi mi dice, dove devo attaccare i ganci?

hook
Who will tell me where I'm supposed to attach the hooks?

attaccare

attach

il **lucchetto**
Non importa se non hai la chiave, metteremo un lucchetto.

padlock
It doesn't matter if you don't have the key; we'll put on a padlock.

lo **spago**
Preferisco legare questa scatola con lo spago.

string, cord; twine
I prefer to tie this box with string.

legare

tie (up), fasten

il **cacciavite**
Questo cacciavite è troppo piccolo, ce ne vuole uno più grande.

screwdriver
This screwdriver is too small; a bigger one is called for.

la **pinzetta**
Ci vuole una pinzetta, con le dita non ce la fai.

tweezers
You need tweezers; you can't do it with your fingers.

la **catena di montaggio**
Da quanto tempo lavori alla catena di montaggio?

assembly line
How long have you worked on the assembly line?

il **nastro (trasportatore)**
Tutti i pezzi pronti vanno messi sul nastro.

(conveyor) belt
All the finished pieces are put on the conveyor belt.

fissare

fix, fasten

la **corda**
Se il nastro adesivo non tiene, fissalo con una corda.

cord, rope
If the adhesive tape doesn't hold, fasten it with a cord.

il **nodo**

knot

pęndere	hang (up)
la **pompa**	pump
la **molla** Bisogna cambiare le molle, sono rovinate.	spring, mainspring The springs are ruined; they have to be replaced.
la **conduttura** Mi servono le tenaglie per riparare la conduttura.	conduit, water pipe I need the pliers to repair the water pipe.
il **compasso**	compass
l'**interruttore** *m* L'impianto non funziona perché l'interruttore è rotto.	switch The system won't work because the switch is broken.
la **presa di corrente**	socket
la **prolunga** La presa di corrente è troppo lontana, ci vuole una prolunga.	extension cord The socket is too far away; an extension cord is needed.

Office Items

la **carta** Quanta carta ti serve ancora?	paper How much more paper do you need?
la **busta** Non trovo più le buste, dove sono?	envelope I can't find the envelopes anymore; where are they?
la **carta da lęttere** La carta da lettere è nel secondo cassetto.	writing paper, stationery The writing paper is in the second drawer.
la **mạcchina da scrįvere** Hai una macchina da scrivere elettrica o meccanica?	typewriter Do you have an electrical or manual typewriter?
elęttrico, a	electric(al)
il **trasformatore** Per usare quegli apparecchi elettrici ci vuole un trasformatore.	transformer To use these electrical appliances you need a transformer.
meccạnico, a	mechanical
il **computer** Ho imparato anche io ad usare il computer!	computer Even I have learned to use the computer!

la **capacità**	capacity
il **testo**	text; contents
il **foglio** Mi serve solo un foglio bianco.	sheet (of paper), leaf I need only one white sheet.
il **nastro adesivo**	adhesive tape
il **timbro** Sei sicuro che ci sia il timbro sulla busta?	postmark Are you sure that the envelope is postmarked?
automatico, a	automatic
registrare Hai registrato tutti i dati?	register, book; write down Have you recorded all the data?
il **calendario** Abbiamo segnato tutto sul calendario con la matita.	calendar We've noted everything in pencil on the calendar.
segnare	note; mark, sign
l'**agenda** Hai scritto tutti gli appuntamenti sull'agenda?	appointment book, memo book Have you entered all the appointments in your memo book?
la **matita**	pencil
la **penna (stilografica)** Questa penna scrive molto bene.	fountain pen This pen writes very well.
la **lente**	lens
la **memoria** Che capacità ha la memoria del tuo computer?	memory What is the capacity of your computer's memory?
memorizzare	store
il **disco** Puoi memorizzare tutto sul disco.	diskette You can store everything on diskette.
l'**elaborazione** f Questo programma è per l'elaborazione del testo.	processing This is a word processing program.
il **dato** Dobbiamo ancora registrare tutti i dati.	datum We still have to enter all the data.
programmare Non posso programmare niente, se non mi dai i dati.	program I can't program anything unless you give me the data.
la **programmazione** Appena la programmazione è terminatapossiamo cominciare a lavorare.	programming Once the programming is done, we can start to work.

la **copia**
Puoi farmi una copia di questo
programma?

copy
Can you make me a copy of this
program?

fotocopiare
Vorrei fotocopiare alcune pagine
del tuo libro.

photocopy
I would like to photocopy some
pages of your book.

la **scheda**
Non ce n'è bisogno, abbiamo
già tutto sulle schede.

index card
There's no need; we already have
everything on index cards.

l'**etichetta**

label

la **cartella**
Metti tutti i fogli nella cartella e
chiudila con il nastro adesivo.

briefcase; folder
Put all the sheets in the folder
and tape it closed.

la **calcolatrice**

La calcolatrice automatica è molto
comoda.

pocket calculator; calculating
machine
The automatic calculator is very
convenient.

il **registratore**
Quanti registratori ti servono?

file
How many files do you need?

la **penna biro**
Cosa preferisci la penna biro o
quella stilografica?

ballpoint pen
Which do you prefer, a ballpoint
or a fountain pen?

il **pennarello**

felt-tip pen

la **gomma (per cancellare)**
Se vuoi cancellare quella parola,
prendi la gomma!

eraser
If you want to delete that word,
use an eraser!

cancellare

delete, erase, cross out

la **colla**
Questa colla è troppo secca, non
serve più.

glue, paste
This glue is too dry; it's no longer
usable.

sottolineare
Ti prego di non sottolineare con
la penna stilografica!

underline
I beg you not to underline with
the fountain pen!

premere
Basta che Lei prema il bottone a
destra, e l'apparecchio funziona.

push
You only need to push the button,
and the equipment works.

lente d'ingrandimento
Senza lente d'ingrandimento non
si può fare questo lavoro.

magnifying glass
Without a magnifying glass
this work is impossible.

logoro, a
Questi fogli sono troppo logori,
me ne dia altri.

worn out, tattered, frayed
These sheets are too frayed;
give me some others.

================= **Movies and Theater** =================

il **biglietto d'ingresso**
Abbiamo già i biglietti d'ingresso
per il cinema.

ticket (of admission)
We already have the movie tickets.

il **cinema**

movie theater

il **film**
Al cinema "Moderno" danno
un film drammatico.

film
An adventure film is playing
at the "Moderno."

lo **schermo**
Il nuovo cinema "Paradiso" ha uno
schermo grandissimo.

screen
The new Paradiso Theater has
a huge screen.

divertente
Noi abbiamo voglia di vedere
un film divertente.

amusing
We want to see an amusing film.

rilassante

relaxing

girare (un film)
Dove è stato girato questo film?

shoot (a film)
Where was this film shot?

la **regia**
La regia è buona, ma il soggetto
non vale molto.

direction
The direction is good, but the
subject's not great.

l'**attore**, l'**attrice**
Ti piace quell'attore?—Lui sì, ma
l'attrice non è molto brava.

actor, actress
Do you like that actor?—I like
him, but the actress is not very
good.

rappresentare

depict, play

il **teatro**
Questo teatro assomiglia molto
alla Scala di Milano.

theater
This theater greatly resembles
La Scala in Milan.

recitare

present, perform

assistere a
E' stato un vero divertimento
assistere a quella commedia.

attend
It was a real pleasure to
watch that comedy.

la **commedia**

comedy

l'**atto**
E' una commedia in tre atti molto
divertente.

act
It's a very amusing comedy in
three acts.

comico, a
Anche a me piacciono i pezzi
comici.

comic(al)
I like comedies too.

la **risata** — laughter

l'**opera** — opera
Andate anche voi all'opera? — Are you also going to the opera?

applaudire <applaudo, applaudisco> — applaud

il **pubblico** — audience
Il pubblico ha applaudito per un quarto d'ora. — The audience applauded for a quarter hour.

la **scena** — stage; scene
Più di tutto mi è piaciuta la prima scena. — I liked the first scene best of all.

il **ballerino,** la **ballerina** — ballet dancer, ballerina
I ballerini sono stati tutti bravissimi. — The ballet dancers were all superb.

il **concerto** — concert
La stagione dei concerti comincerà la prossima settimana. — The concert season begins next week.

l'**umorismo** — humor

il **circo** — circus
C'è un famoso circo russo in città, ci andiamo? — There's a famous Russian circus in town; shall we go?

---

lo **spettacolo** — performance, presentation
Che spettacolo c'è stasera? — What will be tonight's performance?

lo **spettatore,** la **spettatrice** — spectator

favoloso, a — fabulous

interpretare — interpret, play, perform
Secondo me quell'attrice ha interpretato il suo ruolo in modo favoloso. — In my opinion that actress gave a fabulous interpretation of her role.

il **ruolo** — role, part

l'**intervallo** — intermission

la **biglietteria** — box office
La biglietteria è aperta fino alle otto. — The box office is open until 8.

il **guardaroba** — cloakroom

drammatico, a — dramatic

il **divertimento** — entertainment, amusement
Buon divertimento! — Have fun!

il, la **regista**
Il regista è molto contento
dei risultati ottenuti.

director
The director is very happy with
the results achieved.

i **cartoni animati** *pl*
Oggi pomeriggio andiamo finalmente
con i bambini a vedere i cartoni
animati.—Sì, a loro piace il mondo
magico di Walt Disney.

animated (cartoon) film
This afternoon we're finally going
with the children to see an
animated film.—Yes, they
like Walt Disney's magical
world.

magico, a

magical, enchanting

il **mostro**
Ai miei bambini piacciono anche
i film pieni di mostri.

monster
My children also like films full of
monsters.

finalmente

finally

il **festival**
Il Festival del Cinema di Venezia è
famoso in tutto il mondo.

festival
The Venice Film Festival is
famous worldwide.

famoso, a

famous

sconosciuto, a

unknown

assegnare
Al film vincitore viene
assegnato il Leone d'oro.

award
The winning film is awarded
the Golden Lion.

il **palcoscenico**
Alla fine dello spettacolo il
palcoscenico era pieno di fiori.

stage
At the end of the performance the
stage was full of flowers.

la **rappresentazione**
Noi andiamo a vedere l'ultima
rappresentazione. Vieni anche tu?

show, performance
We're going to see the last
performance. Are you coming too?

il **dramma**

drama, play

la **compagnia teatrale**
Questa compagnia teatrale è famosa
per la rappresentazione di drammi
classici.

ensemble, theatrical company
This theatrical company is famous
for its presentations of classical
plays.

classico, a

classical

la **tragedia**
Le tragedie classiche sono sempre
belle.

tragedy
The classical tragedies are always
wonderful.

la **platea**
Cerchiamo un posto in platea o
preferite un palco?

orchestra
Shall we look for an orchestra
seat, or do you prefer a box
seat?

il **palco**

box (seat)

il **balletto**
Dato che ti piace tanto, andiamo
a vedere il balletto.

ballet
Since you enjoy it so much,
let's go see the ballet.

l'**orchestra**
Quest'orchestra è sempre
una grande attrazione.
Domani ci sarà un concerto dell'
orchestra sinfonica della RAI.

orchestra
This orchestra is always a big
attraction.
Tomorrow there will be a concert
by the RAI Symphony Orchestra.

l'**attrazione**

attraction

il **varietà**
Non amo molto il varietà.

variety, vaudeville
I don't like variety shows
much.

l'**umorista** *mf*
Lo so, ma c'è un umorista molto
Fanoso.

comic, comedian
I know, but there's a very famous
comic in it.

Hobbies and Recreation

l'**hobby** *m*
Qual'è il tuo hobby preferito?
—Al momento ho l'hobby della
fotografia.

hobby
What's your favorite hobby?
—Right now my hobby
is photography.

preferito, a

favorite

divertirsi
Con questo gioco non mi diverto
più, vogliamo cambiare?

enjoy oneself
I don't enjoy this game any
more; shall we play a different
one?

rilassarsi
Ieri sera non mi sono affatto
rilassata.

relax
Yesterday evening I didn't relax
at all.

il **gioco**

game

giocare
Alberto e Franco giocano a carte
tutte le sere.

play
Alberto and Franco play cards
every evening.

le **carte** *pl*

cards

godere
Bisogna godere bene il tempo libero.

enjoy
You need to really enjoy your free
time.

il **tempo libero**

free time

175

la **fantasia**
Luigi ha pochi passatempi perché
gli manca la fantasia.

fantasy, imagination
Luigi has few pastimes because
he lacks imagination.

il **passatempo**
Noi giochiamo solo per passatempo,
lui invece fa sul serio.

pastime, diversion
We play just as a pastime,
but he takes it seriously.

fotografare
Ma tu fotografi proprio tutto!

photograph
You really photograph everything!

la **foto(grafia)**
Hai visto che belle foto abbiamo
fatto?

photo(graph)
Have you seen what good photos
we took?

la **diapositiva**
Sì, ma a me piacciono più le
diapositive.

slide
Yes, but I like the slides
better.

il **flash** [flaʃ]

flash

soddisfare
Fare delle fotografie non mi soddisfa
più.

satisfy
Photography no longer satisfies
me.

la **collezione**
Vuoi vedere la mia collezione di
francobolli?

collection
Do you want to see my stamp
collection?

la **barzelletta**
Vuoi sentire delle belle barzellette?

joke
Do you want to hear some good
jokes?

uscire
Forse un altro giorno, adesso preferirei
uscire, cosa ne dici?

go out
Perhaps another time; I'd rather go
out now, what do you say?

leggere
Io invece ho voglia di stare in
casa e leggere in pace.

read
I want to stay home instead
and read in peace.

l'**attività**

activity

le **bocce** *pl*
Vieni con me a fare una partita a
bocce?

bocce ('*bah-chee*)
Will you come with me to play a
game of bocce?

il **circolo**
Nel nostro paese hanno aperto un
circolo dei giocatori di bocce.

circle, club
In our village a bocce club was
started.

il **commento**
Lo so, ho già sentito molti commenti
sui problemi che comporta
l'iscrizione.

comment
I know, I've already heard many
comments about the problems that
joining involves.

comportare

involve, entail

introdurre
Se vuoi, ti introduco io.

introduce, bring in
If you like, I'll get you admitted.

nuovo, a

new

il **giocattolo**
Il bambino si gode i suoi giocattoli nuovi.

toy
The child has fun with his new toys.

godersi

enjoy, have fun with

la **macchina fotografica**
Mi puoi prestare la tua macchina fotografica?

camera
Can you lend me your camera?

l'**obiettivo**
Ho comprato un obiettivo nuovo per la mia macchina fotografica.

lens
I've bought a new lens for my camera.

la **pellicola**
Sì, ma devi prendere una pellicola nuova, perché la mia è finita.

film
Yes, but you need new film, because mine is used up.

sviluppare
Vorrei fare sviluppare subito le fotografie di oggi.

develop
I would like to have today's photos developed at once.

il **negativo**, la **negativa**
Se mi dai le negative faccio stampare le copie per tutti.

negative
If you give me the negatives, I'll have copies made for everyone.

la **raccolta**
Maurizio fa la raccolta di libri antichi.

collection
Maurizio collects old books.

raccogliere
E' molto interessante!—E tu cosa raccogli?

collect
Very interesting!—And what do you collect?

i **fumetti** *pl*
Io raccolgo i fumetti degli anni quaranta.

comics
I collect comics from the forties.

il **lotto**
Ho sentito che i tuoi vicini hanno vinto molti soldi al lotto.

lottery
I heard that your neighbors won a lot of money in the lottery.

la **schedina**
Se mi dai una schedina, posso giocare anch'io.

entry coupon, entry blank
If you give me an entry coupon, I can play too.

gli **scacchi** *pl*
Vogliamo fare una partita a scacchi?

chess
Shall we play a game of chess?

il **dado**	die
Sì, ma dopo giochiamo anche a dadi, d'accordo?	Yes, but later let's play dice too, OK?
il **cruciverba**	crossword puzzle
Mi piace molto fare i cruciverba e a te?	I like to do crossword puzzles, do you?
la **fortuna**	luck
Ma che fortuna! Ai dadi vinci sempre!	What luck! You always win at dice!
fortunato, a	lucky
Sei sempre molto fortunato!—Sì, sono proprio nato con la camicia.	You're always very lucky!—Yes, I was born lucky.

Entertainment and Weekend Activities

ballare	dance
il **ballo**	dance
la **discoteca**	discotheque
Vieni con noi in discoteca?—No, quell'ambiente non mi piace.	Are you coming with us to the disco?—No, I don't like that atmosphere.
l'**ambiente** *m*	milieu, atmosphere
la **passeggiata**	walk
Durante la passeggiata ho perso il portafoglio.	On the walk I lost my wallet.
annoiarsi	be bored
Vogliamo passare la serata in modo da non annoiarci.	We want to spend the evening in a way that's not boring.
la **compagnia**	society, company
State tranquilli, non c'è gente noiosa nella mia compagnia.	Calm down, there are no bores among my acquaintances.
monotono, a	monotonous
Come sono monotone queste domeniche!	How monotonous these Sundays are!
la **banda musicale**	musical band
Perché non andiamo a sentire la banda musicale in piazza?	Why don't we go to the square and hear the band?
noioso, a	boring

la **serata**

evening (*as a whole*)

l'**avventura**
Con lui diventa un'avventura anche andare in bicicletta.

adventure
With him, even a bike trip becomes an adventure.

la **gita**

trip, outing, excursion

andarci
Hanno organizzato una bella gita a Palermo, ci andiamo anche noi?

go there
A nice trip to Palermo has been organized, shall we go there too?

la **piscina**
Noi andiamo tutti i sabati in piscina.

swimming pool
We go to the swimming pool every Saturday.

la **barca**
Non ne ho voglia, vorrei piuttosto fare una gita in barca.

boat
I don't want to; I'd rather take a boat trip.

il **motoscafo**
Benissimo! Allora andiamo in motoscafo all'Isola del Giglio.

motorboat
Great! Then we'll go by motorboat to the *Isola del Giglio*.

la **spiaggia**
Martina ha preso le sdraio ed è andata alla spiaggia.

beach
Martina took the reclining chairs and went to the beach.

la **sdraio**

reclining chair

riposare
Perché non vai a riposare anche tu?

rest, lie down
Why don't you go lie down too?

riposarsi
Mi riposerò durante il fine settimana.

rest
I'll rest on the weekend.

sdraiarsi

lie down

la **bicicletta**
Chi ha voglia di fare un giro in bicicletta?

bicycle, bike
Who wants to take a bike trip?

il **giro**
Io verrei volentieri a fare un giro ma ho lasciato il borsellino a casa e non posso noleggiare la bicicletta.

tour, excursion
I'd like to come along on an excursion, but I left my wallet at home and can't rent a bike.

il **borsellino**

wallet

la **noia**
Cosa possiamo fare di bello
per far passare la noia?

boredom
What fun thing can we do
to fight off boredom?

passare

spend

il **fine settimana**
Avete già deciso come passerete
il fine settimana?

weekend
Have you decided yet how
to spend the weekend?

passeggiare
Sì, vogliamo andare a passeggiare
nei boschi degli Apennini.

go walking; hike
Yes, we want to go hiking in the
woods of the Apennines.

il **passeggio**
A Silvana piace molto andare
a passeggio in città.

walk
Silvana enjoys going for a walk
downtown.

frequentare
Frequentate ancora i vecchi
amici della spiaggia?

have contact, associate
Do you still associate with the
old friends from the beach?

frequente
Sì, ci incontriamo di frequente.

frequently
Yes, we meet frequently.

la **giostra**
Abbiamo promesso ai bambini
di farli andare in giostra.

merry-go-round
We promised the children to
let them ride the merry-go-
round.

la **cabina**
E' meglio non lasciare il
portamonete nella cabina.

cabin
It's better not to leave your
billfold in the cabin.

l'**entrata**
Quanto si paga per l'entrata?

entry, entrance; admission
What is the price of admission?

tentare
Alcuni ragazzi hanno tentato di
entrare senza pagare.

try
Some boys tried to enter
without paying.

il **tentativo**

try, attempt

noleggiare
Noleggiamo una barca a remi?

rent
Shall we rent a rowboat?

remare
Certo, sappiamo remare tutti molto
bene!

row
Of course! We can all row well.

affogare
Sì, ma non tutti sappiamo nuotare
e rischiamo di affogare.

drown
Yes, but we can't all
swim and we risk
drowning.

la **barca a remi**

rowboat

la **vela**
Ora c'è vento, tira su le vele!

sail
Now there's wind, hoist the sail!

la **barca a vela**
Andare in barca a vela è una cosa meravigliosa.

sailboat
Sailing is marvelous.

avventuroso, a
D'accordo, ma se non sei esperto può diventare anche molto avventuroso.

adventurous, risky
I agree, but if you're not an expert it can also become very risky.

I rematori di fine settimana possono creare un ingorgo di traffico.
Weekend rowers can make a traffic jam.

General Terms

lo **sport**
Perché non fai un po' di sport?
Ti farebbe bene!

sport(s), athletics
Why don't you go in for some sports?
It would do you good!

praticare
Quale sport devo praticare, secondo te?

engage in
What kind of sport should I engage in, in your opinion?

sportivo, a
Da giovane ero molto sportivo, ora non più.

sporting, athletic
When I was young I was very athletic, but not anymore.

la **tuta (sportiva)**
Mettiamoci la tuta, è ora dell'allenamento.

tracksuit
Let's put our tracksuits on; it's time for training.

l'**allenamento**

training

l'**atleta** *mf*
Tutti gli atleti e le atlete erano presenti allo stadio.

athlete
All the athletes, men and women, were present.

lo **stadio**

stadium

il **campione**, la **campionessa**
Giovanni è il campione di tennis del nostro club.
Ha fatto una bellissima carriera ed è diventata campionessa del mondo.

champion
Giovanni is the tennis champion of our club.
She had a great career and became world champion.

la **carriera**

career

vincere
Se vogliamo vincere la gara, dobbiamo darci da fare.

win
If we want to win the competition, we have to try hard.

la **gara**

competition, contest, match

il **campionato**
Quale squadra vincerà il campionato secondo te?

championship
Which team will win the championship, in your opinion?

perdere
Il tuo giocatore preferito ha perso il titolo nella partita di ieri.

lose
Your favorite player lost the title in yesterday's match.

la **partita**

match

l'**arbitro**
Con un altro arbitro la vittoria
sarebbe stata nostra!

umpire, referee, judge
With a different referee, victory
would have been ours!

la **sconfitta**
E' stata una brutta sconfitta, ma la
prossima volta vinceremo noi.

defeat
It was a painful defeat,
but next time we'll
win.

fischiare
L'arbitro ha già fischiato, non hai
sentito?

(blow the) whistle
The referee has already blown the
whistle, didn't you hear?

la **vittoria**
La prima vittoria a scacchi contro
di lui è stata una grande
soddisfazione.

victory
The first victory over him at
chess was a great satisfaction to
me.

la **medaglia**
E' la quarta medaglia che vince.

medal
That's the fourth medal he's
won.

il **titolo**

title

la **coppa**
Il Milan ha vinto la coppa dei
Campioni nel 1990.

cup
Milan won the national
championship cup in
1990.

mondiale

world

la **finale**
La finale avrà luogo fra tre giorni.

final
The final will take place in three
days.

---

gli **articoli sportivi** *pl*
Dove c'è un buon negozio
di articoli sportivi?

sporting goods
Where is a good sporting goods
store?

l'**attrezzatura sportiva**

sports equipment

il, la **dilettante**
Siamo ancora dilettanti, ma abbiamo
già un'attrezzatura sportiva da
professionisti.

amateur (athlete)
We're still amateurs but we
already have sports equipment for
pros.

il, la **professionista**

pro(fessional) athlete

il **campo sportivo**
La folla nel campo sportivo
gridava a più non posso.

playing field, sports field
The crowd at the playing field
screamed with all their might.

la **folla**

crowd

il **campo da tennis**
I campi da tennis sono già aperti.

tennis court
The tennis courts are already open.

la **squadra**	team
il **club**	club
l'**asso**	ace
Tra i membri del nostro club ci sono molti assi del tennis.	Among the members of our club there are many tennis aces.
il **vincitore**, la **vincitrice**	winner, victor
Il vincitore aveva il vantaggio di giocare in casa.	The winner had the advantage of playing at home.
la **rivincita**	return match, revenge
Il vincitore gli ha promesso una partita di rivincita.	The winner promised him a return match.
il **vantaggio**	advantage; lead
Dopo cinque minuti eravamo già in vantaggio.	After five minutes we were already in the lead.
pareggiare	equal
Hanno pareggiato cinque minuti fa.	Five minutes ago they tied the score.
il **pareggio**	draw, tie
lo **svantaggio**	disadvantage, deficit
La nazionale ha superato lo svantaggio in pochi minuti.	The national team came from behind within a few minutes.
superare	surpass, overcome
la **nazionale**	national team
qualificato, a	qualified
I non qualificati non possono giocare.	Those who are not qualified may not play.
scommettere	bet
Scommetto dieci a uno sulla mia squadra.	I'm betting on my team, 10 to 1.
la **scommessa**	bet
Accetto la scommessa.	I'll take the bet.
il **fisico**	physique
Non ho il fisico adatto per questo sport.	I don't have the right physique for this sport.
faticoso, a	exhausting, tiring
Questo sport è troppo faticoso per me.	This sport is too exhausting for me.
la **fatica**	exhaustion, fatigue
Fai tanta fatica perché ti manca il fiato.	You're struggling so hard because you lack air.
il **fiato**	air; breath

Types of Sports

la **corsa**
La corsa avrà inizio alle ore 11.00.

run; running, race
The race will begin at 11.

il **traguardo**
Chi è arrivato primo al traguardo?

goal
Who reached the goal first?

la **ginnạstica**
Quante ore di ginnastica fai alla
settimana?

gymnastics
How many hours of gymnastics do
you do per week?

la **caccia**

hunting

cacciare

hunt

il **salto**
Fra poco cominceranno le gare di
salto in alto, in lungo e con l'asta.

jump
The high jump, broad jump, and
pole vault competitions will begin
soon.

il **ping-pong**

table tennis

nuotare
Ho voglia di muovermi, chi
viene a nuotare con me?

swim
I want to get some exercise;
who'll come swimming with me?

cọrrere

run

gli **sci** *pl*
Credo che questi sci siano
troppo lunghi per me.

skis
I think these skis are too long for
me.

la **slitta**
Com'è bello andare in slitta insieme
a te!

sled
How nice it is to go sledding with
you!

la **pista**
Mi può dire, per favore, dove c'è
una pista per pattinare?

track, trail, course
Can you please tell me where
to find an ice rink?

pattinare

ice skate

la **boxe** [bɔks]
Stasera vogliono guardare tutti
la boxe in TV.

boxing
This evening everyone wants to
watch boxing on TV.

bạttere

beat, defeat

l'**avversario**, l'**avversaria**
L'avversario era molto forte, ma
l'abbiamo battuto lo stesso.

opponent
The opponent was very strong,
but we beat him all the same.

l'**atletica leggera**
Da quanti anni fai atletica leggera?

track and field events
How long have you been a track and field athlete?

la **corsia**
Tu dovrai correre nella terza corsia.

racetrack, cinder track
You will have to run on Track 3.

l'**ostacolo**
La corsa agli ostacoli è già finita da un'ora.

obstacle; hurdle
The hurdle race was over an hour ago.

l'**asta**

pole, lance

il **nuoto**
Il nuoto è lo sport più completo.

swimming
Swimming is the most complete of all sports.

il **salvagente**
Mariella non sa nuotare, dalle un salvagente.

lifebelt
Mariella can't swim; give her a lifebelt.

tuffarsi
Bene, allora tuffiamoci!

dive, take a plunge
Fine, then let's dive in!

lo **sci nautico**
E' possibile fare lo sci nautico in questa zona?

water ski
Is it possible to water ski in this area?

sciare
Perché non scii più?—Perché voglio prima riposarmi un po'.

ski, go skiing
Why aren't you skiing anymore? —Because I want to rest a little first.

il **ciclismo**
Il ciclismo è molto popolare in Italia.

cycling, biking
Cycling is very popular in Italy.

il **Giro d'Italia**
Quando passa il Giro d'Italia tutti fanno festa.

Giro d'Italia (*bike race*)
When the Giro d'Italia passes by, everyone celebrates.

la **lotta**
Che tipo di lotta fai?—Lotta libera.

wrestling
What kind of fighting do you do? —Freestyle wrestling.

lottare
Ho dovuto lottare molto per vincere.

wrestle, fight
I had to fight hard to win.

Soccer

il **calcio**
Anche in Italia il calcio è lo sport nazionale.

soccer
Soccer is the national sport in Italy too.

il **giocatore**, la **giocatrice**
I giocatori famosi vengono pagati a peso d'oro.

player
Famous players are paid their weight in gold.

svelto, a

quick, nimble, swift

il **pallone**
Tutti i ragazzi amano il gioco del pallone.

ball; soccer
All boys like the game of soccer.

la **palla**

ball

il **portiere**
Il portiere è riuscito a fermare la palla.

goalkeeper
The goalkeeper succeeded in stopping the ball.

la **rete**
Giorgio Chinaglia ha segnato la rete della vittoria.

net; goal
Giorgio Chinaglia scored the winning goal.

la **difesa**
Non vale molto in difesa, ma all'attacco è bravissimo.

defense
He's not very good at defense, but as an attacker he's superb.

l'**attacco**

attack

l'**angolo**

corner (kick)

tirare
Chi tira i vostri calci d'angolo?

shoot
Who shoots the corner kicks on your team ?

segnare

score

il **gol**

goal

il **tempo**
Nel primo tempo hanno fatto tre gol.

half
Three goals were scored in the first half.

il **tifo**
Dobbiamo fare il tifo, altrimenti la
nostra squadra non vince.

enthusiasm
We have to get fired up, otherwise
our team won't win.

il **tifoso**, la **tifosa**
Se i tifosi si comportano male,
devono uscire dallo stadio.

fan, supporter
If the fans behave badly, they
have to leave the stadium.

la **ripresa**
Nella ripresa, la Lazio ha
giocato molto meglio.

second half
In the second half, Lazio
played much better.

supplementare
Speriamo che non ci siano i
tempi supplementari.

additional; overtime
Let's hope there's no overtime.

l'**area**
Tutti i giocatori si trovano
nell'area avversaria.

penalty area
All the players are in the
opponent's penalty area.

la **porta**
Domenica giocheremo con Fiori in
porta.

goal
On Sunday we'll play with Fiori at
the goal area.

il **libero**
Con Pino Wilson come libero
abbiamo vinto lo scudetto.

sweeper, free back
With Pino Wilson as free back
we won the title.

l'**intervento**
L'intervento dell'arbitro era
corretto.

intervention
The referee's intervention was
correct.

il **tiro**

shot

il **passaggio**

pass

passare
Dopo aver respinto l'attacco,
dovrebbe passare la palla in avanti.

pass
Once the attack was driven back,
he had to pass the ball
forward.

respingere

repel, drive back

sforzarsi

exert oneself

lo **sforzo**
Gli sforzi di tutta la squadra hanno
contribuito alla vincita dello
scudetto.

exertion, effort
The efforts of the entire
team helped win the
championship.

contribuire <contribuisco>

contribute

il **rigore**
In quella partita ci sono stati tre calci
di rigore.

penalty (kick)
There were three penalty kicks
in that game.

lo **scudetto**

title; national championship

Travel and Travel Preparations

l'**agenzia viaggi**
Quest'agenzia viaggi è piccola,
ma molto buona.

travel agency
This travel agency is small,
but very good.

il, la **cliente**
Sì, lo so. Sono cliente anch'io.

client
Yes, I know. I'm a client
too.

la **conferma**

confirmation

l'**orario**
Ho bisogno dell'orario arrivi -
partenze.

schedule
I need the schedule of arrivals and
departures.

l'**arrivo**

arrival

la **partenza**
La partenza è stata rimandata di
un'ora.

departure
The departure was delayed one
hour.

informarsi

inquire, ask for information

l'**itinerario**
Vi siete informati sull'itinerario del
viaggio?

itinerary
Have you inquired about the travel
itinerary?

il **programma**
In mancanza di un programma
migliore, seguiremo quello
dell'ultimo viaggio.

program
In the absence of a better program,
we'll follow that of the previous
trip.

la **mancanza**

absence, lack

viaggiare
Amo molto viaggiare, e tu?

travel
I love traveling, how about you?

il **sogno**
Sì, è sempre stato il mio sogno.

dream
Yes, it's always been my dream.

sognare
Stanotte ho sognato di essere
in viaggio per Torino.

dream
Last night I dreamed I was on
the way to Turin.

il **viaggio**

trip

annullare
Ho annullato già la prenotazione.

annul, cancel, call off
I've already canceled the
reservation.

l'**andata**
Volete un biglietto di andata e
ritorno?

journey there, going
Do you want a round-trip ticket?

il **ritorno** — return, coming back

ritornare — return

la **valigia** — suitcase

il **bagaglio** — baggage
Con tutto questo bagaglio abbiamo bisogno di un portabagagli. — With all this baggage we need a porter.

la **carta geografica** — map
Ho comprato una carta geografica di tutta la regione, perché non ne sono pratico. — I bought a map of the entire region, since I don't know my way around here.

imbarcarsi — embark, go on board; sail
Abbiamo una comunicazione importante per i passeggeri che si sono imbarcati qui. — We have an important message for those passengers who came on board here.

la **comunicazione** — communication, message

rivolgersi a — address oneself, apply to

la **camera singola** — single room
Se cerchi una camera matrimoniale ed una camera singola, puoi rivolgerti alla pensione "La Rovere" nel Vicolo Sant'Onofrio. — If you're looking for a double room and a single room, you can apply to the pension "La Rovere" in Vicolo Sant'Onofrio.

la **camera matrimoniale** — double room

l'**azienda di soggiorno** — tourist (information) office
Per tutte le informazioni turistiche, può rivolgersi all'azienda di soggiorno. — For all tourist information, you can turn to the tourist office.

facilitare — facilitate, make easy
Questo ci faciliterebbe tutto. — This would make everything easy for us.

rimandare — postpone
Abbiamo rimandato il viaggio, anche se avevamo pagato già un acconto. — We've postponed the trip, although we had already made a down payment.

l'**acconto** — down payment

il **viaggiatore**, la **viaggiatrice** — traveler
I signori viaggiatori sono pregati di allacciare le cinture di sicurezza.
La viaggiatrice è arrivata bene, ma è molto stanca. — Passengers are requested to fasten their seatbelts.
The traveler arrived safely, but she's very tired.

il **visto** — visa
Non occorre più il visto per andare in quel paese. — A visa is no longer required to go to that country.

l **deposito bagagli**
Lasciamo tutte le valigie al
deposito bagagli.

baggage checkroom
We leave all our suitcases in the
baggage checkroom.

lo **scompartimento**

compartment

il **fumatore**
Dov'è lo scompartimento per
fumatori?

smoker
Where is the smoking
compartment?

il **bagagliaio**

baggage compartment

il **portabagagli**

porter

la **carta stradale**
Questa strada non è segnata
sulla carta stradale.

road map
This road is not marked
on the road map.

la **carta verde**
La carta verde, prego!

green insurance card
Your green insurance card, please!

l'**autostop**
Facciamo l'autostop?

hitchhiking
Shall we hitchhike?

l'**imbarcazione** *f*
E' sicura quest'imbarcazione?

boat
Is this boat safe?

la **crociera**
Allora, si va in crociera o no,
quest'anno?

cruise
So, shall we take a cruise this year
or not?

la **seggiovia**
Non posso andare in seggiovia
perché soffro di vertigini.

chair lift
I can't ride the chair lift
because I get dizzy.

Vacation Time

il, la **turista**
Chi accompagna le turiste ed i
turisti?

tourist
Who accompanies the
tourists?

turistico, a
Abbiamo fatto un giro turistico
bellissimo.

tourist
We took a very nice sightseeing
tour.

prenotare
Avete già prenotato l'albergo?

reserve, book
Have you already booked the hotel?

la **prenotazione**
Sì, la prenotazione è stata
confermata ieri.

reservation, booking
Yes, the reservation was confirmed
yesterday.

l'**albergo**

hotel

costoso, a
Cerchiamo un buon albergo,
ma non troppo costoso.

expensive, costly
We're looking for a good hotel,
but not too costly.

il **vitto**
Il vitto in quest'albergo è ottimo.

food; board
The food in this hotel is
excellent.

la **vacanza**
Abbiamo fatto una bellissima vacanza
a Roma.

vacation
We took a wonderful vacation in
Rome.

l'**hotel** *m*

hotel

i **preparativi** *pl*
L'hotel sta facendo i preparativi
per la grande festa di domani.

preparations
The hotel is making preparations
for the big party tomorrow.

la **pensione**
Conoscete qualche pensione vicino
al mare?

pension, private hotel
Do you know of any pension near
the ocean?

completo, a
Mi dispiace, signore, ma siamo al
completo.

full, no vacancy
Sorry, sir, but we're full.

occupato, a
Ma come, siamo solo all'inizio della
stagione, ed è già tutto occupato?

occupied, taken
How come? The season has only
begun, and everything is already
taken?

riservato, a
Questo tavolo è riservato per noi.

reserved
This table is reserved for us.

trovarsi
Dove si trova l'albergo di cui mi
parlavi?
Ci troviamo tutti a casa mia
verso le nove, va bene?

find oneself; be situated; meet
Where is the hotel you told me
about?
We'll all meet at my house
about 9 o'clock, OK?

il **campeggio**
A 15 km da qui c'è un campeggio con
atrezzature modernissime.

camping; campground
Fifteen kilometers from here is a
very modern campground.

la **tenda**

tent

accomodare
Prima di montare la tenda dobbiamo
accomodarla perché si è rotta.

repair, mend, touch up
Before we put up the tent we have
to mend it, because it is damaged.

la **visita**
La visita della città durerà circa
quattro ore.

visit, tour
The tour of the city lasts about
four hours.

visitare
Vorrei visitare ancora qualche
museo, vieni anche tu?

visit, tour, view
I would like to visit a few more
museums; are you coming too?

la **guida turistica**
Abbiamo bisogno di una guida
turistica che parli tedesco.

tourist guide
We need a tourist
guide who speaks
German.

la **grotta**
Lungo quella spiaggia ci sono
molte grotte.

grotto
Along that beach there are many
grottoes.

---

le **ferie** *pl*
Quando andrai in ferie quest'anno?

holidays, vacation
When will you go on vacation this
year?

il **turismo**
Qui, per fortuna non c'è ancora
troppo turismo.

tourism
Thank God there's not yet too
much tourism here.

il **dépliant**

brochure, pamphlet

l'**albergatore**, l'**albergatrice**
Chiedi ancora un dépliant per
Maria all'albergatore.

hotelier, innkeeper
Ask the innkeeper for another
brochure for Maria.

accogliente
E' un hotel molto accogliente
e ci troviamo bene.

hospitable, welcoming
It's a very welcoming hotel,
and we enjoy it there.

mezzo, a

half

il **pernottamento**
Desiderano solo il pernottamento,
mezza pensione o pensione completa?

a night's stay
Do you want a room only, or do
you also want breakfast and one
meal, or a full board?

pernottare
Se non troviamo posto all'ostello
pernotteremo nel sacco a pelo.

spend the night
If we don't find room in the youth
hostel, we'll spend the night in our
sleeping bags.

l'**ostello (della gioventù)**

youth hostel

il **sacco a pelo**

sleeping bag

l'**acqua corrente**
Vorrei avere almeno l'acqua corrente!

running water
I'd like to have running water at
least!

lo **zaino**
Non uso mai la valigia, preferisco
lo zaino.

backpack
I never use a suitcase; I prefer the
backpack.

il **camper**
Abbiamo comprato un camper nuovo
per il prossimo viaggio.

camper
We've bought a new camper for
the next trip.

la **roulotte** [ru'lɔt]

camping trailer

la **gondola**
Vuoi fare un giro in gondola con me?

gondola
Do you want to ride in a gondola with me?

folcloristico, a
Stasera ci sarà uno spettacolo folcloristico in piazza.

folklore
Tonight there will be a folklore presentation in the town square.

Ai turisti americani piace andare in gondola.
American tourists love to ride in gondolas.

Postal Service

la **posta**
E' già arrivata la posta stamattina?

mail
Has the mail come yet this morning?

la **lettera**
Sì, e c'è anche una lettera per te.

letter
Yes, there's also a letter for you.

mandare
Mandiamo una cartolina postale ai nostri amici.

send
We're sending a postcard to our friends.

il **francobollo**
Puoi comprare i francobolli sia alla posta che dal tabaccaio.

stamp
You can buy stamps at both the post office and the tobacconist.

il **destinatario**, la **destinataria**
Si prega di scrivere a stampatello il nome del destinatario.

addressee
Please print the name of the addressee.

il **mittente**
Non dimenticare di scrivere il nome del mittente sulla busta.

sender
Don't forget to write the sender's name on the envelope.

spedire <spedisco>
Spedisci per raccomandata—espresso, è più sicuro.

send
Send a registered express letter. It's safer.

l'**espresso**

express letter

la **raccomandata**

registered letter

la **cartolina**
Quante cartoline vogliamo spedire?

postcard, card
How many cards do we want to send?

la **cartolina postale**

postcard

la **cassetta delle lettere**
La cassetta delle lettere si trova vicino alla porta di casa.

(home) mailbox
The mailbox is near the door of the house.

la **corrispondenza**
La mia corrispondenza arriva ferma in posta.

correspondence, mail
My mail comes to General Delivery.

il **postino**, la **postina**
Il postino suona sempre due volte.

postman, postal carrier
The postman always rings twice.

lo **sportello**
A quale sportello si fanno i telegrammi?

counter
At which counter can one send telegrams?

il **telegramma**	telegram
il **pacchetto**	small parcel
Mi può dire, per favore, cosa devo fare per spedire un pacchetto ed un pacco?	Can you tell me, please, what I need to do to send a small parcel and a package?
il **pacco**	package, parcel

Poste e Telecomunicazioni	Postal Service and Telecommunications
Poste e Telegrafi	Post and Telegraph Office
Il cartello PPTT significa Poste e Telegrafi.	The PPTT sign means "Post and Telegraph Office."
via aerea	airmail
Quanto costa spedire questa lettera per via aerea?	How much does it cost to send this letter airmail?
affrancare	stamp (a letter)
Non lo so con sicurezza, falla affrancare alla posta.	I don't know for sure; have it stamped at the post office.
le **stampe** *pl*	printed matter
fermo in posta	poste restante, General Delivery
il **codice di avviamento postale**	zip code number
Vorrei comprare un elenco dei codici di avviamento postale.	I would like to buy a zip code directory.
la **casella postale**	post office box
Se non conosci l'indirizzo, scrivi il numero della casella postale.	If you don't know the address, write down the number of the post office box.
consegnare	deliver
Mi è stato consegnato un pacchetto senza mittente.	A parcel without a sender's name was delivered to me.
inviare	send
Ho detto di inviarti tutto per contrassegno.	I said everything should be sent to you COD.
il **contrassegno**	countersign
il **modulo**	form
Troverà tutti i moduli necessari su quel tavolo a sinistra.	You'll find all the necessary forms on the table at the left.
il **telex**	telex
Non c'è più tempo per mandare una lettera, faremo un telex.	There's no time to write a letter; we'll send a telex.
egregio, a	notable, distinguished
Egregio Sig. Mario Russo	Dear Mr. Russo (*in letters*)

a stampatello	in block letters, printed
il **bollo**	seal, postmark, stamp
Su questa cartolina non c'è il bollo.	There's no postmark on this card.
il **timbro**	stamp, rubber stamp, postmark
In questi giorni la posta usa un timbro speciale e voglio averlo per la mia collezione.	These days the post office uses a special rubber stamp, which I want for my collection.
timbrare	stamp, postmark
imbucare	post a letter
la **buca delle lettere**	mailbox
Questa busta non entra nella buca delle lettere.	This envelope won't fit in the mailbox.
entrare	go into, fit into

Telephone

il **telefono**	(tele)phone
Il mio telefono è rotto, posso usare il tuo?	My phone is broken; may I use yours?
lo **scatto**	unit of charge
Quanti scatti devo pagare?	How many units do I have to pay for?
telefonare	telephone, call
Avete già telefonato ai vostri parenti che siete arrivati bene?	Have you called your relatives yet to tell them that you arrived safely?
la **cabina telefonica**	telephone booth
No, perché non abbiamo ancora trovato una cabina telefonica che funzioni a monete e non a gettoni.	No, because we still haven't found a phone booth that accepts coins, not tokens.
il **gettone**	token
fare il numero	dial
Mi scusi, ho fatto il numero sbagliato!	Excuse me, I dialed the wrong number!
il **numero (di telefono)**	(telephone) number
sbagliare (numero)	dial the wrong number
pronto	hello
Pronto, chi parla?—Qui è casa Bertini, chi desidera?	Hello, who's speaking, please?—This is the Bertini residence. Whom do you want?

la **comunicazione**
Purtroppo la comunicazione è
stata interrotta, devo rifare il
numero.

connection
Unfortunately the connection was
broken; I have to redial.

passare
Pronto? Attenda un attimo, Le
passo il signor Martini.

connect, put through
Hello? One moment please, I'll
connect you with Mr. Martini.

interrompere
Siamo stati interrotti, bisogna
chiamare di nuovo.

interrupt
We were interrupted and have
to call again.

riattaccare

hang up

squillare
Non sentite che il telefono squilla?
Chi va a rispondere?

ring
Don't you hear the phone ringing?
Who's going to answer?

lo **squillo**
Dopo il terzo squillo risponde la
segreteria telefonica.

ring
After the third ring, the answering
machine picks up.

la **telecomunicazione**

telecommunications

SIP
Se hai bisogno di molti gettoni,
ti conviene andare alla SIP.

telephone company
If you need a lot of tokens, you
should go to the phone company.

la **scheda magnetica**
Sì, ma voglio comprare anche
una scheda magnetica.

telephone card
Yes, but I also want to buy
a telephone card.

la **telefonata**
Devo fare una telefonata molto
urgente.

telephone conversation, call
I have to make a very urgent
phone call.

urgente

urgent

l'**elenco telefonico**
Potrebbe darmi per favore
l'elenco telefonico di Genova?

telephone book, directory
Could you please give me the
Genoa phone book?

le **pagine gialle** *pl*
Se cercate il numero di una ditta fate
prima a guardare nelle pagine
gialle.

yellow pages
You'll find a company's number
quickest by looking in the yellow
pages.

staccare
Molti italiani staccano il telefono
prima di uscire di casa.

take off; unhook
Many Italians take the phone off
the hook before leaving the house.

il **ricevitore**
Se tieni il ricevitore così lontano,
è normale che non senti niente.

receiver
If you hold the receiver so far
away, of course you won't hear
anything.

il **prefisso**
Qual'è il prefisso per la Germania?
—Dall'Italia è 0049.

prefix
What is the prefix for Germany?
—From Italy it's 0049.

il **centralino**
E' sempre occupato, è meglio farsi
passare la linea dal centralino.

operator
It's still busy; better have the
operator connect us.

occupato, a

busy

la **linea**

line

il **colloquio**
Il colloquio è stato interrotto
perché è caduta la linea.

conversation, call
The call was interrupted
because there's trouble with the
line.

la **teleselezione**
Devi telefonare qui in città o
in teleselezione?

long-distance call
Do you need to make a local
or a long-distance call?

l'**interurbana**
Devo fare una (telefonata)
interurbana.

long-distance (intercity) call
I have to make a long-distance
call.

la **segreteria telefonica**

answering machine

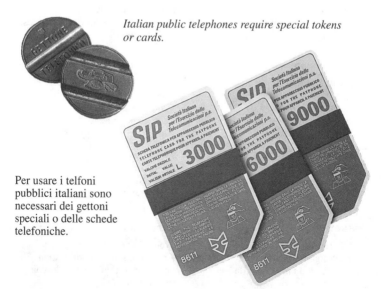

*Italian public telephones require special tokens
or cards.*

Per usare i telfoni
pubblici italiani sono
necessari dei gettoni
speciali o delle schede
telefoniche.

===== **Press** =====

la **stampa**
Tutta la stampa ha parlato molto
di quel fatto.

press, newspapers
All the newspapers have reported
on this matter at length.

il **fatto**

fact; matter; event

il **particolare**

detail, particular

il **giornale**
Moltissimi italiani leggono il
giornale tutti i giorni.

newspaper
A great many Italians read
the paper daily.

il **quotidiano**
Gli italiani non amano abbonarsi ad
un quotidiano, preferiscono andare
a comprarlo tutti i giorni
all'edicola.

daily newspaper
Italians don't like to subscribe to a
daily paper; they prefer to buy it
every day at the newsstand.

abbonarsi

subscribe to

abbonato, a
Io invece sono abbonata
al giornale della mia città.

subscriber
I'm a subscriber of my hometown
paper, however.

il **settimanale**

weekly newspaper

la **rivista**
Ho fatto il confronto tra molte riviste.
Questa è la più interessante.

magazine, review
I've compared a lot of magazines.
This is the most interesting
one.

il **confronto**

comparison

il, la **giornalista**
Chi è il giornalista che ha
scritto quell'articolo?
Non conosco i giornalisti che
scrivono per quel giornale.

journalist
Who is the journalist who
wrote that article?
I don't know the journalists
who write for that paper.

l'**articolo**

article

pubblicare
Queste sono le notizie più attuali
che hanno pubblicato.

publish
This is the most current
news that has been published.

attuale

current

recente

recent; current

l'**attualità**
Cerco un buon settimanale d'attualità
italiano, quale mi consiglia?

event of the day; topic
I'm looking for a good Italian
newsweekly; which one do you
recommend?

quale	which
illustrare	illustrate, describe, depict
Quest'articolo illustra molto bene la situazione ed ha colpito molto l'opinione pubblica.	This article describes the situation very well and has greatly influenced public opinion.
l'**opinione pubblica**	public opinion
la **situazione**	situation
l'**edicola**	newsstand
Se quell'edicola è chiusa, puoi andare dal giornalaio di via Roma.	If the newsstand is closed, you can go to the newsvendor on Via Roma.
il **giornalaio**, la **giornalaia**	newsvendor
stampare	print
lo **scritto**	writing, written work
Quando verranno stampati i tuoi scritti?	When will your writings be printed?
la **casa editrice**	publishing house
i **mass media** *pl*	mass media
I mass media hanno un grande potere anche in Italia.	The mass media have great power in Italy too.
aggiornarsi	keep up to date; take a refresher course
E' ora che ti aggiorni un po', non segui la stampa e la TV?	It's time for you to get up to date a little; don't you read the paper or watch TV?
tendere	tend
Tendono ad influenzare l'opinione pubblica.	They tend to influence public opinion.
influenzare	influence
la **tendenza**	tendency
uscire	appear
Oggi i quotidiani escono in ritardo a causa dello sciopero.	Today the daily papers are appearing late because of the strike.
l'**agenzia stampa**	press agency
la **pubblicazione**	publication
Ho bisogno di una buona pubblicazione scientifica per il mio lavoro.	I need a good scientific publication for my work.
la **rubrica**	column
Questa rubrica si occupa solo di teatro.	This column deals exclusively with the theater.

autẹntico, a

authentic

l'avvenimento
Di quell'avvenimento ne parlarono tutti i giornali già un anno fa.

event
All the papers reported on that event a year ago.

riportare
Anche il quotidiano che leggo io l'ha riportato in modo relativamente chiaro.

report
The daily I read also reported it fairly clearly.

rivelare
Vorrei sapere chi ha rivelato quella storia ai giornalisti.

reveal; disclose
I'd like to know who disclosed the story to the journalists.

la **faccenda**

matter, affair, business

la **libertà di stampa**
Evviva la libertà di stampa!

freedom of the press
Hurrah for freedom of the press!

inserire <inserisco>
Se non trovi casa perché non inserisci sul giornale?

insert (an ad)
Why don't you put an ad in the paper if you don't find a house?

l'**inserzione** *f*
Ho trovato l'indirizzo di quella ditta in un'inserzione pubblicitaria.

insertion; (newspaper) ad
I found the company's address in an ad.

pubblicitario, a

publicity, advertising

l'**annuncio**
Ho trovato il suo annuncio sul quotidiano di ieri.

announcement; advertisement
I found his ad in yesterday's paper.

l'**avviso**
Mi dispiace, ma non ho letto quell'avviso sul giornale.

notice; advertisement
I'm sorry, but I didn't read that newspaper ad.

l'**omaggio**
Nelle riviste italiane si trovano spesso omaggi di diverso tipo.

gift
In Italian magazines one often finds small gifts of various kinds.

il **tipo**

kind, type

Radio

ascoltare

la **radio**
Accendi la radio, voglio sentire
il giornale-radio delle 13.00.

accęndere

il **volume**
Il volume è troppo alto!

spęgnere
Sì, ma appena comincio a
lavorare devi spegnerla.

la **conferenza stampa**
A che ora sarà trasmessa
la conferenza stampa?

la **notizia**

il **risultato**
Secondo le ultime notizie, non si
conosce ancora il risultato delle
elezioni.

le **ųltime notizie** *pl*

ricęvere
Il mio apparecchio riceve le onde
lunghe, quelle corte e quelle medie.

l'**onda**

lungo, a

medio, a

corto, a

trasmęttere
Queste sono le notizie più attuali
che hanno trasmesso.

listen

radio
Turn on the radio, I want to
hear the 1 o'clock news.

turn on, switch on

volume
The volume is too loud!

turn off, switch off
Yes, but as soon as I start to work
you have to turn it off.

press conference
When will the press conference
be broadcast?

news; report

result, outcome
According to the latest reports, the
election result is not yet known.

latest reports

receive
My set receives long, short,
and medium waves.

wave

long

medium

short

send, transmit, broadcast
This is the latest news that
has been broadcast.

la **radiotelevisione** RAI-TV è il nome della radio televisione italiana.	radio and television RAI-TV is the name of the Italian radio and TV company.
il **collegamento**	connection, junction
l'**ascoltatore**, l'**ascoltatrice** Gli ascoltatori erano molto delusi, perché non c'è stato il collegamento con lo stadio.	listener The listeners were very disappointed because there was no broadcasting from the stadium.
deluso, a	disappointed
il **giornale-radio**	radio news, newscast
la **cronaca** La cronaca di quell'avvenimento è stata una vera delusione.	reporting The reporting of that event was a real disappointment.
la **delusione**	disappointment
collegare Signore e Signori, ci colleghiamo ora con la Scala di Milano per la trasmissione in diretta.	connect; switch Ladies and gentlemen, we now switch you to a direct broadcast from *La Scala* in Milan.
diretto, a	direct
ultracorto, a La mia radio non riceve le onde ultracorte.	very high frequency, VHF My radio doesn't receive VHF.
l'**impianto stereo**	stereo system
il **lettore compact disc**	CD player
il **compact disc** (CD)	compact disc (CD)

Television

la **televisione** Quando gli italiani parlano di televisione, dicono quasi sempre TV.	television When Italians speak of television, they almost always say "tivù."
il **televisore** Ho comprato un nuovo televisore stereo.	television set I've bought a new stereo TV set.

il **videoregistratore**
Ormai in quasi tutte le case c'è un videoregistratore anche in Italia.

videorecorder, VCR
Now almost every household in Italy also has a VCR.

la **videocassetta**

videocassette

il **canale**

channel

il **telegiornale**
State calmi, per favore, vorrei vedere in pace il telegiornale.

TV newscast
Please be quiet; I want to watch the TV newscast in peace.

il, la **telecronista**

television reporter

la **stazione (televisiva)**

(television) station

l'**intervista**
Non hanno ottenuto l'intervista perché c'è stato un grande scandalo.

interview
No interview was granted because there was a huge scandal.

ottenere

obtain

l'**esclusiva**
Ha ottenuto quell'intervista in esclusiva.

exclusive rights
He obtained exclusive rights for the interview.

il **conduttore**, la **conduttrice**
Chi era il conduttore di quella trasmissione culturale?

moderator
Who was the moderator of that cultural program?

culturale

cultural

lo **scandalo**

scandal

l'**interruzione** f
Bisognerebbe evitare troppe interruzioni con la pubblicità.

interruption
Too many commercial interruptions ought to be avoided.

la **pubblicità**

advertising

lanciare
E' stata proprio la televisione a lanciare quel prodotto.

launch
That product really was launched by television.

la **TV** [tiv'vu]

TV

partecipare
Chi parteciperà allo spettacolo in TV di stasera?

participate
Who will participate in the TV show this evening?

la **trasmissione**
La trasmissione ha avuto molto successo perché è stata condotta molto bene.

broadcast
The broadcast was a great success because it was very well done.

condurre	conduct; direct; perform
il **successo**	success
differenziarsi	be different
Questi due canali non si differenziano molto tra di loro.	These two channels are not very different from each other.
l'**immagine** f	picture, image
Si è creato quell'immagine con il lancio che ha avuto in TV.	He created that image for himself with his TV debut.
la **telecamera**	TV camera
il **telecomando**	remote control
il **lancio**	introduction, launching
intervistare	interview
Sai già quali politici intervisteranno?	Do you know by now which politicians will be interviewed?
rilasciare	grant
No, ma non credo comunque che rilasceranno un'intervista molto brillante.	No, but I don't think that they'll give a very brilliant interview.
brillante	brilliant
rilevare	detect; protrude
l'**antenna**	antenna
Ho fatto mettere un'antenna nuova e più potente sul tetto.	I had a new and more powerful antenna put on the roof.
potente	powerful, high-efficiency
via satellite	via satellite
Ricevete anche voi le trasmissioni via satellite?	Do you also receive broadcasts via satellite?
registrare	receive, register
la **registrazione**	reception
Mi dispiace, ma la registrazione non è buona.	I'm sorry, but the reception is not good.

Religion

la **religione**	religion
Anche in Europa ci sono religioni diverse.	In Europe too there are different religions.
la **setta**	sect
segreto, a	secret
Questa setta non ha niente a che fare con la religione, è una setta segreta.	This sect has nothing to do with religion; it's a secret society.
il **segreto**	secret
Dio	God
Tu credi in Dio?	Do you believe in God?
la **speranza**	hope
sperare	hope
sopportare	bear
Chi sa pregare sopporta meglio i problemi della vita.	Anyone who can pray bears life's problems more easily.
l'**anima**	soul
Preghiamo sempre per le anime dei nostri morti.	We always pray for the souls of our dead.
pregare	pray
felice	happy
Sono felice di aver imparato a pregare.	I'm happy because I've learned to pray.
la **felicità**	happiness
il **monaco**	monk
Andiamo spesso alla chiesa dei monaci di quel paesino.	We often go to the monastery church of that small village.
santo, a	holy; sainted
Hai letto qualcosa di San Francesco d'Assisi?	Have you read anything by St. Francis of Assisi?
Oggi è il giorno di Santa Barbara.	Today is St. Barbara's Day.
Sant'Antonio protegge gli animali.	St. Anthony is the patron saint of animals.
lo **spirito**	spirit
la **candela**	candle
E' andato in chiesa ad accendere una candela a Sant'Antonio.	He went to church to light a candle to St. Anthony.

il **destino**
Tu credi al destino?

destiny, fate
Do you believe in fate?

religioso, a
Francesca è molto religiosa
e vuole farsi suora.

religious
Francesca is very religious and
wants to become a nun.

la **fede**
Gente di poca fede!

faith, belief
Ye of little faith!

il **miracolo**

miracle

il, la **fedele**

faithful (person); believer

la **superstizione**
Non confondere la fede con la
superstizione!

superstition
Don't confuse faith with
superstition!

la **sorte**

destiny, fate, fortune, lot

la **bestemmia**

blasphemy, curse

la **preghiera**
Il bambino dice le sue preghiere
tutte le sere.

prayer
The child says his prayers every
night.

il **sacrificio**

sacrifice

sacrificare

sacrifice

confidare

confide

lo **scrupolo**
Martina mi ha confidato di avere
sempre molti scrupoli.

scruple; doubt; hesitation
Martina confided to me that she
still has many doubts.

tollerare
In Italia vengono tollerate tutte le
religioni.

tolerate
In Italy all religions are tolerated.

la **sinagoga**
Anche in Italia ci sono delle
sinagoghe.

synagogue
There are synagogues in Italy
too.

ebreo, a

Jewish; Hebrew

la **moschea**
Conosci la Moschea Blu di
Istanbul?

mosque
Do you know the Blue Mosque in
Istanbul?

musulmano, a

Moslem

l'**islam** *m*

Islam

il **templo**
In Sicilia ci sono molti templi
antichi.

temple
In Sicily there are many ancient
temples.

il **canto**
Amo molto ascoltare canti sacri.

song, chant
I like to hear hymns.

il **coro**	choir, chorus
sacro, a In India le mucche sono sacre.	holy, sacred In India, cows are sacred.
la **carità** Fammi la carità di ascoltarmi. Facciamo la carità a quella povera donna.	charity; benevolence; alms Be so kind as to listen to me. We'll give alms to that poor woman.
la **virtù** Tra le sue tante virtù c'è anche quella di saper amare il prossimo.	virtue Among his many virtues is the ability to love his neighbors.
il **prossimo**	neighbor; fellow-creature

Christian Religion

l'**altare** *m*	altar
il **vangelo** Il vangelo è il messaggio di Cristo.	Gospel The Gospel is Christ's message.
Cristo Cristo ha predicato la povertà.	Christ Christ preached poverty.
la **povertà**	poverty
predicare	preach
cristiano, a	Christian
la **croce** Insegna a quel bambino a fare il segno della croce.	cross Show the child how to make the sign of the cross.
il **segno**	sign
Gesù	Jesus
risorgere	rise again; resurrect
il **peccato** Mi pento dei miei peccati.	sin I repent my sins.
pentirsi	repent; regret
l'**inferno** All'inferno tutti!	hell To hell with everyone!
il **paradiso** Chi è buono, può sperare di andare in paradiso.	paradise A good person can hope to go to Paradise.

il **papa**
In quel secolo ci sono stati molti papi famosi.

pope
In that century there were many famous popes.

il **prete**
Trovi giusto che i preti cattolici non possano sposarsi?

priest
Do you think it's right that Catholic priests are not allowed to marry?

cattolico, a

Catholic

il **duomo**
A che ora è la messa in duomo?

cathedral
What time is the mass in the cathedral?

la **messa**
Credo alle dieci, ma io andrò alla messa a San Giacomo.

mass
At 10, I think, but I'll go to mass at San Giacomo.

la **chiesa**

church

il **santo**, la **santa**

Saint

benedire, benedisco
Dio ti benedica!

bless
God bless you!

l'**angelo**
Questa musica sembra un coro di angeli.

angel
This music sounds like a choir of angels.

il **diavolo**
Ma va' al diavolo, mi hai proprio stancato!
Non lasciarti tentare dal diavolo!

devil
Go to the devil, I've really had enough of you!
Don't let yourself be tempted by the devil!

la **campana**
Le campane di tutta la città suonano a festa.

bell
The bells of the entire city ring on holy days.

il **campanile**

bell tower

celeste
Il regno celeste è il paradiso.

heavenly
The heavenly kingdom is Paradise.

pentito, a

penitent

confessarsi
Non basta confessarsi, bisogna anche essere pentiti.

confess
Confessing is not enough, one also has to be penitent.

assolvere
E' stato assolto dai suoi peccati.

absolve
He was absolved of his sins.

il **clero**

clergy

il **pontefice**	pontiff, the Pope
il **vescovo** E' uso baciare l'anello del vescovo.	bishop It is the custom to kiss the bishop's ring.
l'**uso**	custom, usage
il **cardinale**	cardinal
il **parroco** Don Giancarlo è un buon parroco e si occupa davvero della cura delle anime.	parish priest Don Giancarlo is a good parish priest and truly is concerned with spiritual welfare.
don	Don (*title of honor for priests*)
la **suora** Spesso le suore lavorano negli ospedali della città.	nun; sister Often nuns work in the city hospitals.
il **frate** Da queste parti c'è il famoso convento di fra Cristoforo.	friar; monk; brother In this area is the famous monastery of Fra Cristoforo.
il **convento**	convent; monastery
sprecare Perché non fai qualche opera di misericordia, invece di sprecare il tuo tempo?	waste Why don't you do some charitable works instead of wasting your time?
la **misericordia**	charity
la **grazia** Mattia dice che Santa Lucia gli ha fatto la grazia.	grace; mercy Mattia says that St. Lucia has heard his prayer.
il **battesimo**	baptism
la **comunione** Domenica prossima Sebastiano farà la Prima Comunione.	communion Next Sunday Sebastiano will make his First Communion.
la **cresima**	confirmation
il, la **protestante** Ci sono molti protestanti nel tuo paese?	Protestant Are there many Protestants in your country?
la **bibbia**	Bible
la **cattedrale** All'interno della cattedrale ci sono bellissime cappelle.	cathedral Inside the cathedral there are beautiful chapels.
la **cappella**	chapel

Celebrations and Customs

il **regalo**	gift, present
il **compleanno**	birthday
Tanti auguri per il tuo compleanno!	Happy Birthday!
augurare	wish
Vi auguro tanta felicità!	I wish you much happiness!
gli **auguri** *pl*	good wishes
baciare	kiss
Quando mi saluta mi bacia ed abbraccia sempre.	When she greets me, she always hugs and kisses me.
abbracciare	hug, embrace
il **bacio**	kiss
l'**amicizia**	friendship
Il bacio è un segno d'amore ma anche di amicizia.	The kiss is a sign of love and also of friendship.
la **gente**	people
Quanta gente avete invitato!	You've invited so many people!
E' venuta parecchia gente e ci siamo divertiti moltissimo.	Many people came, and we had a lot of fun.
il **contatto**	contact
l'**appuntamento**	date, appointment, rendezvous
Ci siamo dati appuntamento per passare insieme Capodanno.	We made a date to spend New Year's Day together.
insieme	together
la **relazione**	contact, connection
In questa città abbiamo ottime relazioni.	In this city we have excellent connections.
essere disposto, a	be willing
Saresti disposto a venire insieme a me a quella festa?	Would you be willing to go to the party with me?
la **festa**	party
popolare	popular
il **Natale**	Christmas
Auguriamo a tutti un felice Natale ed un buon Anno Nuovo.	We wish everyone Merry Christmas and Happy New Year.
il **Capodanno**	New Year's Day

la **Pasqua**
Da noi si dice: "Natale con i tuoi, Pasqua con chi vuoi."

Easter
Here we say: "Spend Christmas with your family, Easter with anyone you choose."

il **carnevale**
Desidererei tanto vedere una volta il famoso carnevale di Venezia.

Carnival
I would very much like to see the famous Carnival of Venice once.

la **tradizione**
Se vogliamo rispettare la tradizione, dobbiamo andare tutti in gruppo.

tradition
If we want to follow tradition, we all have to go as a group.

il **gruppo**
Certo! E tutti devono essere in maschera.

group
Right! And everyone has to wear a mask.

la **maschera**

mask

l'**usanza**

custom

---

l'**anniversario**
Il 20 febbraio abbiamo il nostro decimo anniversario di nozze.

anniversary
On February 20 we celebrate our tenth wedding anniversary.

precedere

precede

precedente
Abbiamo dovuto festeggiare il giorno precedente perché gli ospiti volevano partire.

preceding, previous
We had to celebrate the previous day because the guests wanted to leave.

successivo, a
Preferisco che ci incontriamo nei giorni successivi, perché avrò più tempo.

following
I prefer that we meet on the following days, because I will have more time.

la **vigilia**
Il 24 dicembre è la vigilia di Natale.

eve; vigil, watch
December 24 is Christmas Eve.

l'**onomastico**
Il giorno di S. Giuseppe è l'onomastico di molti italiani.

name day, saint's day
San Giuseppe is the name day of many Italians.

l'**annuncio**
Quando verrà dato l'annuncio delle nozze?

announcement
When will the wedding date be announced?

l'**invitato**, l'**invitata**
Gli invitati sono stati accolti con grande gioia.

guest
The guests were welcomed with great joy.

accogliere

receive; welcome

festeggiare

celebrate

l'evento

event

Quando festeggerete il lieto evento?

When will you celebrate the happy event?

familiare

family

Sarà una festa molto familiare.

It will be very much a family celebration.

festivo, a

festive

In questo mese ci sono molti giorni festivi.

In this month there are many holidays.

contare su

count on

Puoi contare su di me, sono sempre lieto di averti a casa mia.

You can count on me, I'm always ready to have you over.

l'ospitalità

hospitality

I miei amici ti ringraziano ancora tanto per la tua ospitalità.

My friends thank you again for your hospitality.

ospitare

entertain; put up for the night

Cosa regaliamo ad Alberto e Laura che ci hanno ospitati con tanta gentilezza?

What shall we give Alberto and Laura, who so kindly put us up for the night?

regalare

give; make a present

avvolgere

wrap

In quale carta avvolgiamo il regalo?

What paper shall we wrap the gift in?

badare

take care; pay attention

In quella rossa, ma bada di non romperla.

The red one, but take care and don't ruin it.

la befana

"Befana," grandmotherly witch who, according to old tradition, brings gifts to children in Italy at Epiphany.

La notte dal 5 al 6 gennaio la befana porta dolci ai bambini buoni e carbone a quelli cattivi.

During the night of January 5, la Befana brings sweets to the good children and pieces of coal to the bad ones.

la leggenda

legend

In America non si conosce quella leggenda. Ma anche al Nord ci sono molte leggende misteriose.

In America this legend is unknown. But in northern America there are many mysterious legends also.

misterioso, a

mysterious

━━━━━━━━━━━━ **History** ━━━━━━━━━━━━

la **storia**
Conosci la storia dell'Italia?

history
Are you familiar with Italy's history?

la **cultura**
Sì, ed anche la sua grande cultura.

culture
Yes, and its magnificent culture as
well.

l'**erede** *mf*
E' stata l'erede di quella greca
nel Mediterraneo.

heir
It was heir to Greek culture in the
Mediterranean region.

ereditare

inherit

grande

grand, magnificent

lo **splendore**
Ancora oggi si vedono i segni
degli antichi splendori.

splendor
Even today signs of ancient
splendor are seen.

antico, a

antique, ancient; previous

lo **schiavo**, la **schiava**

slave

l'**epoca**
Quale epoca ti sembra più interessante?
—Ti sembrerà strano, ma amo molto
il Medioevo.

epoch
Which epoch seems most
interesting to you?—It may seem
strange to you, but I love the
Middle Ages.

il **Medioevo**

Middle Ages

moderno, a
E' stato certo molto importante
per i secoli moderni.

modern
They were certainly very
important for the modern
centuries.

povero, a
Sì, anche se viene considerata
spesso un'epoca povera.

poor
Yes, although that epoch is often
considered to be a poor one.

ricco, a

rich

l'**influenza**

influence

il **re**, la **regina**
Al giorno d'oggi non ci sono più
tanti re, regine ed imperatori.

king, queen; monarch
These days there are no longer
many kings, queens, and emperors.

l'**imperatore**, l'**imperatrice**

emperor, empress

sovrano, a

sovereign

la **ricchezza**
Le ricchezze di quel principe sono
famose in tutto il mondo.

riches
The riches of that prince are
famous all over the world.

il **principe**, la **principessa**	prince, princess
la **rivoluzione**	revolution
La rivoluzione era necessaria per rovesciare il governo.	The revolution was necessary to overthrow the government.
la **fortuna**	luck, fortune
Per fortuna non è scoppiata nessuna guerra.	Luckily no war broke out.
il, la **fascista**	fascist

la **civiltà**	culture, civilization
colto, a	cultured
le **rovine** *pl*	ruins
In questo paese si possono visitare le rovine di una civiltà antica.	In this country one can visit the ruins of an ancient civilization.
la **colonna**	column
Del foro sono rimaste solo poche colonne.	Of the Forum, only a few columns remain.
storico, a	historic
il **fenomeno**	phenomenon
Questo è un fenomeno storico-culturale comune a molti popoli.	This is a phenomenon of cultural history that is common to many peoples.
la **grandezza**	greatness, grandeur
Ammiro molto la grandezza delle cattedrali medioevali.	I greatly admire the grandeur of the medieval cathedrals.
medioevale	medieval
rovesciare	topple, overthrow
borghese	bourgeois, middle class
Quella francese è stata una rivoluzione borghese.	The French Revolution was a middle-class revolution.
il **Rinascimento**	Renaissance
Il Rinascimento ha favorito lo sviluppo di tutte le arti.	The Renaissance fostered the development of all the arts.
il **Cinquecento**	sixteenth century
Il Cinquecento è un secolo molto importante per l'arte italiana.	The sixteenth century was very important for Italian art.
il **Risorgimento**	Risorgimento (Italy's national revival in the 19th century)
Durante il Risorgimento ci sono state molte lotte per creare l'Italia unita.	During the Risorgimento there were many battles in order to create a united Italy.

216

l'**unità** — unity

il **regno** — kingdom
Il regno d'Italia è finito con la seconda guerra mondiale. — The Kingdom of Italy ended in World War II.

la **corona** — crown

l'**impero** — empire
L'impero romano è stato uno dei più grandi dell'antichità. — The Roman Empire was one of the greatest in ancient times.

romano, a — Roman

l'**antichità** — antiquity, ancient times

l'**invasione** *f* — invasion
L'invasione di quel paese è stata la causa della guerra. — The invasion of that country was the cause of the war.

invadere — invade

anzi — on the contrary; even

la **ribellione** — rebellion, uprising
Non sempre la ribellione nuoce, anzi spesso è necessaria. — A rebellion is not always harmful, sometimes it is even necessary.

nuocere — harm

la **resistenza** — resistance
Il popolo ha fatto molta resistenza, ma è stato sconfitto. — The people offered much resistance, but they were defeated.

sconfiggere — defeat, conquer

scavare — excavate, dig up

gli scavi *pl* — excavations
In questa zona ci sono scavi che meritano di essere visti. — In this area there are excavations that deserve a visit.

il **Novecento** — twentieth century
Il Novecento è il secolo delle grandi rivoluzioni tecniche. — The twentieth century is the century of the great technological revolutions.

Philosophy

la **filosofia**
Mi occupo molto delle filosofie orientali.

philosophy
I'm very concerned with Oriental philosophies.

occuparsi

busy oneself, concern oneself

il **filosofo**
Kant è uno dei filosofi occidentali più famosi.

philosopher
Kant is one of the most famous Western philosophers.

la **coscienza**

conscience; knowledge; consciousness

La coscienza di sé è fondamentale per ogni essere umano.

Self-consciousness is fundamental for every human being.

il **diritto**
E' logico che tu rispetti i diritti degli altri.

right
It's logical that you should respect the rights of others.

l'**elemento**

element

l'**essere** *m*

being

umano, a

human

assoluto, a
Non si tratta di un elemento assoluto, ma è valido lo stesso.

absolute
Even if it doesn't concern an element of absolute significance, it's still valid.

valido, a

valid

relativo, a
Tutto è relativo a questo mondo.

relative
Everything in this world is relative.

la **ragione**
La ragione non va sempre d'accordo con i sentimenti.

reason
Reason and feelings are not always in agreement.

reale

real

individuale

individual

il **pensiero**

thought

la **realtà**
La realtà è ben diversa da quello che pensi tu.

reality
Reality is different from what you think.

fondamentale

fundamental

logico, a

logical

il **motivo**
I nostri motivi non sono certo
logici, ma morali sì!

motive, cause, ground
Our motives are certainly not
logical, but they are moral.

morale

moral

---

la **categoria**
Anche le idee possono essere
raccolte in categorie.

category
Ideas also can be summed
up in categories.

il **concetto**

concept, idea, thought

elementare

elementary; elemental

essenziale
A me interessano solo le cose
essenziali.

essential
Only the essential things interest
me.

orientale

Oriental, Eastern

occidentale

Western

l'**impronta**
Quel grande filosofo ha lasciato la
sua impronta in tutta la filosofia
occidentale.

stamp, mark, impression
That great philosopher left his
mark on all of Western philosophy.

il **manifesto**
Hai letto il "Manifesto" di Marx?

manifesto
Have you read Marx's *Communist
Manifesto*?

ragionare
Ti prego di non perdere la
testa e di ragionare con calma.

argue; discuss
Please don't lose your head;
discuss things calmly.

razionale
Se useremo un metodo razionale,
non avremo problemi.

rational
If we use a rational method,
we'll have no problems.

assurdo, a
Quest'ipotesi è troppo assurda
per essere accettata.

absurd
This hypothesis is too
absurd to be accepted.

immaginario, a

imaginary

l'**ipotesi** *f*

hypothesis

la **teoria**
Su quali elementi si basa quella
teoria?

theory
On what elements is that theory
based?

il **metodo**

method

la **questione**
Ti assicuro che è una questione
reale e non immaginaria.

question; proposition
I assure you that it is a real
question, not an imaginary
one.

| il **principio** | principle |

Visual Arts

il **tesoro**
L'Italia è piena di tesori d'arte.

treasure
Italy is full of art treasures.

il **quadro**
I quadri di quel pittore hanno
tutti un grande valore.

picture, painting
That painter's pictures
all have great value.

la **tela**
E' un dipinto su tela?

canvas
Is it a painting on canvas?

il **pittore**, la **pittrice**
No, la pittrice preferisce le tavole.

painter
No, the painter prefers wooden
panels.

il **dipinto**

painting

la **pittura**
Ti interessi di pittura moderna?

painting
Are you interested in modern
painting?

l'**originale** *m*
Questa è davvero una copia
perfetta dell'originale.

original
This is truly a perfect copy
of the original.

disegnare
Quand'ero piccola disegnavo
molto, ora non più.

draw
As a child I drew a lot,
but not anymore.

l'**esposizione** *f*

exhibition, show

la **galleria**
Nella galleria di Via Margutta
c'è una bellissima esposizione.

gallery
In the gallery on Via Margutta
there's a wonderful
exhibition.

il **museo**
Quanti musei ci sono in questa
città?

museum
How many museums are there in
this city?

l'**acquisto**

acquisition

acquistare
Il nostro museo ha acquistato
un quadro di Modigliani.

acquire
Our museum has acquired a
painting by Modigliani.

il, la **custode**

museum attendant

la **scultura**
Mi piace molto la scultura moderna.

sculpture
I like modern sculpture very
much.

clàssico, a
Io preferisco le sculture classiche.

classical
I prefer classical sculptures.

il **monumento**
Questi monumenti sono famosi, ma li trovo molto brutti.

monument
These monuments are famous, but I find them very ugly.

l'**arco**
Ci incontriamo vicino all'Arco di Augusto, va bene?

arch
We'll meet near the Arch of Augustus, okay?

l'**acquarello**

watercolor

l'**affresco**
Hai già visto gli affreschi della Cappella Sistina dopo i restauri?

fresco
Have you seen the frescos in the Sistine Chapel since the restorations?

colorato, a
Non mi piacciono i disegni colorati, li preferisco in bianco e nero.

colored, tinted
I don't like colored drawings, I prefer black-and-white ones.

la **cornice**
Mi servono due cornici per gli acquarelli che ho comprato ieri.

frame
I need two frames for the watercolors that I bought yesterday.

dipìngere
Massimiliano sa dipingere molto bene.

paint
Massimiliano can paint very well.

il **ritratto**
Sì, ha fatto un ritratto del figlio meraviglioso.

portrait
Yes, he painted a marvelous portrait of his son.

la **pinacoteca**
Sei mai stato alla Pinacoteca di Brera?

picture gallery
Have you ever been in the Brera Pinacoteca?

lo **schizzo**
Il pittore mi ha pregato di esaminare gli schizzi che ha preparato.

sketch
The painter asked me to examine the sketches that he had done.

sostituire, sostituisco
Sì, ma dovrebbe sostituire la cornice con un'altra più moderna.

replace, substitute
Yes, but the frame should be replaced with a different, more modern one.

l'**espressione** *f*
A me piace molto l'espressione del viso.

expression
I like the facial expression very much.

il **disegno**	drawing
inaugurare Hanno inaugurato la mostra di quello scultore proprio ieri sera.	open; inaugurate The sculptor's show opened last night.
la **mostra**	show, exhibition
l'**inaugurazione** *f* Lo so, all'inaugurazione c'era tantissima gente.	opening; vernissage I know, a great many people were at the opening.
il **critico d'arte**	art critic
lo **scultore**, la **scultrice**	sculptor, sculptress
scolpire, **scolpisco**	sculpture; carve; chisel
contemporaneo, a Ti piace quello scultore contemporaneo?	contemporary What do you think of that contemporary sculptor?
restaurare Hanno restaurato gli affreschi della Cappella Sistina.	restore The frescoes of the Sistine Chapel have been restored.
il **rilievo**	relief
il **mosaico** Avete già visto i mosaici di Ravenna?	mosaic Have you seen the Ravenna mosaics yet?
barocco, a Non mi piace l'arte barocca.	baroque Baroque art doesn't appeal to me.

Literature

la **letteratura** Conosco bene sia la letteratura tedesca che quella italiana.	literature I know both German and Italian literature well.
il **libro** Quale libro ha vinto il Premio Bagutta quest'anno?	book Which book won the Bagutta Prize this year?
il **premio**	prize
il **poeta**, la **poetessa** I poeti romantici tedeschi sono famosi anche in Italia.	poet The German Romantic poets are also famous in Italy.
la **poesia**	poem

il **verso**
Ho letto dei versi bellissimi, ma non conosco il titolo della poesia.

verse
I read some beautiful verses, but I don't know the title of the poem.

lo **scrittore**, la **scrittrice**
Secondo me quello scrittore non ha molto talento.

writer
In my opinion that writer doesn't have much talent.

il **talento**

talent

l'**opera**

work

il **romanzo**
La traduzione di quel romanzo è ottima.

novel
The translation of that novel is excellent.

la **traduzione**

translation

il **giallo**
I romanzi "gialli" in Italia hanno preso questo nome dal colore della copertina.

mystery novel ("yellow")
In Italy, mystery novels take their name from the [yellow] color of the book cover.

il **libro giallo**
Se passi in libreria, comprami qualche libro giallo.

mystery novel ("yellow book")
If you go to the bookshop, buy me some whodunits!

la **libreria**

bookshop

la **copertina**

book cover, jacket

il **racconto**
Il racconto ha per sfondo il periodo tra le due guerre mondiali.

story, tale, narrative
The background of the story is the period between the two world wars.

lo **sfondo**

background

il **rilievo**
In quel racconto viene messo molto in rilievo il paesaggio.

importance; prominence
In that story the landscape has great importance.

impressionante

impressive

il **lettore**, la **lettrice**
Tutti i lettori erano d'accordo sulla qualità del libro.

reader
All the readers were in agreement about the book's quality.

la **biblioteca**
Abbiamo una biblioteca molto ricca, vuoi vederla?

library
We have a very rich library, would you like to see it?

ispirare
Sembra che sia stata una donna
bellissima ad ispirargli la sua lirica.

inspire
It seems that a very beautiful
woman inspired his lyric poetry.

la **lirica**

lyric poetry

stupendo, a
Questa poesia ha un ritmo
stupendo.

wonderful, splendid
This poem has a wonderful
rhythm.

il **ritmo**

rhythm

il **metro**

meter

la **rima**
Non fa rima, non senti?

rhyme
It doesn't rhyme, can't you
tell?

l'**immaginazione** *f*
Ci vuole molta immaginazione per
capire tutti i suoi simboli.

imagination
A great deal of imagination is
needed to understand all his
symbols.

il **simbolo**

symbol

l'**illustrazione** *f*
In questo libro ci sono delle
illustrazioni veramente ottime.

illustration, picture
In this book there are really
wonderful illustrations.

creativo, a
Quello scrittore ha avuto un periodo
molto creativo cinque anni
fa.

creative
That writer had a very
creative phase five years
ago.

l'**elaborazione** *f*

elaboration; creation

il **capitolo**
Quanti capitoli hai già scritto?

chapter
How many chapters have you
written?

la **favola**
Avete già letto le favole dei fratelli
Grimm?

fable, fairy tale
Have you read Grimms' fairy
tales?

il **capolavoro**
L'ultima novella di questo autore è
veramente un capolavoro.

masterpiece
This author's last novella is
really a masterpiece.

il, la **protagonista**
E' piaciuta anche a me, soprattutto
per la figura del protagonista.

protagonist
I liked it too, especially the
figure of the protagonist.

soprattutto

above all; especially

l'**autore**, l'**autrice**

author

la **novella**

novella

lo **stile**	style
Ammiro molto lo stile di quella scrittrice americana.	I greatly admire the style of that American writer.
il **diario**	diary
I diari di Ernst Jünger vanno annoverati fra i più importanti di questo secolo.	Ernst Jünger's diaries are numbered among the most important of this century.
annoverare	number
la **lettura**	reading
il **narratore**, la **narratrice**	narrator, storyteller
Ascolto con piacere i narratori dei vecchi tempi.	I like to listen to the storytellers of olden times.
il **volume**	volume
Mi puoi prestare quel volume di poesia?	Can you lend me that volume of poetry?
l'**indice** *m*	index
l'**introduzione**	introduction
Devi leggere anche l'introduzione, è molto importante.	You need to read the introduction too; it's very important.
importante	importante

Music

la **musica**	music
Se non ti dispiace, preferirei sentire musica classica.	If you don't mind, I'd rather hear classical music.
musicale	musical
Quella ragazza ha un orecchio molto musicale.	That girl has a very musical ear.
la **nota**	musical note
Sai leggere le note?	Can you read musical notes?
la **melodia**	melody
Non conosco questa melodia.	I don't know this melody.
la **voce**	voice
Che bella voce! Dovresti studiare canto.	What a lovely voice! You should study singing!
l'**arte** *f*	art
Mi piacerebbe, ma è un'arte di cui è difficile vivere.	I would enjoy that, but it's an art that is hard to live on.

il **tenore**
Questo tenore è celebre in tutto il mondo.

tenor
This tenor is famous worldwide.

celebre

famous, celebrated

il, la **cantante**

singer

cantare
La canzone è bella, ma non mi piace come la cantano.

sing
The song is lovely, but I don't like the way it is sung.

la **canzone**

song

l'**artista** *mf*

artist

il **disco**

record

la **sinfonia**
Mauro mi ha regalato il disco della sinfonia di Beethoven che amo tanto.

symphony
Mauro gave me a recording of the Beethoven symphony that I love so much.

dirigere
Chi dirigerà l'orchestra stasera?

direct
Who will direct the orchestra this evening?

suonare
Quei ragazzi non sono molto famosi, ma suonano benissimo.

play; sound
The boys aren't very well known, but they play extremely well.

lo **strumento musicale**
Lo strumento musicale che ascolto più volentieri è il piano.

musical instrument
The musical instrument that I most like to hear is the piano.

volentieri

gladly

il **violino**
Veronica sta imparando a suonare il violino.

violin
Veronica is learning to play the violin.

il **piano**

piano

il **tasto**
I tasti di quel vecchio piano sono tutti gialli.

key
The keys of that old piano are all yellow.

la **chitarra**
Ti piace di più la chitarra elettrica o quella classica?

guitar
Do you prefer electric guitar or classical?

la **batteria**
A quest'ora non puoi suonare la batteria, pensa ai vicini!

percussion, drums, battery
You can't play the drums at this hour; think of the neighbors!

il, la **musicista**
Quella città è sempre stata la patria
di grandi musicisti.

musician
That city has always been the
home of great musicians.

il **tono**
Hai sentito che tono ha questa
tromba?

tone; key; sound
Did you hear what kind of tone
that trumpet has?

maggiore

major

minore
Penso che sia meglio usare il tono
minore.

minor
I think it's better to use the minor
key.

il **conservatorio**
Alessandro studia al conservatorio
per diventare compositore.

conservatory
Alessandro is studying at the
conservatory to become a composer.

il **concorso**

Ha vinto un posto di studio
facendo un concorso.

competition; competitive
examination
He was admitted to study
after a competitive exam.

il **compositore**, la **compositrice**

composer

la **composizione**

composition

assistere a
Ho assistito alla rappresentazione del
balletto "Lo schiaccianoci" alla
Scala di Milano.

attend; participate in
I attended a performance of the
ballet *The Nutcracker* at La Scala
in Milan.

la **danza**
Trovo che questa musica non sia
troppo adatta per una danza.

dance
I think that that music is not
very suitable for dancing.

sinfonico, a

symphonic

il **direttore d'orchestra**
Pare che ci sia un nuovo direttore
d'orchestra, ne sai qualcosa?

(orchestra) conductor
They say there's a new conductor
here, do you know anything about it?

il **suono**

sound

il **flauto**
Il suono del flauto è dolcissimo.

flute
The sound of the flute is very sweet!

la **tromba**

trumpet

l'**organo**
E' bellissimo sentire l'organo
in una vecchia cattedrale.

organ
It's wonderful to listen to the
organ in an old cathedral.

la **corda**

string; chord

il **tamburo**
Ai bambini piace molto suonare il
tamburo.

drum
Children enjoy playing the drum.

General Terms

il **mondo**
Mi piacerebbe vedere tutti i paesi del mondo.

world
I would like to see all the countries in the world.

il **paese**

country

la **bandiera**

flag

la **popolazione**
La popolazione italiana supera i 57 milioni.

population
Italy's population exceeds 57 million.

l'**estero**

foreign countries

emigrare
Molti abitanti della Sicilia e della Calabria emigrano all'estero.

emigrate
Many inhabitants of Sicily and Calabria emigrate.

la **frontiera**
L'apertura delle frontiere favorisce l'incontro tra i popoli.

border
The opening of the borders makes it easier for the peoples to meet.

il **confine**
Li hanno fermati al confine.

border
They were stopped at the border.

fermare

stop

l'**incontro**

meeting, encounter

la **patria**
Tutti amiamo la nostra patria.

native country, motherland
We all love our native country.

l'**emigrato**, l'**emigrata**
In Germania ci sono molti emigrati italiani.

emigrant
In Germany there are many Italian emigrants.

l'**emigrazione** f

emigration

straniero, a
Non è sempre facile vivere in un paese straniero.

foreign; strange
It's not always easy to live in a strange country.

la **presenza**
Data la presenza di molti stranieri, il problema principale è quello dell a lingua.

presence
Because of the presence of many foreigners, the main problem is one of language.

lo **zingaro**, la **zingara**
Gli zingari invece amano girare da un paese all'altro.

gypsy
The gypsies, on the other hand, love to wander from one country to another.

vivere	live
il **linguaggio**	(colloquial) speech; language
il **dialetto**	dialect
In questa zona si parla un dialetto molto antico.	In this area a very ancient dialect is spoken.

Countries

l'**Austria**	Austria
Quest'anno andremo a sciare in Austria.	This year we will go skiing in Austria.
austriaco, a	Austrian
la **Cina**	China
Non sono ancora stata in Cina, e tu?	I've never been in China, how about you?
cinese	Chinese
la **Francia**	France
francese	French; Frenchman, Frenchwoman
Preferisci la cucina francese o quella italiana?	Do you prefer French or Italian cuisine?
la **Germania**	Germany
In Germania ci sono ancora bellissimi boschi.	In Germany there are still beautiful forests.
tedesco, a	German
il **Giappone**	Japan
giapponese	Japanese
Stasera andremo tutti in un ristorante giapponese.	This evening we're all going to a Japanese restaurant.
la **Grecia**	Greece
Conoscete molto bene la storia dell'antica Grecia!	You're very familiar with the history of ancient Greece!
greco, a	Greek
Sì, ed anche i filosofi greci.	Yes, and with the Greek philosophers too.
l'**Inghilterra**	England

inglese

English; Englishman, Englishwoman

Intorno alla casa faremo un prato all'inglese

Around the house we'll lay out an English lawn.

l'**Italia**

Italy

L'Italia è "il paese dove fioriscono i limoni" ha scritto Goethe.

Goethe describes Italy as "the land where the lemon trees bloom."

italiano, a

Italian

Stò imparando l'italiano.

I'm learning Italian.

l'**Olanda**

Holland

olandese

Dutch; Dutchman, Dutchwoman

la **Russia**

Russia

Ho fatto un viaggio in Russia quindici anni fa.

I took a trip to Russia 15 years ago.

russo, a

Russian

la **Spagna**

Spain

I miei amici sono tornati ieri dalla Spagna.

My friends returned from Spain yesterday.

spagnolo, a

Spanish; Spaniard

la **Svizzera**

Switzerland

svizzero, a

Swiss

La Via Appia è una delle strade più antiche del mondo.
The Appian Way is one of the oldest roads in the world.

■ General Administration ■

il **cittadino**, la **cittadina**	citizen
E' ora che diventiamo tutti cittadini d'Europa.	It's time that we all become citizens of Europe.
libero, a	free
il **municipio**	town hall, city hall
il **sindaco**	mayor
Il sindaco inaugurerà il nuovo palazzo comunale domani.	Tomorrow the mayor will dedicate the new town hall.
residente	residing, living; resident
Io sono un'italiana residente all'estero.	I'm an Italian residing abroad.
l'**abitante** *mf*	inhabitant
Quanti abitanti ha questa città?	How many inhabitants does this city have?
l'**amministrazione** *f*	administration
la **burocrazia**	bureaucracy
Anche in questo paese c'è troppa burocrazia.	In this country also there's too much bureaucracy.
l'**organizzazione** *f*	organization
la **manifestazione**	event; demonstration
la **misura**	measure
Queste misure sono state prese dall'amministrazione regionale.	These measures were taken by the regional administration.
l'**ufficio**	office; agency
Stamattina devo andare nei vari uffici per fare tutti i documenti.	This morning I have to go to various agencies to get all the documents.
la **funzione**	function; activity
Che funzione ha Lei in quest'ufficio?	What function do you have in this office?
la **carica**	office; appointment
dettare	dictate; determine, fix
la **guardia**	guard; policeman
Se non troviamo la via domandiamo ad una guardia.	If we don't find the way, we'll ask a policeman.
la **polizia**	police

la **polizia stradale**
Perché la polizia stradale vi ha fatto la multa?

traffic police
Why did the traffic police give you a fine?

il **poliziotto**, la **poliziotta**
A quella manifestazione c'erano molti poliziotti.

policeman, policewoman
There were many policemen at that demonstration.

la **multa**

fine, penalty

la **provincia**
Quante province ha la vostra regione?

province (*rural district*)
How many provinces does your region have?

regionale

regional

la **regione**
L'Italia è divisa in venti regioni.

region
Italy is divided into 20 regions.

federale
La Germania è una repubblica federale.

federal
Germany is a federal republic.

---

la **potenza**

power, strength, might

il **comune**
Ogni provincia è divisa in comuni.

municipality, commune
Each province is divided into municipalities.

comunale

communal, municipal

il **palazzo comunale**

municipal building

la **residenza**

residence

fisso, a

fixed; permanent

il **certificato**

certificate

il **certificato di nascita**
Mi serve il certificato di nascita e quello di residenza.

birth certificate
I need the birth certificate and the residential registration certificate.

la **pubblica amministrazione**
E' compito della pubblica amministrazione dettare il piano dei lavori.

public administration
It's the task of the public administration to determine the work plan.

il **compito**

task, duty

l'**autorità pubblica**

public authority

i **servizi** *pl*
I servizi dell'assistenza sociale sono organizzati molto bene.

services
The social welfare services are very well organized.

l'**assistenza sociale**

social welfare

l'**istituzione** *f*
Si tratta solo di un'istituzione
provvisoria, ma sarebbe bene che
diventasse fissa.

institution
It concerns only a temporary
institution, but it would be
nice if it became
permanent.

l'**associazione** *f*

association

il **membro**
Quanti membri ha la vostra
associazione?

member
How many members does your
association have?

provvisorio, a

provisional, temporary

l'**ente** *m*
Per queste cose sono competenti
gli enti pubblici.

institution; corporation; being
The public institutions are
responsible for these matters.

incaricare

charge, entrust, commission

l'**incarico**
L'ispettore ha ricevuto l'incarico
di controllare le operazioni.

task; assignment
The inspector was given the task
of supervising the operations.

l'**inchiesta**
Chi è stato incaricato di svolgere
l'inchiesta?

investigation, inquiry
Who was assigned to carry
out the investigation?

svolgere

carry out, pursue

la **questura**
La questura è l'organo principale
della polizia in ogni provincia.

police headquarters
The headquarters is the
main police organ in each
province.

principale

principal, chief, main

l'**organo**

organ

il **commissariato**
Dobbiamo andare subito al
commissariato a denunciare il
fatto.

police station
We have to go to the police
station at once to report the
case.

l'**ispettore**, l'**ispettrice**

inspector

sfuggire
All'attenzione dell'ispettore non è
sfuggito nulla della dichiarazione che
hai fatto.

escape; get away
None of the statement you made
escaped the attention of the
inspector.

la **dichiarazione**

statement

Crime

il, la **criminale** Il criminale è stato arrestato stanotte.	criminal The criminal was arrested last night.
il **reato**	crime; misdemeanor
arrestare	arrest
l'**allarme** *m* Abbiamo fatto mettere l'impianto d'allarme anche in casa.	alarm We've had an alarm system put in the house also.
allarmare Ancora non si sa chi ha allarmato la polizia.	alarm; alert It is not yet known who alerted the police.
la **sirena**	siren
indagare Lo so, ma stanno indagando.	investigate I know, but they're investigating.
rubare	steal, rob
il **ladro**, la **ladra** Pare che il ladro abbia rubato proprio tutto.	thief It looks as if the thief really stole everything.
la **banda** Finalmente hanno scoperto il capo di quella banda di ladri.	band The head of that band of thieves was finally found.
il **ricatto**	blackmail, extortion
violentare	rape
il **sospetto** C'è anche il sospetto che abbia violentato la ragazza, ma mancano le prove.	suspicion There's also a suspicion that he raped the girl but there's a lack of evidence.
la **prova**	proof, evidence
provare Non è stato difficile per Luigi provare che era innocente.	prove It wasn't difficult for Luigi to prove that he was innocent.
innocente	innocent, not guilty
il, la **terrorista** Vogliono portare i terroristi in una prigione più sicura.	terrorist They want to move the terrorists to a more secure prison.
la **prigione**	prison

migliorare
Certo, ma dovranno anche migliorare il sistema di isolamento.

improve
All right, but the system of isolation also has to be improved.

isolare

isolate

l'**isolamento**

isolation

---

il **detenuto,** la **detenuta**
Questo detenuto deve essere isolato dagli altri.

prisoner
This prisoner has to be isolated from the others.

evadere

break out, escape

il **delitto**
Nell'Italia del Sud si parlava molto di delitto d'onore in passato, ora non più.

crime, offense, misdeed
In southern Italy there once was much talk of the "crime of honor," but no longer.

l'**onore** m

honor

lo **spaccio**
Lo spaccio di droga più pericoloso è quello nelle scuole.

trade; sale; dealing
The most dangerous sale of drugs is in the schools.

l'**omicidio**
I giornali parlano di omicidio e non di un incidente con la rivoltella.

murder, homicide
The newspapers speak of murder, not of an accident with the revolver.

la **rapina**
Comunque sia, se non avessero fatto la rapina non sarebbe successo niente.

robbery
Be that as it may, without the robbery nothing would have happened.

la **rivoltella**

revolver

sequestrare
La polizia ha sequestrato due rivoltelle.

confiscate, sequester
The police confiscated two revolvers.

lo **sparo**

shot

sparare
Dicono che siano stati in due a sparare e non uno solo.

shoot, fire
They say two persons fired shots, not just one.

il **fucile**
Hai sentito? Questo era un colpo di fucile!

rifle
Did you hear? That was a rifle shot!

il **colpo**

shot; blow

il **rapimento**
Il signor Paolini è stato liberato un mese dopo il rapimento.

abduction
Mr. Paolini was freed one month after the abduction.

liberare	(set) free, liberate
rapire, rapisco Hanno rapito di nuovo un ricco industriale.	abduct Once again a rich industrialist has been abducted.
ingannare Non credo che sia tanto facile ingannare la polizia.	fool, deceive I don't think it's so easy to fool the police.
l'**inganno**	deception
la **truffa** E' stato condannato per truffa ed inganno.	theft, swindle, fraud, trick He was convicted of fraud and deception.
il **tradimento**	betrayal, treachery; treason
tradire, tradisco Se fai così, tradisci la fiducia di tutti.	betray; deceive If you do that, you betray everyone's trust.
il **furto**	theft; burglary, robbery
il, la **delinquente** Il delinquente è riuscito a commettere il furto con un trucco.	delinquent, criminal The criminal succeeded in committing the theft by way of a trick.
commettere	commit
la **mafia** Il fenomeno della mafia tocca ormai tutto il mondo.	Mafia The phenomenon of the Mafia now touches the entire world.
toccare	touch; affect
il **trucco**	trick

System of Justice

la **giustizia**	justice; court
la **legge** La legge protegge i cittadini.	law The law protects the citizens.
legale	legal
proteggere	protect
il **carcere** L'imputato è in carcere già da sei mesi.	prison, jail The accused has been incarcerated for six months now.

sicuro, a

la **fuga**

fuggire
Quel detenuto ha cercato di
fuggire già due volte.

inseguire

l'**imputato**, l'**imputata**

accusare
E' stato accusato di furto.

l'**accusa**
In base all'accusa verrà
fatto un processo penale.

il **processo**

rinviare
Il processo è stato rinviato a marzo.

sospendere

civile

penale

la **causa**
Come è finita la causa civile di
Antonio?

il **giudice**
Il giudice ha dato ragione a lui.

l'**avvocato**, l'**avvocatessa**

la **corte**
La corte si è riunita in camera di
consiglio.

riunirsi

riunire, riunisco

la **carta da bollo**

la **pretura**
Dovete presentare la domanda in
carta da bollo alla pretura.

il **tribunale**

il, la **testimone**
I testimoni sono stati obbligati a
presentarsi in tribunale.

secure, safe

flight, escape

flee, escape
That prisoner has already
tried twice to escape.

pursue, chase; follow up

accused

accuse
He was accused of theft.

accusation, indictment
On the basis of the indictment,
criminal proceedings will be held.

procedure, proceedings, trial

adjourn, postpone, defer
The trial was postponed until
March.

suspend; adjourn; defer

civil

penal

cause; action, suit
How did Antonio's civil suit turn
out?

judge
The judge ruled in his favor.

lawyer

court
The court has assembled in the
conference room.

assemble, gather

reunite, rejoin

stamped paper (*needed for
official certificates or
petitions*)

district court
You have to submit the request on
stamped paper to the district court.

court of justice, tribunal

witness
The witnesses were obliged to
appear before the court.

obbligare

compel, force, oblige

condannare
Il delinquente è stato condannato a quattro anni e cinque mesi.

sentence
The criminal was sentenced to four years and five months.

punire, punisco
Chi testimonia il falso verrà punito.

punish
Anyone who gives false testimony will be punished.

la **costituzione**
Nell'Ottocento ci sono state grandi lotte per ottenere la costituzione.

constitution
In the nineteenth century there were fierce battles over the introduction of the constitution.

lo **statuto**

statute

il **codice**
I due codici più importanti sono quello penale e quello civile.

code; statute book
The two most important codes are the penal code and the civil code.

costituire, costituisco

form, establish

denunciare
Avete già denunciato il fatto?

denounce; report
Have you reported the matter yet?

offeso, a
Sì, perché siamo molto offesi.

offended, injured, affronted
Yes, because we are greatly injured.

la **scomparsa**
Ieri è stata denunciata la scomparsa di altre tre persone.

disappearance
Yesterday the disappearance of three more persons was reported.

il **vigore**

vigor; force (of law)

violare
Hanno violato una vecchia legge in vigore da tanti anni.

violate, infringe
They have violated an old law that has been in force for many years.

vigilare

be vigilant; watch over

la **procura**
Ho dato la procura al miglior avvocato della città.

power of attorney; proxy
I've appointed the best lawyer in town as my attorney.

il **procuratore della Repubblica**
Il procuratore della Repubblica tutela il rispetto della legge.

public prosecutor
The public prosecutor supervises compliance with the law.

la **lite**

litigation, lawsuit

pendente
Questa lite è pendente già da troppo tempo.

pending
This litigation has been pending too long already.

svolgersi	occur, take place, unfold
Il processo si svolgerà a porte chiuse.	The trial will take place behind closed doors.
il compromesso	compromise; settlement
Finirà certo con un compromesso.	It will surely end in a settlement again.
tutelare	protect; supervise
la tutela	guardianship
I figli sono stati affidati alla tutela della madre.	The children were entrusted to the guardianship of the mother.
affidare	entrust
la giuria	jury
Nei tribunali italiani non c'è la giuria come in quelli americani.	In Italian courts there is no jury as there is in American courts.
testimoniare	testify
l'interrogatorio	cross-examination
la condanna	sentence
La condanna è stata molto dura, ma giusta.	The sentence was very harsh, but just.

Military

l'esercito	army
I carabinieri fanno parte dell'esercito.	The carabinieri are part of the army.
militare	military
Giuliano è partito ieri per il servizio militare.	Giuliano left yesterday for military service.
il servizio militare	military service
il soldato	soldier
I soldati andranno in manovra per due settimane.	The soldiers go on maneuvers for two weeks.
il nemico, la **nemica**	enemy
Il nemico ascolta!	The enemy is listening!
il maresciallo	marshal; police inspector
il carabiniere	police officer, gendarme

la **marina**
Lorenzo vuole diventare ufficiale di marina.

navy
Lorenzo wants to become a navy officer.

l'**ufficiale** *m*

officer

il **generale**
Quante stelle ha quel generale?

general
How many stars does that general have?

l'**arma**
Stanno usando le armi più moderne che ci sono.

weapon
They are using the most modern weapons there are.

armato, a

armed

la **bomba**

bomb

esplodere
La bomba è esplosa a pochi metri dalle case.

explode
The bomb exploded a few meters from the houses.

l'**esplosione** *f*

explosion

sfollare
La gente era già sfollata dalla zona.

evacuate; disperse
The people had already been evacuated from the area.

distruggere
L'esplosione ha distrutto tutto il paese.

destroy
The explosion destroyed the entire village.

resistere

resist, offer resistance

la **resistenza**

Mio zio ha combattuto nella resistenza.

resistance; resistance movement
My uncle fought in the resistance.

abbasso
Abbasso la guerra!

down
Down with war!

ritirarsi
L'esercito si è ritirato dopo tre giorni di dure lotte.

retreat
The army retreated after three days of heavy fighting.

la **violenza**

violence

la **vittima**
Anche al giorno d'oggi ci sono troppe vittime della violenza.

victim
Even today there are too many victims of violence.

la **guerra**
Speriamo che non scoppi più nessuna guerra.

war
We hope that there will be no more war.

evviva
Evviva la pace!

long live, hurrah
Hurrah for peace!

la **pace**	peace

la **manovra**	maneuver
la **caserma**	barracks
Chissà se Lili-Marlene aspetta ancora davanti alla caserma!?	I wonder whether Lili Marlene is still waiting in front of the barracks?
la **divisa**	uniform
La nostra divisa è grigioverde, e la vostra?	Our uniform is gray-green, and yours?
l'**uniforme** *f*	uniform
la **spada**	sword
Secondo il regolamento, con quell'uniforme va portata anche la spada.	According to the regulation, the sword is also to be worn with that uniform.
il **regolamento**	regulation
la **marcia**	march
La Lunga Marcia dei cinesi è diventata famosa.	The Long March of the Chinese has become famous.
marciare	march
Sì, come quella dei fascisti che marciarono su Roma nel 1922.	Yes, like that of the fascists who marched on Rome in 1922.
il **missile**	missile
il **conflitto**	conflict
Nell'ultimo conflitto è stato lanciato un numero enorme di missili.	In the last conflict an enormous number of missiles were launched.
lanciare	launch; fire
l'**aggressione** *f*	aggression
l'**assalto**	attack, assault
conquistare	conquer
Ti pare giusto conquistare un paese con l'aggressione?	Do you think it's right to conquer a country by aggression?
la **conquista**	conquest
la **rivolta**	revolt
C'è stata una rivolta militare contro il dittatore.	There was a military revolt against the dictator.
combattere	combat, fight
violento, a	violent
E' stato combattuto in modo violento da entrambe le parti.	There was violent fighting by both sides.

radicale	radical
neutrale	neutral
Il nostro paese non può restare neutrale, anche se lo vorrebbe.	Our country cannot remain neutral, even if it wanted to do so.
il **prigioniero**, la **prigioniera**	prisoner of war
arrendersi	surrender
I soldati si sono arresi e sono stati fatti prigionieri.	The soldiers surrendered and were taken prisoner.
la **commissione**	commission
il **disarmo**	disarmament
La commissione internazionale per il disarmo si è riunita ieri.	The international commission on disarmament met yesterday.
l'**entusiasmo**	enthusiasm
il **trionfo**	triumph
Il trionfo dell'esercito ha suscitato un grande entusiasmo.	The triumph of the army aroused great enthusiasm.
suscitare	arouse; stir; cause

Domestic Political Order

lo **Stato**	state
Lo Stato deve difendere il suo territorio.	The state has to defend its territory.
difendere	defend
il **territorio**	territory
statale	state, of the state
il **popolo**	people
La democrazia è il governo del popolo.	Democracy means government by the people.
la **democrazia**	democracy
il **partito**	party
Gioacchino è diventato segretario del partito socialista.	Gioacchino became head of the Socialist Party.
il, la **presidente**	president
Chi è ora Presidente della Repubblica?	Who is President of the Republic now?
il **capo del governo**	head of government
Non ricordo il nome, ma ti posso dire chi è il Capo del governo.	I can't recall the name, but I can tell you who the head of government is.

il **parlamento**
Il parlamento ha grosse difficoltà perché l'opposizione è molto forte.

parliament
The parliament has great difficulty, because the opposition is very strong.

l'**opposizione** *f*

opposition

il **deputato**, la **deputata**
Il parlamento italiano è composto dalla Camera dei Deputati e dal Senato.

member of parliament, deputy
The Italian Parliament consists of the Chamber of Deputies and the Senate.

il **governo**

government

il **crollo**

collapse, downfall; failure

crollare
Il governo è crollato di nuovo.

collapse, crash
The government has collapsed once more.

il **ministro**
Dopo la crisi del governo il ministro Rossi si è ritirato.

minister
After the government crisis Minister Rossi resigned.

ritirarsi

resign; withdraw; retire

votare
Votare è un diritto ma anche un obbligo civile.

vote
Voting is a right, but also a civic duty.

il **favore**
A favore di chi voterai?

favor
In whose favor will you vote?

la **femminista**
Non credo che darò il mio voto alle femministe.

feminist
I don't think that I'll give my vote to the feminists.

il **voto**

vote

favorevole

favorable

la **politica**
Non riusciamo più a capire la politica del nostro paese.

politics; policy
We are no longer able to understand the politics of our country.

il **politico**

politician

la **critica**
La critica è stata feroce con i politici del partito di destra.

criticism
The criticism of the politicians of the right-wing party was fierce.

pubblico, a
Sono in atto molte riforme del diritto pubblico e di quello privato.

public
Many reforms of public law and civil law are being enacted.

privato, a

private; civil (law)

la **riforma**

reform

la **repubblica**
La repubblica è una forma di governo democratico molto antica.

republic
The republic is a very ancient form of democratic government.

democratico, a

democratic

socialista

socialist

comunista
Il partito comunista sta attraversando una grave crisi.

communist
The Communist Party is going through a serious crisis.

democristiano, a
Il partito democristiano spera di avere la maggioranza dei voti.

Christian Democrat
The Christian Democratic Party hopes to have a majority of votes.

repubblicano, a

republican

la **Camera dei deputati**
La Camera dei deputati italiana conta attualmente 630 membri.

Chamber of Deputies
The Italian Chamber of Deputies currently numbers 630 members.

il **senato**
Il Senato ha sede a Palazzo Madama.

senate
The seat of the Senate is Palazzo Madama.

la **sede**

seat

la **maggioranza**

majority

la **minoranza**

minority

governare
Per governare ci vuole la maggioranza.

govern
To govern, a majority is necessary.

il **potere**

power

il **ministero**
Mi può dire, per favore, dov'è la sede del Ministero degli Esteri?

ministry
Can you please tell me where the seat of the Foreign Ministry is?

le **elezioni** *pl*
A chi darai il tuo voto alle prossime elezioni?

elections
For whom will you vote in the upcoming elections?

l'**elettore**, l'**elettrice**

voter

eleggere
Puoi eleggere solo le persone indicate nell'elenco.

elect; vote for; choose
You can vote only for the persons whose names are on the list.

l'**elenco**

list; index

il **bollettino** Hai letto l'ultimo bollettino regionale?	bulletin; report Have you read the last regional report?
il **dittatore**	dictator
corrotto, a	corrupt
il **sistema** Secondo l'opinione pubblica questo sistema è troppo corrotto.	system According to public opinion this system is too corrupt.
spiare	spy
la **spia** *mf* Vorrei sapere quante spie lavorano in questo ministero!	spy I would like to know how many spies work in this ministry!
lo **spionaggio**	espionage

▬▬▬ International Relations ▬▬▬

la **nazione**	nation
la **comunità** L'Italia e la Germania fanno parte della Comunità Europea.	community Italy and Germany belong to the European Community.
l'**integrazione** *f*	integration
la **conferenza** Dove avrà luogo la conferenza dei ministri?	conference Where will the conference of ministers take place?
il **congresso** Siamo appena tornati da un congresso internazionale molto i nteressante.	congress; meeting; conference We've just returned from a very interesting international congress.
la **riunione**	meeting; gathering; reunion
il **dialogo** Il dialogo fra i popoli europei è diventato molto più intenso.	dialogue The dialogue among the peoples of Europe has become much more intense.
internazionale	international
liberamente	freely

il **mondo**
Tutti desideriamo la pace nel mondo.

world
We all want peace in the world.

la **posizione**

position

la **discussione**
Questa discussione deve servire a chiarire la posizione politica di ciascuno di noi.

discussion
This discussion should serve to make clear the political position of each one of us.

ciascuno, a

each, every one

diplomạtico, a

diplomatic

il **cọnsole**
Mio figlio vuole fare la carriera diplomatica e diventare console.

consul
My son wants to be a career diplomat and become a consul.

il **privilegio**

privilege

la **monarchịa**
La monarchia esiste ancora in diversi paesi europei.

monarchy
Monarchy still exists in several European countries.

la **Comunità Europẹa**

European Community

unire, unisco
Se quegli stati uniranno le loro forze, potranno fare molto di più.

unite, unify
If those states unite their forces, they can achieve much more.

l'**unione** f

union; unity, concord

l'**autonomịa**

autonomy

autọnomo, a
Il Trentino-Alto Adige è una regione autonoma.

autonomous
Trentino-Alto Adige is an autonomous region.

l'**indipendenza**
Autonomia ed indipendenza non sono la stessa cosa.

independence
Autonomy and independence are not the same thing.

negoziare

negotiate

la **trattativa**
Nei prossimi giorni avranno inizio le trattative tra i due paesi.

negotiation
In the next few days, negotiations between the two countries will begin.

il **vẹrtice**
Questo sarà un incontro al vertice.

summit
This will be a summit meeting.

la **sfida**

challenge, defiance

progredire, progredisco
L'idea europea è progredita nel corso degli anni.

progress; advance; develop
The European idea has progressed over the years.

disporre

dispose; have available

la disposizione
Bisogna osservare le disposizioni in vigore.

disposition; disposal; decree
The decrees in force have to be observed.

osservare

observe, adhere to

l'ambasciata
Per queste pratiche devi rivolgerti all'ambasciata e non al consolato.

embassy
In these matters you have to address yourself to the embassy, not the consulate.

la pratica

affair, matter; documents

il consolato

consulate

l'asilo
La gente che è scappata dal proprio paese ha trovato asilo qui.

asylum
The people who fled their country have found asylum here.

scappare

escape, flee

l'esilio
Durante il periodo fascista molte persone sono andate in esilio.

exile
During the fascist era many people went into exile.

la solidarietà
La solidarietà è un regalo ed un privilegio per chi la riceve.

solidarity
Solidarity is a gift and a privilege for the person who experiences it.

Ci sono sempre delle riunioni grandi prima di un'elezione.
There are always large meetings before any election.

Geography

la **geografia**
A scuola ho sempre studiato con piacere la geografia.

geography
In school I always liked studying geography.

il **nord**
Il lago di Garda si trova nel nord d'Italia.

north
Lake Garda is in the north of Italy.

il **sud**
A sud di Monaco incominciano le Alpi.

south
South of Munich begin the Alps.

l'**est** *m*
Soffia un vento gelido dall'est.

east
An ice-cold wind is blowing from the east.

l'**ovest** *m*
L'ovest dell'Europa si avvicina all'est.

west
The west of Europe is approaching the east.

il **polo**

pole

il **globo**
Hai fatto bene a regalare un globo ai tuoi figli.

globe
Giving your children a globe was a good thing to do.

il **continente**
Le due Americhe vengono chiamate continente nuovo.

continent
America is also called the "New World."

l'**America**	America
americano, a	American
l'**Africa**	Africa
africano, a	African
il **negro**, la **negra**	African American; black
l'**Europa**	Europe
europeo, a	European
indiano, a	Indian
l'**Asia**	Asia

Africa, Europa ed Asia vengono chiamate continente antico.

Africa, Europe, and Asia are called the "Old World."

asiạtico, a	Asiatic, Asian
l'**Australia**	Australia
australiano, a	Australian
l'**Oceania**	Oceania
L'Australia e l'Oceania sono dette continente nuovissimo.	Australia and Oceania are called the "Newest World."
il **meridiano**	meridian, degree of longitude
A Greenwich passa il meridiano zero.	The prime meridian passes through Greenwich.
meridionale	southern
Nell'Italia meridionale ci sono molti vulcani.	In southern Italy there are many volcanoes.
settentrionale	northern
In quella settentrionale invece sono le montagne più alte.	In northern Italy, however, are the highest mountains.
l'**occidente** *m*	west, occident
Ad occidente c'è il Mar Tirreno, ad oriente l'Adriatico.	To the west is the Tyrrhenian Sea, to the east, the Adriatic.
l'**oriente** *m*	east, orient

Land

il **paesaggio**	countryside, landscape
Ammiriamo l'armonia di questo paesaggio.	We admire the harmony of this landscape.
l'**armonịa**	harmony
il **panorama**	panorama
la **pianura**	plain, lowland
il **deserto**	desert
vasto, a	vast, extensive
la **foresta**	forest
In questa zona non ci sono più vaste foreste.	In this area there are no longer any vast forests.
il **luogo**	place
Vorrei abitare in un luogo sul mare.	I'd like to live in a place on the ocean.
la **collina**	hill
Preferisci andare in collina o in montagna?	Would you rather go to the hills or the mountains?

la **montagna**	mountain
l'**eco** Senti com'è forte l'eco su queste montagne!	echo Hear how strong the echo is in these mountains!
il **vulcano** Il Vesuvio e l'Etna sono i due vulcani più famosi in tutta l'Europa.	volcano Mt. Vesuvius and Mt. Etna are the two most famous volcanoes in all of Europe.
avvicinarsi	approach, come near
il **terremoto** Gli animali sentono prima dell'uomo l'avvicinarsi di un terremoto.	earthquake Animals sense sooner than humans that an earthquake is approaching.
la **scossa**	shock
la **valanga** La scossa ha causato una valanga che ha coperto molte case.	avalanche The shock caused an avalanche, which buried many houses.
la **zona** Qui comincia la zona del deserto.	zone, area, belt Here begins the desert zone.
la **superficie** La penisola italiana ha una superficie di 301.278 km.	surface The Italian peninsula has a surface area of 301,278 kilometers.
la **roccia** In alcune zone ci sono case scavate nella roccia.	rock, cliff In some areas there are dwellings dug in the rock.
caratteristico, a Quelle colline hanno una forma molto caratteristica.	characteristic, typical Those hills have a very characteristic shape.
il **monte**	mountain, mount, hill
la **cima** Siamo saliti fino in cima al monte.	peak We climbed to the very peak of the mountain.
la **valle**	valley
circondare La valle è circondata da alti monti.	surround, encircle The valley is encircled by high mountains.
estendersi	extend

| il **ghiacciaio** | glacier |
| Il ghiacciaio si estende per molti chilometri quadrati. | The glacier extends over many square kilometers. |

Water

il **mare**	ocean, sea
mosso, a	agitated; rough
la **riva**	bank; shore; seashore
Com'è bello stare seduti in riva al mare!	How nice it is to sit on the seashore!
il **golfo**	gulf
Il Golfo di Napoli è uno dei più belli d'Italia.	The Gulf of Naples is one of Italy's loveliest.
l'**isola**	island
pescare	fish
Quell'isola è il posto ideale per andare a pescare.	That island is the ideal place to go fishing.
lo **scoglio**	reef; rock
Hai già sentito la leggenda dello scoglio di Lorelei?	Have you ever heard the legend of the Lorelei Rock?
la **costa**	coast
L'Italia, isole comprese, ha circa 7500 km di coste.	Italy, including the islands, has about 7500 km of coast.
l'**orizzonte** m	horizon
La nave è sparita lentamente all'orizzonte.	The ship slowly disappeared on the horizon.
sparire, sparisco	disappear
il **fiume**	river
Il Po è il più grande fiume italiano.	The Po is the longest Italian river.
attraversare	cross, traverse
Sì, ed attraversa la grande pianura alla quale dà il nome.	Yes, and it traverses the great plain to which it gave its name.
scorrere	flow
la **cascata**	waterfall

il **lago**
In Italia ci sono anche molti laghi.

lake
In Italy there are also many lakes.

l'**oceano**
Per arrivare in quel paese si deve attraversare l'oceano.

ocean
To reach that country, you have to cross the ocean.

la **marea**
E' bello camminare sulla spiaggia con la bassa marea, ed uscire in barca con quella alta.

tides
It's nice to walk along the beach at low tide and to go out in the boat at high tide.

marino, a

of the sea, marine, nautical

mediterraneo, a

Mediterranean

la **penisola**
La penisola italiana ha proprio la forma di uno stivale.

peninsula
The Italian peninsula really has the shape of a boot.

la **fonte**

spring, source, fountain

la **sorgente**
Nell'isola d'Ischia ci sono molte sorgenti di acque minerali.

source, spring, fountain
On the island of Ischia there are many mineral springs.

sommergere
L'acqua del fiume ha sommerso tutta la valle.

submerge, flood, swamp
The river has flooded the entire valley.

Il sole tramonta all'orizzonte, mentre il fiume scorre verso il mare.
The sun sets in the horizon, while the river flows to the sea.

Weather

il **tempo**
Forse veniamo domani, dipende
tutto dal tempo però.
Che tempo fa da voi?

weather
Perhaps we'll come tomorrow,
but it all depends on the weather.
What is the weather like where
you live?

típico, a

typical

il **cambiamento**
Abbastanza bello, anche se qui
sono tipici i cambiamenti rapidi.

change
Quite nice, though rapid
changes are typical.

il **cielo**

sky

coperto, a
Oggi il cielo è tutto coperto.

covered; overcast
The sky is completely overcast today.

il **sole**

sun

splendere
Secondo le previsioni il cielo sarà
sereno e splenderà il sole.

shine
According to the forecast the sky
will be clear and the sun will shine.

la **nuvola**

cloud

nuvoloso, a

cloudy

il **vento**
Per fortuna il vento ha
portato via tutte le nuvole.

wind
Luckily the wind has driven
away all the clouds.

soffiare
Sì, soffiava molto forte.

blow
Yes, a strong wind was blowing.

il **soffio**

breath; puff, gust, blast

il **grado**

degree

fresco, a
Qui l'aria è fresca e pulita.

fresh
Here the air is fresh and clean.

il **caldo**

heat

scaldare

warm, heat

il **freddo**
Ieri faceva più caldo, oggi
c'è un freddo intenso.

cold
Yesterday it was warmer;
today it's very cold.

l'**aria**

air

piovere
In alcune regioni dell'Italia spesso
non piove per diversi mesi.

rain
In some regions of Italy it often
doesn't rain for several months.

bagnato, a	wet
ụmido, a	damp, moist
Non camminare a piedi nudi, la terra è ancora umida.	Don't go around barefooted, the ground is still damp!
bagnarsi	get wet
Con questa pioggia mi sono bagnata tutta.	In this rain I got completely drenched.
la **pioggia**	rain
E' caduta poca pioggia ed i prati sono appena bagnati.	It rained only a little, and the meadows barely got damp.
l'**arcobaleno**	rainbow
il **temporale**	storm, thunderstorm
violento, a	violent
Quest'estate abbiamo avuto temporali molto violenti.	This summer we had violent thunderstorms.
afoso, a	humid
Sì, e l'aria era sempre afosa.	Yes, and the air was always humid.
nevicare	snow
Ha nevicato tutta la notte.	It snowed all night.
la **neve**	snow
La neve cadeva lenta e silenziosa.	The snow fell slowly and silently.
silenzioso, a	silent, quiet, still
gelare	freeze
il **ghiaccio**	ice
Bisogna fare attenzione, le strade sono piene di ghiaccio.	You need to be careful, the streets are covered with ice.
la **luce**	light
il **clima**	climate
Com'è il clima da voi?	What is your climate like?

la **previsione**	prediction, forecast
il **bollettino meteorologico**	weather report
Il bollettino meteorologico parlava di nevicate diffuse.	The weather report mentioned widespread snowfall.
diffuso, a	diffuse, spread out
il **periodo**	period of time
In questo periodo sono frequenti anche da noi.	Around this time it frequently snows in our country too.
sereno, a	clear, cloudless

brillare	shine
rispecchiare	reflect
la **temperatura**	temperature
La temperatura è calata in modo estremo durante la notte.	During the night the temperature dropped sharply.
mite	mild
E' vero, ieri era molto più mite.	That's right, yesterday it was much milder.
costante	constant
calare	drop, sink
estremo, a	extreme
passeggero, a	temporary, passing
la **tempesta**	storm
il **tuono**	thunder
Si sentiva da lontano il rumore dei tuoni.	The rumble of thunder was heard from afar.
tuonare	thunder
il **fulmine**	thunderbolt, lightning
E' caduto un fulmine a pochi passi dalla casa.	Lightning struck a few steps from the house.
il **lampo**	lightning; flash
Il cielo era illuminato della luce dei lampi.	The sky was lit up by the light from the lightning.
illuminare	light (up), illuminate
l'**uragano**	hurricane
Gli uragani hanno distrutto moltissimi alberi.	The hurricanes have destroyed a great many trees.
la **grandine**	hail
l'**umidità**	humidity, moisture
Oggi l'aria è piena di umidità.	Today the air is very humid.
la **nevicata**	snowfall
il **fiocco**	flake
il **gelo**	frost; ice, cold
Dopo la nevicata di stanotte è arrivato il gelo.	After the snowfall last night, there was frost.
scivolare	slip, slide, glide
C'è pericolo di scivolare.	There's a danger of slipping.
buio, a	dark
In questa stagione fa buio molto presto.	At this season it gets dark very early.

il **crepuscolo**
La luce del crepuscolo fa
sembrare tutto più morbido.

dusk, twilight
The light of twilight makes
everything seem softer.

l'**ombra**
Al sole fa troppo caldo,
mettiamoci all'ombra.

shade
It's too hot in the sun,
let's sit in the shade.

▬▬ Environmental Problems ▬▬

la **natura**
La natura è in pericolo e dobbiamo
fare di tutto per salvarla.

nature
Nature is in danger, and we have
to do everything possible to save it.

conservare
E' vero, non siamo stati
capaci di conservarla.

conserve, preserve
It's true, we haven't been able
to conserve nature.

l'**ambiente** *m*

environment

la **riduzione**
La riduzione dello strato di ozono
è un problema molto grave.

decrease, reduction
The decrease in the ozone layer is
a very grave problem.

lo **strato**

layer

l'**apparenza**

appearance

l'**inquinamento**
Le apparenze spesso ingannano e non
mostrano il grado di inquinamento.

environmental pollution
Appearances often are deceptive
and do not reveal the degree of
pollution.

mostrare

show, display, reveal

contaminare
Il terreno è contaminato, non
puoi coltivarci niente.

contaminate
The soil is contaminated, nothing
can be grown here anymore.

la **contaminazione**

contamination

la **radiazione**
Queste radiazioni rappresentano
un grande pericolo per la salute.

radiation
This radiation presents a great
danger to health.

il **rapporto**
Hai letto l'ultimo rapporto sulle
condizioni di quel paese?

report
Have you read the latest
report on conditions in that
country?

rapido, a
L'effetto della pioggia acida
è stato molto rapido.

quick, rapid, fast
The effects of the acid rain
became apparent very quickly.

ạcido, a	acid
salvare	save
consịstere Il lavoro più grande consiste ora nell'eliminare tutte le sostanze nocive.	consist The biggest task now consists of disposing of all the harmful substances.
nocivo, a	harmful, noxious
la **conseguenza** La sfida dell'uomo alla natura ha portato conseguenze molto serie.	consequence Man's defiance of nature has had very serious consequences.
serio, a	serious
intenso, a Sono in atto intense ricerche, per lo sfruttamento di materie che non inquinano.	intensive, intense Now under way is intensive research on the use of materials that do not pollute.
in atto	under way, going on
l'**esperienza** Speriamo che l'esperienza ci abbia insegnato quale pericolo corre il nostro ambiente naturale.	experience Let's hope that experience has shown us the dangerous situation of our natural environment.
pericoloso, a	dangerous
il **perịcolo**	danger
la **schiuma**	scum
l'**effetto** L'effetto di quelle schiume è terribile per le acque.	effect That scum has a terrible effect on bodies of water.
rischiare	risk
puzzare Questa sostanza puzza, ma non è pericolosa.	stink This substance stinks, but it's not dangerous.
bruciare I pozzi di petrolio che bruciano sono un incubo che ci accompagnerà per molto tempo.	burn The burning oilfields are a nightmare that will be with us for a long time.
l'**ozono**	ozone

prezioso, a
La nostra atmosfera è troppo
preziosa, non possiamo rischiare di
distruggerla.

precious; valuable
Our atmosphere is too precious;
we can't risk destroying
it.

l'**atmosfera**

atmosphere

ridurre
Bisogna assolutamente ridurre la
quantità di rifiuti che produciamo.

reduce
It's absolutely necessary to
reduce the amount of waste we
produce.

i **rifiuti** *pl*

waste, refuse, garbage

buttar via

throw away

l'**avvertimento**
Non abbiamo capito in tempo
molti avvertimenti.

warning
We have not understood
many warnings in time.

l'**ecologia**
L'ecologia è la scienza che ci
aiuta a salvare l'ambiente.

ecology
Ecology is the science that
helps us save the environment.

l'**inquinamento atmosferico**

air pollution

l'**effetto serra**
Ancora non si sa quali saranno le
conseguenze dell'effetto serra.

greenhouse effect
It is still not clear what the
consequences of the greenhouse
effect will be.

sfruttare
Dobbiamo smettere di sfruttare
la natura in questo modo.

exploit, use
We have to stop exploiting
nature in this way.

lo **sfruttamento**

exploitation, use

inquinare

pollute

l'**incubo**

nightmare

apparire
Questi esperimenti appaiono
molto importanti.

appear, seem
These experiments seem
very important.

l'**esperimento**

experiment

l'**equilibrio**
Non dobbiamo disturbare gli equilibri,
se non vogliamo causare la rovina
del nostro mondo.

equilibrium, balance
We must not disturb the
equilibrium, if we don't want to
cause the ruin of our world.

la **rovina**

ruin

disturbare

disturb

le **immondizie** *pl*
Purtroppo ci sono persone che portano
ancora le immondizie nei boschi.

refuse, garbage
Unfortunately there are people
who still dump their garbage in the
woods.

la **scoria**	slag, dross; waste
E' importante eliminare bene le scorie industriali.	It's important to dispose of industrial waste properly.
eliminare	eliminate, dispose of
sciogliere	dissolve
Perché hai sciolto tutti quei sali?	Why did you dissolve all these salts?
Ora finiscono nella canalizzazione.	Now they'll get into the sewer system.
sciogliersi	melt; dissolve
causare	cause
avvelenare	poison
Tutti quei gas avvelenano l'aria.	All those gases poison the air.
la **canalizzazione**	canalization, sewer system

La natura viene distrutta quando diventa inquinato l'ambiente.
Nature is destroyed when the environment is contaminated.

━━━━━━ **General Terms** ━━━━━━

l'**animale** *m*
animal

la **protezione**
protection
Per fortuna, ora si sta facendo di più per la protezione degli animali.
Luckily more is being done now for the protection of animals.

la **bestia**
animal; beast
Alcune bestie feroci vivono nelle foreste.
Some wild beasts live in forests.

la **femmina**
female
La femmina non ha le piume così belle come il maschio.
The female's plumes are not as pretty as the male's.

il **maschio**
male

la **razza**
breed, race
Di che razza è il tuo cane?
What breed is your dog?

l'**ala**
wing
Quell'uccello ha le ali molto grandi.
That bird has very big wings.

volare
fly

il **muso**
muzzle, snout
Il topo ha il muso piccolo e la coda lunga.
The mouse has a small muzzle and a long tail.

la **coda**
tail

le **penne** *pl*
feathers
Guarda che bel colore hanno quelle penne!
See how beautifully colored those feathers are!

la **zampa**
paw; claw; foot, leg
Il gatto ha una zampa ferita.
The cat has an injured paw.

l'**artiglio**
claw; clutch
Attento agli artigli di quella bestia!
Watch out for the claws of that beast!

velenoso, a
poisonous

mordere
bite

il **morso**
bite
Il morso di quel serpente è velenoso.
The bite of that snake is poisonous.

il **grido**
cry, scream

la **stalla**
La stalla si trova dietro la casa.

stall
The stall is located behind the house.

il **bestiame**
I ragazzi hanno portato il bestiame a pascolare.

cattle, herd of cattle
The boys have taken the cattle to the pasture.

domestico, a
Gli animali domestici sono molto utili e spesso amici dell'uomo.

domestic
Domestic animals are very useful and often are man's friends.

il **nido**
In quell'albero ci sono molti nidi.

(bird) nest
There are many nests in that tree.

la **tana**

den, hole, lair; cave

---

la **fauna**
Giorgio va in Africa per studiare la fauna di quei paesi.

fauna
Giorgio is going to Africa to study the fauna there.

il **rifugio**
Molti animali non possono restare più nel loro ambiente naturale e non sanno dove trovare rifugio.

refuge, shelter
Many animals no longer can remain in their natural environment and don't know where to find refuge.

restare

remain, stay

feroce

wild

docile

tame, docile, tractable

addomesticato, a
I miei amici hanno in casa un piccolo leone addomesticato.

tame; domesticated, tamed
My friends have a tame lion cub in their house.

la **creatura**
Dobbiamo rispettare tutte le creature della terra.

creature
We have to respect all the creatures of the earth.

sopravvivere

survive

selvatico, a
Per molti animali selvatici è diventato difficile sopravvivere.

wild
For many wild animals it has become hard to survive.

selvaggio, a

wild

il **mammifero**
Ci sono alcuni mammiferi che vivono nell'acqua.

mammal
There are some mammals that live in the water.

l'**istinto**

instinct

l'**olfatto**

sense of smell

lo **schẹletro**
In quella montagna hanno trovato degli scheletri antichissimi.

skeleton
In those mountains very ancient skeletons were found.

il **becco**

beak

il **pelo**
La volpe perde il pelo, ma non il vizio.

hair; fur, coat
The fox changes its coat, but not its bad habits.

la **piuma**
Le piume dell'oca vengono usate per fare coperte e giacche.

feather, plume
Goose feathers are used to make comforters and jackets.

la **pinna**

fin

masticare

chew

il **urlo**
Nella notte si sentivano gli urli dei lupi.

howling
In the night the howling of wolves was heard.

leccare
Il gatto si lava leccandosi.

lick
The cat licks itself clean.

la **trạppola**
In cantina ci sono le trappole per i topi.

trap
In the cellar there are mousetraps.

la **rabbia**
La rabbia è una malattia molto pericolosa.

rabies
Rabies is a very dangerous disease.

il **gregge**

herd, flock

Domestic Animals

l'**ạnatra**
Su quel piccolo lago si vedono molte anatre.

duck
Many ducks are seen on that little lake.

il **bụe**
I buoi servono per i lavori nei campi.

ox
Oxen are used to work the fields.

il **cane**

dog

la **capra**
Tu vuoi sempre salvare capra e cavoli!

goat
You always want to have it both ways!

il **cavallo**
E' bello guardare correre i cavalli.

horse
It's nice to watch the horses run.

il **gallo**	rooster
la **gallina**	chicken; hen
Quante uova hanno fatto le galline?	How many eggs did the hens lay?
il **gatto**, la **gatta**	cat
Guarda com'è grazioso quel gattino!	See how cute that kitten is!
grazioso, a	cute; charming
il **maiale**	pig
Quel contadino non alleva più maiali da tanto tempo.	That farmer hasn't raised pigs for a long time now.
allevare	raise
la **mucca**	cow
Le mucche sono tutte sul prato.	The cows are all in the meadow.
il **mulo**	mule
Il mulo è capace di portare molto peso.	The mule is able to carry heavy burdens.
il **asino**	donkey, ass
l'**oca**	goose
la **pecora**	sheep
Qui ci sono molti greggi di pecore.	There are many sheep herds here.
il **piccione**	pigeon
Piazza San Marco è piena di piccioni.	The Piazza San Marco is full of pigeons.
la **traccia**	trace
Sì, e lasciano le loro tracce dappertutto!	Yes, and they leave their traces everywhere!
il **somaro**	donkey, ass

Wild Animals

l'**insetto**	insect
Da queste parti non ci sono molti insetti.	In this area there are not many insects.
la **formica**	ant
Le formiche sono famose per la loro organizzazione di vita.	Ants are famous for their structured existence.

la **farfalla**
Il mio giardino è pieno di farfalle.

butterfly
My garden is full of
butterflies.

la **mosca**

fly

cacciare via
Caccia via quelle mosche dal pesce!

chase away
Chase those flies away from the
fish!

la **zanzara**
Le punture delle zanzare danno
molto fastidio.

mosquito
Mosquito bites are very annoying.

la **vespa**
Sì, ma quelle delle vespe sono
peggio!

wasp
Yes, but wasp stings are
worse!

la **puntura**

sting, bite, puncture

pungere
Mi ha punto una vespa!

sting, puncture
I've been stung by a wasp!

l'**ape** *f*

bee

la **rana**

frog

il **rospo**

toad

sputare
Conosci il modo di dire in italiano
"sputare il rospo"?—Sì, significa
parlare di qualcosa che crea
problemi.

spit
Do you know the Italian idiom
"to spit a toad"?—Yes, it
means to talk about
something that creates
problems.

l'**uccello**

bird

l'**aquila**
L'aquila è stata spesso il
simbolo della potenza.

eagle
The eagle has often been
the symbol of power.

solitario, a
L'aquila viene considerata anche
un animale molto solitario.

solitary; loner
The eagle also is regarded as a
very solitary animal.

la **rondine**
Una rondine non fa primavera.

swallow
One swallow doesn't make a
spring.

il **pappagallo**

parrot

imitare
Senti come il mio pappagallo mi
imita bene!

imitate
Just hear how well my parrot
imitates me!

il **lupo**

wolf

la **volpe**

fox

il l**eo**ne, la **leonessa**	lion, lioness
la **tigre**	tiger
I bambini vanno allo zoo per vedere le tigri.	The children are going to the zoo to see the tigers.
il **coccodrillo**	crocodile
la **scimmia**	ape, monkey
A me invece piace guardare le scimmie.	I'd rather see the monkeys instead.
il **topo**	mouse
la **conchiglia**	shell
Su questa spiaggia si trovano conchiglie molto rare.	On this beach one finds very rare shells.
il **verme**	worm
il **ragno**	spider
I ragni mangiano gli insetti e sono utili.	Spiders eat insects and are useful.
il **r**e**ttile**	reptile
I rettili mi hanno sempre fatto paura.	Reptiles have always scared me.
il **serpente**	snake
la **v**i**pera**	viper
Negli Appennini ci sono le vipere.	In the Apennines there are vipers.
il **cigno**	swan
I cigni sono molto eleganti e ammirati.	Swans are very elegant and much admired.
il **p**a**ssero**	sparrow
la **balena**	whale
La caccia alle balene deve essere proibita.	Catching whales should be prohibited.
l'**elefante** *m*	elephant
L'elefante è il più grosso animale che abbiamo sulla terra.	The elephant is the largest land animal.
l'**orso**	bear
In italiano si paragona all'orso non chi è forte, ma chi è chiuso e non vuole contatti.	In Italy the bear is not a symbol of strength, but of taciturnity.
il **cammello**	camel
Dare del cammello a qualcuno, in italiano non significa niente.	To call someone a camel is not derogatory in Italian.
lo **zoo**	zoo

265

la **gabbia**
Non tutti gli animali sono nelle gabbie, alcuni sono nei recinti.

cage
Not all the animals are in cages, some are in enclosures.

il **recinto**

enclosure; pen

lo **scoperto**
Questi animali dormono allo scoperto anche nello zoo.

open
In the zoo these animals also sleep outside.

Il gallo cerca una gallina.
The rooster is looking for a hen.

General Terms

la **pianta**	plant
il **seme** Dove posso comprare i semi per l'orto?	seed Where can I buy seeds for my vegetable garden?
la **buccia**	peel, rind, skin
la **radice** Questa pianta ha le radici molto profonde.	root This plant has very deep roots.
profondo, a	deep
il **tronco** Nel tronco si può leggere l'età di un albero.	trunk In the trunk one can read the age of a tree.
la **corteccia**	bark, rind; crust
il **ramo**	branch; limb
la **foglia** Queste foglie hanno una forma molto strana.	leaf These leaves have a very strange shape.
cogliere Cogliamo qualche ramo da mettere nel vaso?	gather, collect; pick Shall we gather a few branches to put in the vase?
il **vaso**	vase; pot
il **prato**	meadow
il **bosco** In Germania ci sono molti boschi, più che in Italia.	woods In Germany there are many woods, more than in Italy.
la **coltura**	culture; cultivation
piantare	plant
biologico, a Sono molto di moda le colture chiamate "biologiche".	biological So-called "organic farming" is very fashionable.
la **vegetazione** In questa zona la vegetazione è molto ricca.	vegetation The vegetation is very lush in this area.
vegetale Noi mangiamo molti cibi vegetali.	vegetable; plant We eat many vegetable dishes.

la **specie**	species, kind
seminare Ormai è ora di seminare.	sow Now it's time to sow.
selezionare Uso solo semi che vengono selezionati da esperti.	select I use only seeds selected by experts.
la **selezione**	selection
la **spina**	thorn, spine, prickle
fiorire, fiorisco	bloom, flower
la **pineta** Vicino al mare ci sono molte pinete.	pine wood; pine forest By the ocean there are many pine woods.
la **macchia** Nelle regioni mediterranee ci sono molte macchie.	thicket In the Mediterranean regions there are many thickets.
servirsi	make use of
la **serra** In inverno bisogna servirsi delle serre anche in Italia.	hothouse, greenhouse In Italy we also have to make use of hothouses in winter.

■ Useful Plants ■

l'**uva** L'uva è il frutto della vite.	grape The grape is the fruit of the vine.
il **frutto**	fruit
la **menta**	mint
il **fungo** Anche nei nostri boschi ci sono molti funghi.	mushroom In our woods too there are many mushrooms.
commestibile Questa specie non è commestibile, non confonderla.	edible This species is not edible; don't confuse it with the others!
confondere	confuse; mix
i **legumi** *pl*	legumes
la **verdura** Abbiamo piantato molta verdura nel nostro orto.	vegetables We've planted a lot of vegetables in our garden.

la **lenticchia** — lentil

i **cereali** *pl* — cereals, grain
In questo campo coltiviamo solo cereali. — In this field we grow only grain.

il **grano** — grain, corn, wheat

il **frumento** — wheat

il **mais** — corn
Con la farina di mais si prepara un piatto tipico italiano. — A typical Italian dish is made with cornmeal.

l'**orzo** — barley

l'**avena** — oats
Vorrei dei fiocchi d'avena per colazione. — I would like rolled oats for breakfast.

la **sęgale**, la **sęgala** — rye
A me piace molto il pane di segale, ed a te? — I love rye bread, do you?

▬▬▬ Flowers and Trees ▬▬▬

il **fiore** — flower
Senti che profumo di fiori nell'aria? — Do you smell the scent of flowers in the air?

la **margherita** — daisy, marguerite
Il prato è pieno di piccole margherite. — The meadow is full of tiny daisies.

il **giglio** — lily
Il giglio è il simbolo della purezza. — The lily is the symbol of purity.

la **purezza** — purity

la **rosa** — rose

il **garǫfano** — carnation
Devo prendere un mazzo di rose o di garofani? — Should I take a bunch of roses or carnations?

la **viola** — violet

il **tulipano** — tulip
I tulipani sono fiori di primavera. — Tulips are spring flowers.

il **lillà** — lilac
L'odore dei lillà è molto intenso. — The scent of lilacs is very intense.

marcire <marcisco>
Con tutta questa pioggia i fiori sono marciti.

rot, decompose
With all this rain, the flowers have rotted.

seccare
Voglio far seccare quei fiori
e farne un bel mazzo.

dry
I want to dry the flowers and make a pretty bouquet.

il **mazzo**

bunch, bouquet

l'**albero**

tree

l'**abete** *m*
Anche in Italia si usa l'abete
come albero di Natale.

fir tree, fir; spruce
In Italy too, the fir is used as a Christmas tree.

il **cipresso**
Andiamo a passeggio lungo
il viale dei cipressi.

cypress
We walk along the avenue of cypresses.

il **pino**

pine

la **quercia**
Quell'uomo è forte come una
quercia!

oak
That man is as strong as an oak!

il **sughero**

cork oak

La tomba dell'Imperatore Romano Adriano è un'attrazione turistica.
The tomb of Roman Emperor Hadrian is a tourist attraction.

Settlements

la **città**
La mia città è stata fondata
dagli antichi romani.

city, town
My hometown was founded
by the ancient Romans.

fondare

found

il **quartiere**

quarter, part of town

la **periferia**
Noi preferiamo abitare in periferia.

periphery; edge of town
We prefer to live at the edge of
town.

il **ponte**

bridge

il **centro**
Per favore, mi dice la via
per arrivare in centro?

center, downtown
Please, can you tell me
the way to get downtown?

centrale
Questo è uno dei quartieri centrali.

central
This is one of the central parts of
town.

il **paese**
Gli Appennini sono pieni di
piccoli paesi medioevali.

village
The Apennines are full of tiny
medieval villages.

intorno a
Intorno alla mia città c'è molto
verde.

around
My hometown is surrounded by
green.

il **villaggio**
Era un villaggio di pescatori,
ed ora è un centro turistico.

village
It was a fishing village, but
now it's a tourist center.

dappertutto
Sì, purtroppo hanno
costruito case dappertutto.

everywhere
Yes, unfortunately houses have
been built everywhere.

il **cortile**
Questa casa ha un'uscita sulla
strada ed un'uscita sul cortile.

courtyard
This house has an exit to
the street and one to the
courtyard.

l'**uscita**

exit

uscire
Quando esci ricordati di
chiudere bene tutto.

exit, go out
When you go out, remember
to lock everything well.

aprire
Ho dimenticato la chiave,
puoi aprirmi, per favore?

open
I forgot the key, can you open
the door for me, please?

chiụdere	close, shut; lock
la **chiave**	key
l'**ạngolo** Quest'angolo della città è molto bello.	corner; angle This corner of town is very pretty.
accanto a	near, beside, next to
il **castello** Il castello è dell'epoca medioevale.	castle, fortress This castle is from the Middle Ages.
la **villa**	villa, country house
interno, a	internal, inner, interior
occupare	occupy; take up
esterno, a	external, outer, exterior

intero, a L'intero settore nord è occupato dall'industria.	entire, whole, complete The entire northern sector is occupied by industrial plants.
il **settore**	sector
la **capitale** Ho già visto molte capitali europee.	capital I've already seen many European capitals.
sanitario, a I servizi sanitari della capitale sono ottimi.	health; sanitary The health services of the capital are excellent.
l'**accesso** Non c'è nessuna strada d'accesso qui.	access There's no access road here.
lontano, a Quanto è lontana la tua casa dal centro?	far, remote How far is your house from the center of town?
la **vicinanza** Abito qui nelle vicinanze.	vicinity I live in this vicinity.
il **domicilio** Non abbiamo domicilio in questo paese.	residence We don't have a residence in this village.
l'**edificio** Dov'è l'ingresso dell'edificio?	building Where is the entrance of the building?
il **pọrtico** Dato che piove andremo a fare le spese sotto i portici.	porch, portico, arcade Since it's raining, we'll do our shopping under the arcades.

il **posto** Questo posto mi piace molto.	place, room; post I like this place very much.
vantare Vanta una tradizione di secoli come punto d'incontro nella nostra città.	boast It boasts a centuries-long tradition as a meeting place in our city.
la **torre** Hai già visto la torre in fondo ai portici?	tower Have you seen the tower at the end of the arcades yet?
l'**ingresso**	entrance, entry
l'**apertura** Vorrei sapere l'orario di apertura e di chiusura dei musei.	opening I would like to know the hours of opening and closing of the museums.
la **chiusura**	closing
il **cancello** Il cancello di quella villa è sempre chiuso.	railing; barred gate, gate The gate of that villa is always shut.

Urban Infrastructure

la **strada** Tutte le strade portano a Roma.	street, road All roads lead to Rome.
stradale	pertaining to roads
il **blocco** Hanno fatto un blocco stradale a due chilometri dalla città.	blockade, barrier Two kilometers from town a roadblock was set up.
bloccare	block, close
la **via**	street, road, way
il **viale** A Milano ci sono viali lunghissimi.	avenue In Milan there are very long avenues.
la **zona**	zone, area, region
la **piazza** La famosa arena di Verona si trova in Piazza Bra.	square The famous *Arena of Verona* is at the *Piazza Bra*.
il **marciapiede** Cammina sul marciapiede, per favore!	sidewalk Walk on the sidewalk, please!

il, la **passante**

passerby, pedestrian

il **passaggio pedonale**

pedestrian crossing

il **magazzino**

warehouse, storehouse; shop

il **parcheggio**

parking place

parcheggiare
Ora domandiamo ad un passante
dove possiamo parcheggiare.

park
Now we'll ask a passerby
where we can park.

aggiungere
Ha detto di andare avanti fino ai
magazzini, ma ha aggiunto che sarà
difficile trovare posto.

add
He said to go straight ahead till we
get to the warehouses, but added
that it would be hard to find a
place.

attirare
Questa zona non attira molti
turisti.

attract
This area doesn't attract many
tourists.

il **parco**

park

la **panchina**
Sarebbe opportuno che mettessero
più panchine in questo parco.

bench
It would be advisable to put more
benches in this park.

opportuno, a

opportune; convenient; advisable

il **campo da gioco**
Il campo da gioco si trova
accanto al parco.

playground
The playground is located
next to the park.

aumentare
E' ora di aumentare gli spazi
verdi anche nelle grandi città.

increase; enlarge
It's time to increase the amount
of park area in the big cities as
well.

lo **spazio**

space, area

l'**aumento**

increase, raise

la **base**
Qui c'è una grande base militare.

base; foundation
There's a big military base
here.

il **bisogno**
L'aumento deve essere pari al
bisogno.

need
The supply should be equal to the
need.

la **struttura**

structure

allargare
Per fortuna, hanno allargato
l'incrocio, era troppo pericoloso.

widen
Luckily the intersection was
widened; it was too dangerous.

l'**incrocio**

intersection, (road) crossing

il **tratto**
In quel tratto di strada ci sono
spesso lavori in corso.

portion, tract
On that stretch of road there's
often construction in progress.

il **vicolo**
Nella zona vecchia ci
sono vicoli strettissimi.

alley, passage
In the old part of town there
are very narrow alleys.

il **corso**

main street; course

polveroso, a
Questa strada è troppo polverosa.

dusty
This road is too dusty.

il **piazzale**
Per arrivare a Piazzale Matteotti,
devi passare per il corso.

large square, open area
To get to the *Piazzale Matteotti*,
you have to go through the main
street.

il **faro**
Sul molo hanno costruito un grande
faro.

lighthouse
A big lighthouse was built on the
jetty.

il **porto**
L'anno scorso hanno allargato il
porto.

port, harbor
Last year the port was
enlarged.

il **molo**

mole, pier, breakwater

il **sottopassaggio pedonale**

underground passage for
pedestrians

Non puoi attraversare la strada, devi
usare il sottopassaggio pedonale.

You can't cross the street; you
have to use the underground
passage for pedestrians.

alimentare
Il riscaldamento è alimentato a
nafta.

feed, maintain
This heater is fueled by oil.

approfittare

profit

la **fiera**
La fiera resterà aperta
dal 15 al 21 aprile.

trade fair
The trade fair will be open
from April 15 to 21.

il **progresso**

progress

attribuire, attribuisco
Tutto questo progresso viene
attribuito alle nuove tecniche.

attribute, ascribe
All this progress is attributed
to modern technology.

appoggiare

support; lean

basarsi
Su che cosa si basa
l'economia della vostra città?

be based on
What is the economy of
your city based upon?

l'**appoggio**
Al momento l'appoggio maggiore
viene dato dall'industria del
mobile.

support, prop, mainstay
At the moment the greatest
support is provided by the
furniture industry.

la **prospettiva**
E quali prospettive avete per il
futuro?

perspective; prospect
And what prospects do you
have for the future?

la **centrale elettrica**

power plant

la **centrale nucleare**
Le centrali nucleari sono molto
temute per il pericolo che
rappresentano.

nuclear power plant
Nuclear power plants are greatly
feared because of the danger they
represent.

destinare
Questo quartiere è destinato a
morire, se non verrà curato.

destine; to direct
This part of town is doomed
to die, if nothing is done to
help it.

la **destinazione**

destination; purpose

Le strade antiche di città
sono comuni in Italia.
*Ancient city streets are
common in Italy.*

The Vehicle

guidare
Non è facile guidare nelle grandi
città italiane.

steer; drive a car
It's not easy to drive in the big
Italian cities.

la **scuola guida**

driving school

i **documenti** *pl*
Speriamo che il vigile non mi fermi,
ho dimenticato a casa i documenti.

documents, papers
Let's hope the policeman doesn't
stop me, I left my papers at
home.

la **macchina**
Ho di nuovo un guasto alla
macchina!

car
I have car trouble again!

l'**autofficina**
Allora cerchiamo subito una
buona autofficina.

car repair shop
Then let's look for a good car
repair shop at once.

la **moto(cicletta)**
In estate è bellissimo andare in
moto.

motorcycle
Riding a motorcycle in summer is
wonderful.

i **mezzi** *pl*
Se avessi i mezzi, mi comprerei
anch'io una moto.

(financial) means
If I had the means, I would buy
a motorcycle too.

il **casco**
Anche in Italia c'è l'obbligo di
mettere il casco.

crash helmet
Wearing a crash helmet is required
in Italy also.

la **cintura di sicurezza**
Sì, ed anche quello di allacciare
la cintura di sicurezza.

safety belt
Yes, and fastening your
safety belt too.

allacciare

fasten

il **freno**

brake

il **fanale**
Perché guidi con i fanali spenti?

lamp; headlight
Why are you driving with the
headlights off?

gli **abbaglianti** *pl*
Attento, hai ancora gli abbaglianti
accesi!

high beams
Watch out, you still have the high
beams on!

gli **anabbaglianti** *pl*

low beams

il **volante**
Ti prego di tenere il volante
con tutte e due le mani.

steering wheel
Please keep both hands on the
wheel!

tenere	hold (firmly)
il **motore**	motor, engine
potente	powerful
i **cavalli** *pl* Che motore potente! Quanti cavalli ha?	H.P., horsepower What a powerful engine! How much horsepower does it have?
la **ruota**	wheel
la **marcia** Non riesco mai a fare entrare la marcia indietro senza rumore!	gear I never succeed in engaging the reverse gear without making noise!
il **rumore**	noise
la **continuazione** La galleria ci impediva di vedere la continuazione della strada.	continuation The tunnel kept us from seeing the continuation of the road.
avanti	forward, ahead
indietro	backward, reverse
il **clacson** Suona il clacson, quella macchina non ha ancora visto che stai andando a marcia indietro.	horn Blow the horn, that car still hasn't seen that you're driving in reverse!
il **veicolo** Questa strada è riservata ai veicoli pubblici.	vehicle This street is reserved for public transport.
il **segnale** Mi dispiace, non avevo visto il segnale.	signal; traffic sign I'm sorry, I didn't see the traffic sign.
confuso, a Sono confusa da tutti questi segnali!	confused I'm confused by all these traffic signs!
segnalare	signal; inform
cambiare marcia Cambia marcia e metti la seconda!	change gear Change to second gear!
l'**asse anteriore** *m*	front axle
l'**asse posteriore** *m*	rear axle
posteriore	rear
anteriore	front
il **cambio** Non mi piacciono le macchine con il cambio automatico.	gearshift; transmission I don't like cars with automatic transmission.

spegnersi
Se non premi la frizione si spegne il motore.

die
If you don't use the clutch, the motor will die.

la **frizione**

clutch

il **paraurti**
Non è successo niente, avete solo toccato il paraurti.

bumper
Nothing happened, you only touched the bumper.

il **parafango**

fender, mudguard

il **tergicristallo**
Dobbiamo cambiare subito il tergicristallo perché non funziona più bene.

windshield wiper
We need to replace the windshield wiper at once, because it doesn't work right anymore.

il **motorino**
Vuole che vada in motorino perché è meno pericoloso.

moped
He wants her to ride a moped, because it's less dangerous.

il **portapacchi**
Cerco un piccolo portapacchi per il mio motorino.

carrier
I'm looking for a small carrier for my moped.

il **guasto**

damage; defect

il **pneumatico**
Devo cambiare due pneumatici, mi aiuti con il cric?

tire
I have to change two tires, will you help me with the jack?

il **cric**

(car) jack

usato, a
Perché ti sei comprato una macchina usata?

used
Why did you buy a used car?

In Traffic

il **traffico**
A quest'ora c'è molto traffico, è meglio aspettare.

traffic
There's a lot of traffic at this time; it's better to wait.

il **semaforo**
Dopo il terzo semaforo dobbiamo girare a sinistra.

traffic light
After the third light we have to turn left.

la **direzione**
Sei sicuro che stiamo seguendo la direzione giusta?

direction
Are you sure we're going in the right direction?

il **cartello**

sign

il **distributore (di benzina)**
Secondo il cartello, il prossimo distributore di benzina è a quaranta chilometri da qui.

gas station
According to the sign, the next gas station is 40 kilometers from here.

la **benzina**

gasoline

il **serbatoio**
Il serbatoio è vuoto, dobbiamo fare benzina.

tank
The tank is empty, we need to get gas.

il **pieno**
Mi faccia il pieno, per favore!

full (tank)
Fill it up, please!

l'**incidente** *m*
A causa dell'incidente c'è una lunga fila di macchine.

accident
Because of the accident, there's a long line of cars.

la **fila**

line, file, row, rank

l'**elicottero**
Gli elicotteri della polizia stanno controllando la situazione sull'autostrada.

helicopter
The police helicopters monitor the situation on the highway.

lo **scontro**

collision

l'**automobilista** *mf*

driver

frenare
C'è stato uno scontro perché quell'automobilista ha accelerato invece di frenare.

brake
There was a collision because that driver accelerated instead of braking.

il **sorpasso**
Sì, voleva fare un sorpasso molto pericoloso.

overtaking, passing
Yes, he was planning a very dangerous passing maneuver.

accelerare

accelerate

il **vigile**, la **vigilessa**

traffic policeman/woman

l'**autostrada**
Fai attenzione ai cartelli per l'autostrada. In Italia sono verdi.

superhighway
Pay attention to the signs on the highway. In Italy they are green.

la **spinta**

push

spingere

push, shove, thrust

la **curva**
La moto è uscita dalla curva perché andava ad alta velocità.

curve
The motorcycle left the curve because it was traveling at high speed.

la **contravvenzione**
Il vigile ha fatto la contravvenzione a tutti gli automobilisti che sono passati col rosso.

ticket (with fine)
The traffic policeman fined all the drivers who failed to stop on red.

alt

stop

sorpassare
Non sorpassare a destra!

overtake, pass
No passing on the right!

svoltare
Dopo che hai sorpassato ricordati di svoltare a destra.

turn
After you've passed, remember to turn right!

sostare
Non puoi sostare qui, c'è divieto di sosta continuo.

stop, stay; stand, pause
You can't stop here, it's a No Stopping zone.

la **sosta**

stop, stay

continuo, a

continuous

la **precedenza**
Attenzione, quella macchina ha la precedenza!

right-of-way
Watch out, that car has the right-of-way!

spostarsi

make way, get out of the way

il **libretto di circolazione**
Il libretto di circolazione è scaduto.

registration
The registration has expired.

avanzare

proceed, go forward

la **barriera**
Qui bisogna avanzare piano, perché stanno costruendo una barriera stradale.

barrier, block
Here you need to proceed slowly, because a roadblock is being set up.

la **confusione**
Con questa confusione non è possibile avanzare.

confusion
In this confusion it's not possible to proceed.

voltare

turn around; turn

il **senso unico**
Questa strada è a senso unico, non puoi voltare.

one-way street
This is a one-way street, you can't turn.

il **senso vietato**
Con tutti questi sensi vietati non si sa più dove passare.

no access, do not enter
With all these no-access signs, one doesn't know where to drive.

la **deviazione**

detour

il **limite di velocità**	speed limit
la **strettoia** Qui c'è il limite di velocità a causa della strettoia che vedrai fra poco.	narrow passage There's a speed limit here because of the narrow road, which you'll soon see.
la **circolazione** Oggi la circolazione è permessa alle macchine con il numero di targa pari.	traffic Today all the cars with even-numbered license plates may be driven.
pari	even
dispari Sì, e domenica prossima a quelle con il numero dispari.	odd Yes, and next Sunday those with odd numbers have their turn.
la **targa**	license plate
la **(benzina) super** Mi faccia il pieno di super senza piombo, per favore!	super (grade of gasoline) Please fill it with super, unleaded!
senza piombo	unleaded, lead-free
con piombo	leaded, with lead
il **gasolio** La mia macchina va a gasolio e consuma poco.	diesel My car runs on diesel and doesn't use much.
autostradale In Italia abbiamo una buona rete autostradale, ma si paga.	highway In Italy we have a good highway network, but they are toll roads.
l'**autogrill** *m* Ci fermiamo al prossimo autogrill, d'accordo?	rest stop We'll stop at the next rest stop, all right?

Passenger Traffic

andare Andiamo in treno o in aereo?	travel, go Shall we go by train or by plane?
durare Preferisco l'aereo perché il viaggio in treno dura troppo.	last, continue I prefer the plane, because the train trip takes too long.

il **pullman**
Io viaggio volentieri anche in pullman.

bus
I like traveling by bus also.

l'**aereo**

(air)plane

l'**altoparlante**
L'altoparlante ha appena annunciato che il volo da Roma è in ritardo.

loudspeaker
The loudspeaker just announced that the flight from Rome is late.

appena

just, barely

il **ritardo**
in ritardo

delay, lateness
late, delayed

la **carrozza**
Le carrozze di prima classe sono al centro.

(railroad) car
The first-class cars are in the middle of the train.

la **classe**

class

il **vagone**
Alla stazione di Bologna hanno aggiunto altri quattro vagoni.

freight car
At the Bologna station four more freight cars were added.

il **binario**
Il treno per Firenze parte dal binario 12.

track
The train to Florence leaves from Track 12.

il **finestrino**

(train) window

sporgersi
E' vietato sporgersi dai finestrini.

lean out
Leaning out of the windows is prohibited.

la **stazione**

train station

accompagnare
Mi puoi accompagnare alla stazione?
—Sì, a che ora parte il treno?

accompany, escort
Can you take me to the train station?
—Yes, when does the train leave?

il **treno**

train

partire

leave, depart

il **tassì,** il **taxi**
A quest'ora è molto difficile trovare un tassì.

taxi
At this hour it's very hard to find a taxi.

la **fermata**

stop

il **tram**
Allora andiamo alla fermata del tram.

streetcar
Then let's go to the streetcar stop!

la **metropolitana**
Nella mia città non c'è ancora la metropolitana, purtroppo.

subway
In my hometown there's no subway yet, unfortunately.

283

l'**autobus** *m*
Qui non ci sono i tram, ma gli autobus.

bus
There are no streetcars here, but buses instead.

il **bus**

bus

il **controllore**

conductor, ticket-collector

il **facchino**

porter

la **buca**
Fermiamoci, da qui in poi la strada è piena di buche.

hole; pit; ditch
Let's stop. From here on the street is full of potholes.

fermarsi

stop

il **vaporetto**
Il vaporetto passa per il Canal Grande e si ferma spesso.

steamboat
The steamboat passes through the Grand Canal and stops frequently.

---

l'**aeroporto**
L'aeroporto di Linate è chiuso per nebbia.

airport
Linate Airport is closed because of fog.

la **nebbia**

fog

la **compagnia aerea**
Con quale compagnia aerea voli più volentieri?

airline
With which airline do you most like to fly?

il **volo**

flight

lo **scalo**

Questo volo è diretto, non faremo scalo.

(intermediate) landing; landing place
This is a direct flight, we make no intermediate landing.

atterrare

land

la **rotta**
Abbiamo dovuto cambiare rotta a causa del cattivo tempo.

route
We had to change the route because of the bad weather.

il **capitano**
Il capitano è riuscito a fare un atterraggio di fortuna.

captain (of the aircraft)
The captain succeeded in making an emergency landing.

la **cabina**

cabin

il, la **pilota**

pilot

l'**equipaggio**

crew

l'**atterraggio** (di fortuna)

(emergency) landing

il **passeggero**, la **passeggera**

passenger

stressante

stressful

le **Ferrovie dello Stato** *pl*
FFSS significa Ferrovie dello Stato.

(Italian) State Railway
FFSS means "railways of the state."

il **vagone letto**
Bisogna ricordarsi di prenotare in tempo il vagone letto.

sleeping car
One has to remember to reserve the sleeping car in time.

il **biglietto**
Ci penseremo quando faremo il biglietto.

ticket
We'll take care of that when we buy the ticket.

il **vagone ristorante**
Il vagone ristorante è in fondo.

dining car
The dining car is at the back of the train.

l'**acqua potabile**
Attenzione, non è acqua potabile!

drinking water
Be careful, that's not drinking water!

la **vettura**

railway carriage; automobile

rallentare
La vettura non ha rallentato abbastanza.

slow down
The car didn't slow down enough.

riparare

repair

la **riparazione**
Ho la macchina in riparazione e devo partire assolutamente.

repair
My car is being repaired, and I absolutely have to go out of town.

l'**automezzo**
A me va bene un automezzo qualsiasi, basta che cammini.

vehicle
Any vehicle is fine with me, as long as it moves!

l'**auto(mobile)** *f*

auto(mobile)

la **coincidenza**
Abbiamo perso la coincidenza e dobbiamo proseguire in automobile.

connection
We missed the connection and we have to continue by auto.

attraversare
E' vietato attraversare i binari.

cross
Crossing the tracks is prohibited.

Transport of Goods

la **sicurezza**	safety, security
il **carico** Come vogliamo trasportare questo carico?	load How shall we transport this load?
trasportare	transport
il **trasporto** Penso che il mezzo di trasporto migliore sia l'autocarro.	transport(ation) I think a truck would be the best means of transport.
la **spedizione**	sending, dispatch; expedition
rimborsare Puoi farti rimborsare le spese di spedizione?	reimburse Can you have the shipping costs reimbursed to you?
il **chilometro** Dopo due chilometri circa deve girare a sinistra, poi prendere la seconda a destra e proseguire sempre dritto.	kilometer After about 2 kilometers you have to turn left, then take the second right and keep going straight ahead.
la **sinistra**	left
la **destra**	right
dritto, a	straight ahead
la **distanza** Che distanza c'è fra Padova e Venezia?	distance What is the distance from Padua to Venice?
la **dogana**	customs
la **sbarra** Le sbarre della dogana sono quasi sempre alzate.	barrier The customs barriers are almost always open.
sbarrare	close
l'**autocarro**	truck
carico, a	full; loaded
caricare Potete partire appena abbiamo finito di caricare.	load You can leave as soon as we've finished loading.
l'**autotreno** L'autotreno si è già avviato verso l'autostrada.	tractor-trailer rig The tractor-trailer rig has already set out toward the highway.

avviarsi	set out, go forward
lento, a	slow
veloce	fast
Mi piace guidare una macchina veloce.	I like to drive a fast car.
sbarcare	land, disembark
Ci siamo imbarcati a Genova e siamo sbarcati a Napoli.	We embarked in Genoa and disembarked in Naples.
la **nave**	ship

smarrire <smarrisco>	lose
smarrirsi	lose one's way, get lost
Ci siamo smarriti ed abbiamo dovuto chiedere le indicazioni tre volte.	We lost our way and had to ask directions three times.
perdersi	lose oneself; get lost
Dove ci diamo appuntamento, nel caso che dovessimo perderci?	Where shall me meet, in case we lose sight of each other?
l'**indicazione** f	direction, information
l'**attesa**	waiting; expectation
Durante l'attesa potete telefonare a casa.	While you're waiting you can phone home.
rientrare	come back
Vorranno certo sapere quando rientriamo.	They'll surely want to know when we're coming back.
la **discesa**	descent, slope
Attenzione, discesa pericolosa!	Caution, dangerous descent!
la **salita**	ascent, slope
Questa salita è molto ripida.	This ascent is very steep.
ripido, a	steep
distante	distant
l'**azienda di trasporti**	transportation company, carriers
Il signor Alberici ha aperto un'azienda di trasporti.	Mr. Alberici has founded a transportation company.
scarico, a	unloaded
scaricare	unload

il camion
Gli operai stanno scaricando il camion.

truck
The workers are unloading the truck.

la scorta
Debbo montare la ruota di scorta, può aiutarmi, per favore?

escort; reserve, spare
I have to put on the spare wheel, can you help me, please?

la ruota di scorta

spare wheel

il carro attrezzi
Abbiamo chiamato il carro attrezzi perché non era possibile rimorchiare la macchina.

car with a breakdown
We called the breakdown service, because it wasn't possible to tow the car.

rimorchiare

tow

la ferrovia

railroad, railway

la locomotiva

locomotive

il vapore
Guarda che bella locomotiva a vapore di altri tempi!

steam
Look what a beautiful, old-time steam locomotive!

la velocità

speed

proseguire
Qui ci sono molte curve, è meglio proseguire a bassa velocità.

proceed
This stretch is full of curves, it's advisable to proceed at low speed.

il traghetto

ferry

la traversata
La traversata con il traghetto dura circa quattro ore.

crossing
The ferry crossing takes about four hours.

Earth and Space

la **terra**

earth

terrestre

terrestrial

l'**energia**
Sulla terra abbiamo bisogno
di enormi quantità di energia.

energy
On earth we need enormous
quantities of energy.

enorme

enormous

lo **spazio**
La conquista dello spazio è stato un
passo molto importante per il
futuro.

(outer) space
The conquest of space was a very
important step for the
future.

infinito, a
E' impossibile farsi un'idea
dello spazio infinito.

infinite
It is impossible to imagine
the infinity of space.

extraterrestre
ET è probabilmente l'essere
extraterrestre più amato dai
bambini.

extraterrestrial
ET is probably the extraterrestrial
being most popular among
children.

vuoto, a
Lo spazio non è vuoto come
sembra.

empty
Space is not as empty as it
seems.

sembrare

seem

scoprire
L'uomo ha scoperto molte
stelle lontanissime da noi.

discover
Man has discovered many stars
that are extremely far from
us.

attraverso
Attraverso i dati che ci arrivano dai
satelliti abbiamo imparato molte cose.

through
Through the data transmitted to us
by satellite we have learned many
things.

i **dati** *pl*

data

l'**universo**
La terra è solo un punto
piccolissimo nell'universo
immenso.

universe
The earth is only a tiny dot in the
immense universe.

immenso, a

immense

lo **strato**
Lo strato d'aria vicino alla terra
è già stato troppo inquinato.

layer, stratum
The layer of air around the earth
is already too heavily polluted.

l'**atomo**
Per lungo tempo si è creduto che
l'atomo fosse la parte più piccola
di un elemento chimico.

atom
For a long time it was believed
that the atom was the smallest part
of a chemical element.

atomico, a

atomic

universale

universal

il **satellite**

satellite

il **razzo**

rocket

spaziale
In questo secolo è cominciata l'epoca
spaziale.

space; spatial
The space age began in this
century.

l'**adesione**
Per quest'impresa spaziale occorre
l'adesione di molte nazioni.

participation
The participation of many
nations is needed for this space
venture.

l'**astronave** *f*
L'attrezzatura dell'astronave è
stata costruita secondo le
tecnologie più moderne.

spaceship
The equipment of the spaceship
was built according to the most
modern technology.

l'**astronauta** *m*
Neil Armstrong è il primo
astronauta che è sbarcato sulla
luna.

astronaut
Neil Armstrong was the first
astronaut who landed on the
moon.

la **solitudine**
Per poter fare il loro lavoro, gli
astronauti non devono temere la
solitudine.

solitude
To be able to do their work, the
astronauts cannot fear solitude.

vano, a

empty; vain

Stars

la **stella**	star
il **sole**	sun
la **luna**	moon
Quando c'è la luna piena, molte persone non riescono a dormire.	When the moon is full, many people are unable to sleep.
tramontare	set
A che ora tramonta oggi il sole?	What time does the sun set today?
il **tramonto**	sunset
sorgere	rise
Non lo so, ma so che è sorto alle 6 e 15.	I don't know, but I do know that it rose at 6:15.
il **raggio**	ray; radius
In questa stagione i raggi del sole sono già caldi.	At this season the sun's rays are already warm.
lo **scopo**	purpose, aim, goal
il **pianeta**	planet
Lo scopo di molte imprese spaziali è quello di scoprire l'esistenza di forme di vita su altri pianeti.	The purpose of many space ventures is to discover the existence of life forms on other planets.
l'**esistenza**	existence
esistere	exist
l'**astronomia**	astronomy

solare	solar
Il nostro sistema solare è uno dei tanti sistemi della Via lattea.	Our solar system is one of many in the Milky Way.
la **Via Lattea**	Milky Way
luminoso, a	luminous, bright
la **scoperta**	discovery
avviare	start, set out
Siamo avviati alla grande scoperta dell'universo.	We have set out to make great discoveries in the universe.

Shapes

la **forma** Piuttosto cambierei la forma!	shape, form I would rather change the shape!
formare	form, shape, mold; fashion
il **pezzo**	piece
la **grandezza**	greatness, magnitude, size
la **figura**	figure, shape, form, image
la **differenza**	difference
rotondo, a Giovanna vuole comprare un letto rotondo.	round Giovanna wants to buy a round bed.
il **cerchio**	circle
il **diametro** Questo cerchio ha un diametro di 40 cm.	diameter This circle has a diameter of 40 cm.
il **cubo** Questo cubo ha la grandezza di un dado.	cube (*geometry*) This cube is the size of a die.
grosso, a Piega ancora quel pezzo di carta, così è troppo grosso.	large, big; fat Fold that piece of paper again, it's too big as it is.
piegare	fold
il **modo** In che modo devo piegarlo?	way, mode, manner How should I fold it?
la **maniera** Come vuoi, ma in maniera che entri nella busta.	manner, way However you like, but in such a way that it fits in the envelope.
il **fascino** Sei anche tu così sensibile al fascino dei colori?	fascination, charm Are you also so receptive to the charm of colors?

la **striscia**
Ho bisogno di una striscia di carta colorata.

strip
I need a strip of colored paper.

tondo, a
Non abbiamo ancora deciso, se prendere un tavolo tondo o quadrato.

round
We haven't decided yet whether to take a round table or a square one.

la **sfera**

sphere; ball, globe

il **cilindro**

cylinder

quadrato, a

square

il **rettangolo**
I ragazzini giocano nel rettangolo che hanno disegnato sulla strada.

rectangle
The boys are playing in a rectangle that they drew on the street.

rettangolare

rectangular

il **triangolo**

triangle

simile

similar

differenziarsi
Questi colori si differenziano poco, sono troppo simili.

differ
These colors differ very little, they are too similar.

uniforme

uniform

la **punta**
Non disegnare così, altrimenti rompi la punta della matita.

tip, point, end
Don't draw that way, you'll break the point of the pencil.

storcere

twist

storto, a
Quel chiodo è storto non puoi usarlo più.

twisted, crooked
That nail is crooked, it can't be used anymore.

distinguere

distinguish, differentiate

variare
Dovremmo variare un po'
sia le forme che i colori.

vary
We ought to vary both
the shapes and the colors a little.

lo **stampo**
Con questo stampo si ottengono forme bellissime.

stamp, mold
With this mold one obtains very beautiful forms.

ottenere

obtain

Colors

il **colore**
Ammira la bellezza di questi colori!

color
You have to admire the beauty of these colors!

la **bellezza**

beauty

chiaro, a

light; clear

scuro, a

dark

bianco, a
Come si chiamano quei bellissimi fiori bianchi?

white
What are those marvelous white flowers called?

nero, a

black

grigio, a

gray

blu *inv*
Sono una specie di viole e ci sono anche blu e gialle.

blue
They're a species of violet, and there are also blue and yellow ones.

giallo, a
Il mio colore preferito è il giallo chiaro.

yellow
My favorite color is light yellow.

rosa *inv*
Ti piacciono questi pantaloni rosa?

pink
Do you like these pink trousers?

rosso, a
La bandiera italiana è verde, bianca e rossa.

red
The Italian flag is green, white, and red.

verde
Veronica indossa una gonna verde scuro.

green
Veronica is wearing a dark green skirt.

la **differenza**

difference

diverso, a
Preferiresti un colore diverso?

different; diverse; various
Would you prefer a different color?

benissimo
No, questo va benissimo.

very good, fine
No, this one is fine.

arancione *inv*
Questa sfumatura arancione
è molto bella.

orange
This orange shade is very pretty.

beige *inv* [bɛːʒ]

beige

lilla *inv*
Mi sembra che quel vestito
lilla ti stia molto bene.

lilac
I think that lilac dress looks
very good on you.

raffinato, a
Forse hai ragione, ma quello
beige è più raffinato.

refined; subtle, sophisticated
Perhaps you're right, but the beige
one is more sophisticated.

marrone *inv*

chestnut-brown

la **sfumatura**

shade; nuance

la **creazione**
Secondo me, le creazioni più belle
di Moschino sono quelle in tinta
unita.

creation
In my opinion, Moschino's
prettiest creations are the solid-
colored ones.

la **tinta unita**

solid color

colorato, a

colored

la **variazione**

variation, change

lucido, a

glossy; brilliant, bright

opaco, a
Preferisci i colori opachi o quelli
lucidi?

opaque, dull, matte
Do you prefer dull or bright
colors?

Il gatto nero e il gatto bianco erano seduti presso il fuoco
rosso, mentre guardavano l'erba verde sotto il sole giallo.
*The black cat and the white can sat by the red fire, looking
at the green grass under the yellow sun.*

Natural Substances

la **sostanza**
Non toccare queste sostanze, sono velenose!

substance
Don't touch these substances, they're poisonous!

essere composto, a
Di che cosa sono composte?

be composed
Of what are they composed?

il **gas**
Credo che in casa ci sia una perdita di gas, non senti come puzza?

gas
I think there's a gas leak in the house, don't you smell it?

il **petrolio**
Il petrolio viene chiamato anche oro nero.

petroleum; oil
Petroleum is also called "black gold."

la **pietra**

rock, stone

il **sasso**

stone; pebble; rock

il **marmo**
I pavimenti della mia casa sono di marmo.

marble
The floors in my house are marble.

la **sabbia**

sand

il **legno**

wood

solido, a
Abbiamo bisogno di un materiale molto solido ed elastico.

solid
We need a very solid, elastic material.

elastico, a

elastic

asciutto, a

dry

la **cera**
Hai già dato la cera in sala?

wax
Have you already waxed the room?

il **carbone**
In Germania ci sono ancora molte miniere di carbone.

coal; charcoal; carbon
In Germany there are still many coal mines.

il **metallo**
Il platino è un metallo molto prezioso.

metal
Platinum is a very precious metal.

prezioso, a

precious, valuable

puro, a
Questa spilla antica è in oro puro.

pure
This antique brooch is made of pure gold.

il **minerale**
L'Italia non è ricca di minerali.

mineral; ore
Italy is not rich in minerals.

il **ferro**

iron

raro, a
Alcuni minerali sono rari in tutto
il mondo.

rare
Some minerals are rare
throughout the world.

il **tipo**

type, kind

la **roba**
Dove posso mettere al sicuro
la roba d'oro e d'argento?

things; goods; stuff; clothes
Where can I keep the
gold and silver things
safe?

l'**ossigeno**
Usciamo un po' all'aperto,
qui manca l'ossigeno!

oxygen
Let's go outside a little, there's
not enough oxygen here!

l'**idrogeno**

hydrogen

la **bombola del gas**
La bombola del gas è vuota.

gas bottle
The gas bottle is empty.

il **liquido**
Fai attenzione, quel liquido
contiene alcol!

liquid
Be careful, that liquid
contains alcohol!

l'**alcol** *m*, l'**alcool** *m*

alcohol

il **miscuglio**
Questo miscuglio contiene
delle sostanze infiammabili.

mixture
This mixture contains
inflammable substances.

infiammabile

inflammable, combustible

genuino, a
Il consumatore cerca oggi più
che mai i prodotti genuini.

genuine, authentic, natural
The consumer wants natural
products today more than ever.

la **miniera**

mine

il **piombo**

lead

estrarre
Che cosa estraggono in questa zona?

extract; quarry; mine
What is mined in this area?

la **risorsa**
Solo un po' di minerale di ferro,
le risorse sono poche.

resource
Only a little iron ore; there are
few natural resources.

il **rame**

copper

l'**oggetto**
Qui si possono comprare
bellissimi oggetti di rame.

object
Marvelous copper objects
can be bought here.

il lusso Ci sono quelli di lusso e quelli da usare in cucina.	luxury There are luxury articles and kitchen utensils.
liscio, a A me piacciono quelli con la superficie liscia.	smooth I like the ones with a smooth surface.

Manufactured Goods

sintetico, a

synthetic

la plastica
Ci sono molti tipi di plastica
sia rigida che flessibile.

plastic
There are many types of plastic,
both rigid and flexible.

flessibile

flexible

rigido, a

rigid, firm

la gomma
Le gomme sintetiche sono
molto simili a quelle naturali.

rubber
Synthetic rubbers are very
similar to natural rubber.

il fuoco

fire

spaccare
Il calore del fuoco ha
fatto spaccare i vetri.

split, cleave
The heat of the fire has made
the windows crack.

la spaccatura

split, fissure; crack

la tensione
Aumentando la tensione
superficiale si ottengono ottimi
risultati.

tension
By raising the surface tension
one gets excellent results.

superficiale

superficial, surface

l'acciaio
L'industria ha creato diversi
tipi di acciaio speciale.

steel
The industry has created various
types of special steels.

l'alluminio

aluminum

l'ottone *m*
L'ottone è una lega di rame e di
zinco.

brass
Brass is an alloy of copper and
zinc.

il bronzo

bronze

la ruggine
La ruggine ha rovinato tutto.

rust
Rust has ruined everything.

rovinare

ruin

rompere
Attento, rompi tutto!

smash, break
Watch out, you're breaking
everything!

rotto, a

broken

il **consumo**
Il consumo di prodotti
sintetici è molto alto.

use, consumption
The consumption of synthetic
products is very high.

il **difetto**

defect, flaw

la **parte**
Una parte del materiale
arrivato ha qualche difetto.

part
Part of the material that
arrived is defective.

la **cosa**
Sei sicuro che quella cosa sia rotta?

thing
Are you sure that the thing is
broken?

Forse ha solo un piccolo difetto!

Perhaps it's only slightly flawed!

il **pozzo**

well; shaft; fountain

---

il **fabbisogno**

requisites

lo **zinco**

zinc

l'**assortimento**

assortment, selection; stock

la **ceramica**

ceramics

la **porcellana**
Non uso spesso il servizio di
porcellana perché è troppo fragile.

porcelain
I don't use the porcelain service
often, because it is too fragile.

fragile

fragile

trasparente

transparent

il **cristallo**
Dove hai comprato questi
bellissimi bicchieri di cristallo?

crystal
Where did you buy these
wonderful crystal glasses?

procurare
Me li ha procurati un amico
direttamente dalla fabbrica.

procure, get
A friend got them for me
directly from the factory.

la **tela**
La tela d'Olanda è molto resistente.

canvas; cloth
Dutch canvas is very
resistant.

trarre
Da quel trattamento del materiale
non si trae alcun profitto.

draw, pull
No benefit can be derived from
that treatment of the material.

il **trattamento**

treatment

scoppiare
Una piccola scintilla ha fatto scoppiare un grande incendio.

break out
A tiny spark caused a great fire to break out.

la **scintilla**

spark

l'**incendio**

fire

la **fiamma**
Le fiamme hanno distrutto tutto l'assortimento che c'era in magazzino.

flame
The flames destroyed all the stock that was in the warehouse.

trascinare
Sì, ma i pompieri hanno almeno trascinato fuori tutte le persone.

drag; carry
Yes, but at least the firemen got all the people out.

la **lega**

alloy

fondere

smelt; melt

urtare

knock, hit, strike

riciclare
Si può riciclare la roba in metallo fondendola di nuovo.

recycle
Metal objects can be recycled by melting them down again.

ricuperare
E' necessario che ricuperiamo più materiale possibile.

recover
It's necessary to recover as much material as possible.

La scultura di bronzo di Marco Aurelio.
The bronze sculpture of Marcus Aurelius.

▬▬▬ Statements of Indefinite Quantity ▬▬▬

quanto, a
Quanto costa questa tovaglia?

how much, how many
How much does this tablecloth cost?

tanto, a
Non è cara. Ne abbiamo vendute tante.

so much, so many
It's not expensive. We've sold many of them.

tutto, a
E' vero, le abbiamo vendute quasi tutte. Questa è una delle ultime.

all; whole; every; entire
It's true, we've sold almost all of them; this is one of the last.

la **quantità**
Me ne serve una notevole quantità.

quantity
I need a considerable quantity of them.

notevole

considerable, notable

singolo, a

single

unico, a
Gli unici modelli che sono rimasti sono quelli molto semplici.

sole, only, unique
The only models that still remain are the very simple ones.

semplice

simple

molto, a
Hai molti amici in questa città?

much, many
Do you have many friends in this city?

molto
In questo periodo lavoro molto.
Ma questo lavoro mi piace molto.

very; much
Right now I'm working very hard.
But I like this job very much.

poco, a
No, perché abito qui da poco tempo.

few, little; short
No, because I've only lived here a short time.

un po'

a little, some

poco
Devo mangiare poco perché sono in dieta.

little
I have to eat little, because I'm on a diet.

troppo, a
Qui c'è troppa gente, andiamo via!

too much, too many
There are too many people here, let's go!

numeroso, a

numerous

parecchio, a
Ho ancora parecchie cose da fare.

several; much; very much
I still have several things to do.

parecchio
Anche oggi abbiamo lavorato parecchio.

rather a lot
Even today we worked quite a lot.

vario, a
Ci siamo incontrati varie volte, ma non abbiamo mai parlato a lungo.

various; diverse, different
We've met several times, but have never talked together.

la **volta**

time

eccẹtera

etc.

totale

total

la **cifra**
Mi dice la cifra totale, per piacere?

cipher; number; figure
Will you tell me the total figure, please?

il **nụmero**
Attenda un momento, devo controllare i numeri.

number; figure
Wait a minute, I have to check the numbers.

limitato, a

limited

la **quota**

quota, share, proportion

risultare
Che quota è risultata dai tuoi calcoli?

result
What proportion results from your calculations?

elevato, a
Ancora non conosco quella esatta, ma è comunque molto elevata.

elevated; high
I don't know yet exactly; however, it's quite high.

alcun, a
Vado a trovare alcuni parenti a Genova.
Per me non c'è alcun motivo di fare questo viaggio, perché non ho alcuno zio o alcun cugino in quella città.

some; any; no, none
I'm going to visit some relatives in Genoa.
For me there's no reason to take this trip, because I have no uncle or cousin in that town.

una **decina**
Eravamo una decina di persone circa.

ten
There were about 10 of us.

circa

about

(le) **decine** *pl*

tens; "dozens"

la **dozzina**
Mi dia una dozzina di uova molto fresche.

dozen
Give me a dozen very fresh eggs.

una **quindicina**
Pietro arriverà fra una quindicina di giorni.

fifteen
Pietro is coming in about two weeks.

una **ventina**	twenty
un **centinaio**	hundred
(le) **centinaia** *pl* Centinaia di studenti hanno dimostrato per le vie della città.	hundreds Hundreds of students have demonstrated in the streets of the city.
un **migliaio** Penso che ci vorrà un migliaio di lire, non di più.	thousand I think it will cost about 1000 lire, no more.
(le) **migliaia** *pl*	thousands
la **serie** Ho tutta una serie di faccende da fare e non so dove cominciare.	series; succession; set I have quite a number of things to do and don't know where to begin.
limitare A quanti pezzi limitiamo la serie?	limit To how many pieces shall we limit the series?
assai E' assai tardi, vogliamo andare?	rather, fairly; enough It's very late, shall we go?
l'**eccesso**	excess

▬▬▬▬ Cardinal Numbers ▬▬▬▬

zero Ma quanti zeri scrivi? Ce ne sono due di troppo!	zero But how many zeros are you writing? That's two too many!
uno, a	one
due Dico solo due parole a Lucia, poi vengo.	two I'll just say two words to Lucia, then I'll come.
tre Non c'è due senza tre.	three All things come in threes.
quattro Andiamo a fare quattro passi?	four Shall we take a stroll?
cinque	five
sei Non so se comprare un servizio da sei o da dodici.	six I don't know whether to buy a service for six or for 12.

sette	seven
otto Abbiamo finito tutto in quattro e quattr'otto.	eight We finished everything right away.
nove	nine
dieci Stasera saremo in dieci a tavola.	ten This evening there'll be 10 of us at supper.
ụndici	eleven
dọdici	twelve
trẹdici Per alcuni il tredici è il numero che porta fortuna, per altri il contrario.	thirteen For some, 13 is a lucky number, for others, just the opposite.
quattọrdici	fourteen
quịndici Il cinque nel quindici ci sta tre volte.	fifteen Five goes into 15 three times.
sẹdici	sixteen
diciassette	seventeen
diciotto Anche in Italia si può fare la patente di guida a diciotto anni.	eighteen In Italy too, you can get a driver's license at 18.
diciannove	nineteen
venti	twenty
ventuno	twenty-one
ventidụe	twenty-two
ventitrè	twenty-three
ventiquattro Ventiquattro diviso tre fa otto.	twenty-four Twenty-four divided by three makes eight.
venticinque	twenty-five
ventisẹi	twenty-six
ventisette Prendiamo l'appuntamento per il ventisette o per il ventotto?	twenty-seven Shall we set the appointment for the 27 or the 28?
ventotto	twenty-eight

ventinove
Oggi è il 29 maggio.

twenty-nine
Today is the 29th of May.

trenta
Io ho tempo solo il trenta.

thirty
I have time only on the 30th.

trentuno

thirty-one

quaranta

forty

cinquanta

fifty

sessanta
Clara ha invitato più di sessanta persone.

sixty
Clara has invited over 60 people.

settanta

seventy

ottanta

eighty

novanta
Mio nonno è morto a novantatrè anni.

ninety
My grandfather died at the age of 93.

cento

one hundred

duecento
Hai qualche moneta da duecento?

two hundred
Do you have any 200-lire pieces?

trecento

three hundred

ottocento

eight hundred

mille
No, ho solo biglietti da mille.

one thousand
No, I have only 1000-lire bills.

millecento

one thousand one hundred, eleven hundred

millenovecentosettanta
Siamo stati a Firenze la prima volta nel millenovecentosettanta.

nineteen hundred seventy
In 1970 we were in Florence for the first time.

duemila

two thousand

diecimila

ten thousand

il **milione**
Devo prendere in banca due milioni per pagare l'impiegata.

million
I have to take two million lire out of the bank to pay the employees.

il **miliardo**
La casa è costata quasi mezzo miliardo.

billion
The house cost almost half a billion lire.

Ordinal Numbers

primo, a
E' la prima volta che sento questa storia.
Mi danno lo stipendio sempre al 1° del mese.

first
This is the first time I've heard this story.
I always get my salary on the first of the month.

secondo, a
Quest'albergo è di seconda categoria.

second
This is a second-class hotel.

terzo, a
Sono arrivato terzo nella gara di sci.

third
I was third in the ski race.

quarto, a
Se continui così, andrai a Canossa come Enrico IV.

fourth
If you continue this way, you'll go to Canossa like Henry IV.

quinto, a

fifth

sesto, a

sixth

settimo, a
E il settimo giorno Dio si riposò.

seventh
And on the seventh day God rested.

ottavo, a

eighth

nono, a

ninth

decimo, a

tenth

undicesimo, a
Abbiamo preso un appartamento all'undicesimo piano.

eleventh
We've taken an apartment on the eleventh floor.

dodicesimo, a

twelfth

tredicesimo, a
Tutti evitano di avere a tavola il tredicesimo invitato.

thirteenth
Everyone avoids having thirteen guests at the table.

quattordicesimo, a
Luigi XIV di Francia era chiamato "Re sole".

fourteenth
Louis XIV of France was called the "Sun King."

quindicesimo, a

fifteenth

sedicesimo, a

sixteenth

diciassettesimo, a

seventeenth

diciottesimo, a
Per il tuo diciottesimo compleanno faremo una grande festa.

eighteenth
For your 18th birthday we'll give a big party.

diciannovęsimo, a	nineteenth
ventęsimo, a Stiamo vivendo gli ultimi anni del ventesimo secolo.	twentieth We live in the last years of the twentieth century.
ventunęsimo, a	twenty-first
ventiduęsimo, a Elio ha perso solo per un ventiduesimo di secondo.	twenty-second Elio was beaten only by one twenty-second of a second.
trentęsimo, a	thirtieth
centęsimo, a	hundredth
millęsimo, a E' la millesima volta che lo ripeto!	thousandth It's the thousandth time I've repeated it!

▀▀▀▀ **Measures and Weights** ▀▀▀▀

abbondante Il raccolto non era certo scarso, anzi era addirittura abbondante.	abundant The harvest certainly wasn't poor; on the contrary, it was quite abundant.
addirittura	quite, absolutely, downright
scarso, a	scarse; poor
bastare Non mi basta la carta, dammene ancora.	be enough, suffice I don't have enough paper; give me some more!
spesso, a Il campo era coperto da uno spesso strato di neve.	thick, dense The field was covered with a thick layer of snow.
solo	only; alone; single
sottile	thin
soltanto Vorrei soltanto assaggiare la carne, me ne tagli una fetta sottile.	only I would like only to try the meat, cut off a thin slice for me.
pįccolo, a	small, little
il **mucchio** Sulla mia scrivania c'è sempre un gran mucchio di carte.	heap, pile, mass On my writing desk there's always a big heap of paper.
il **sacco**	sack

contenere
Quanta farina contiene questo sacco?

contain
How much flour does this sack contain?

pieno, a
Se è pieno, mezzo quintale.

full
Fifty kilograms, when it's full.

vuoto, a

empty

il **fondo**
Il pozzo è vuoto, si vede il fondo.

bottom; background
The well is empty, you can see the bottom.

la **botte**
Ieri la botte era ancora piena ed oggi è già quasi vuota!

cask, barrel
Yesterday the barrel was still full, and today it's almost empty.

la **goccia**
La goccia scava la pietra.
Vuoi una goccia di vino anche tu?

drop
The drop hollows out the stone.
Would you also like a drop of wine?

il **resto**
Quanto vi hanno dato di resto?

rest
How much change did you get?

il **massimo**

maximum

il **minimo**
Il minimo che poteva fare, era di accompagnarti a casa.

minimum, least
The least he could do was to take you home.

il **supplemento**
In questo treno bisogna pagare il supplemento.

supplement
For this train you have to pay a supplement.

la **media**
Anche quest'anno la media di quello scolaro è stata ottima.

average
This year too this pupil had a very good gradepoint average.

il **confronto**
Facendo il confronto dei costi abbiamo scoperto che era troppo caro.

comparison
In a cost comparison, we discovered that it was too expensive.

confrontare

compare; confront

corrispondre
I tuoi calcoli non corrispondono ai miei.

correspond; agree
Your calculations don't agree with mine.

la **dose**
Hai fatto il calcolo della dose giusta?

dose
Did you calculate the dose correctly?

■ **Stating Measurements** ■

misurare
Hai misurato la stanza?

measure
Have you measured the room?

la **larghezza**
Sì, la larghezza è tre metri, la
lunghezza quattro metri e l'altezza
due metri e sessanta centimetri.

breadth, width
Yes, the width is three meters; the
length, four meters; and the
height, two meters and sixty
sixty centimeters.

la **lunghezza**

length

l'**altezza**

height

la **misura**
Sei sicuro che le misure siano
giuste?

measure, measurement
Are you sure that the
measurements are correct?

il **metro**

meter

il **centimetro**

centimeter

la **metà**
Questa stoffa è troppa, basta la
metà.

half
This is too much cloth, half is
enough.

mezzo, a

half

il **chilo**
Quanti chili di frutta dobbiamo
comprare?

kilo(gram)
How many kilos of fruit should we
buy?

il **grammo**

gram

l'**etto**
Vorrei due etti di prosciutto
tagliato molto sottile.

100 grams
I would like 200 grams of ham,
sliced very thin.

il **litro**
Quanti litri di vino ci sono ancora?

liter
How many liters of wine are there
still?

il **quarto**

quarter; fourth

il **quintale**
Abbiamo comprato un quintale e
mezzo di olive.

100 kilograms
We have bought 150 kilos of
olives.

la **tonnellata**

ton

entrambi, e
Entrambi i libri sono belli, prendi
tutti e due!

both
Both books are great, take both!

il **lato**
Quanto è lungo questo lato?

side
How long is this side?

il **millimetro**
Sei centimetri e quattro millimetri.

millimeter
Six centimeters and four millimeters.

il **contenuto**

contents

il **peso**
Questi oggetti vengono venduti a peso.

weight
These objects are sold by weight.

netto

net

lordo
Il peso lordo supera il mezzo chilo, quello netto è di poco inferiore.

gross
The gross weight is more than half a kilo, the net weight is somewhat lower.

inferiore

lower, inferior

l'**ettaro**
Quanti ettari è grande questo terreno?

hectare
How many hectares does this plot of land include?

la **località**
Il terreno è piccolo, ma la località è molto bella.

locality, position, place
The plot of land is small, but the locality is beautiful.

il **mezzo chilo**

half a kilo

la **massa**
C'è ancora una massa di libri da mettere a posto.

mass; heap, pile
There's still a pile of books to be put in place.

il **doppio**
Ma io ho già lavorato il doppio di te.

double, twice as much
But I've already done twice as much work as you.

doppio, a

double

definitivo, a

definitive

diminuire, diminuisco
Se diminuisci il prezzo non copri più le spese!

diminish, lower, reduce
If you lower the price, you'll no longer cover the costs.

coprire

cover

la **frequenza**
Che frequenza hanno le sue visite?

frequency
How frequent are his visits?

uguale

equal

la **profondità**
Hanno trovato il petrolio a pochissimi metri di profondità.

depth
The oil was found at a depth of only a few meters.

Spatial Relationships

dove
Dove hai messo l'aspirapolvere?—
Dove sta sempre!

where
Where did you put the vacuum
cleaner?—Where it always is.

il **posto**

place

ecco
Ecco la foto che cercavi.

here is, here are; look!
Here's the photo that you were
looking for.

qua
Vieni qua anche tu!

here
You come here too!

qui
No, preferisco restare qui.

here
No, I prefer to stay here.

là

there

lì
Vedi quella casa rossa là a destra?
Marco e Raffaella abitano lì.

there
Do you see that red house there on
the right? Marco and Raffaella live
there.

giù

down, below; downwards;
downstairs

su
Salgo su io, o venite giù voi?

on, upon, up, over, above; out
Shall I come up, or are you
coming down?

sopra

on, upon, above, over

sotto

under, beneath; in, by

dentro
Ho messo il pacco sopra l'armadio
perché dentro non c'era posto.

within, inside, in
I put the package on the cupboard
because there was no room inside.

fuori
Marcello lo ha buttato fuori di
casa con poche parole.

out, outside; without
Marcello set it outside the door at
once.

fuori di
Fuori del centro città non si
trovano molti negozi.

outside
Outside the center of town,
there are few stores.

destro, a

right

sinistro, a

left

accanto a
Ho messo alcuni vasi di fiori
fuori, accanto alla porta di casa.

near; close to, beside
I put a few flowerpots outside,
near the door of the house.

di fronte a

in front of, facing

dirimpetto a

opposite, facing

davanti a

in front of, before

Allora ci incontriamo davanti
al teatro, d'accordo?

Then we'll meet in front of
the theater, all right?

avanti

ahead, forward

Torniamo indietro, è già tardi e
inoltre non sappiamo più andare
avanti.

Let's turn around, it's already late
and besides we don't know how to
go on.

tornare

go back, return; turn

dietro

back, behind; after

indietro

backward, back

lassù

up there, there above

Ti va bene, se ti assegnano
quel posto lassù?

Is it all right with you if you're
assigned that place up there?

assegnare

assign, allot

laggiù

down there, down below

il **luogo**

place

Si prega di conservare in luogo
asciutto.

Please store in a dry place.

Mi piacciono molto questi luoghi.

I like these places very much.

originario, a

native; original

Anche a me, perché hanno
conservato il loro aspetto
originario.

I do too, because they have
preserved their original
appearance.

I suoi parenti sono originari
dell'Umbria.

His relatives are natives of
Umbria.

l'**origine** f

origin

allontanarsi

go away, go far away

Mi sono allontanata molto
dai miei luoghi d'origine.

I have gone far away from
my place of origin.

il **riparo**

shelter; remedy; screen

indicare

indicate

l'**indicazione** f

indication, sign

Per arrivare all'aeroporto basta
che tu segua le indicazioni.

To get to the airport, all you have
to do is to follow the signs.

la **freccia**

arrow

opposto, a

opposite, opposing

Secondo la freccia bisogna girare a
sinistra, io invece pensavo che si
dovesse andare dalla parte
opposta.

According to the arrow you have
to turn left, but I thought that you
should go in the opposite
direction.

la **parte** — direction; side

da nessuna parte — nowhere
Non ho voglia di andare da nessuna parte. — I don't want to go anywhere.

da qualche parte — somewhere
Dov'è il giornale?—Da qualche parte deve essere! — Where's the newspaper? —It must be somewhere.
Ancora non so dove, ma da qualche parte andremo. — We'll go somewhere, but just where I don't know yet.

la **direzione** — direction

la **meta** — goal, aim; purpose
Stiamo andando nella stessa direzione, pare che abbiamo la stessa meta. — We're going in the same direction; it seems that we have the same goal.

orizzontale — horizontal

verticale — vertical

addosso — on, upon, over
Sembra proprio che tu abbia il diavolo addosso! — One would think that the devil was after you!
Mettiamoci al riparo addosso al muro! — Let's take shelter behind the wall!

il **retro** — back; verso

altronde — from elsewhere

Conceptions of Time

il **tempo** — time
Dobbiamo fare in fretta perché ho poco tempo. — We have to hurry, because I have little time.

la **fretta** — haste, hurry

il **momento** — moment
Non so dov'è andato Giancarlo, era qui un momento fa. — I don't know where Giancarlo has gone, he was here a moment ago.

l'**attimo** — instant, moment

breve — brief, short

impiegare — need
Quanto tempo impiegate per fare quel lavoro? — How much time do you need to do that job?

313

tardi
Si tratta di una cosa breve,
non faremo tardi.

late
That's quickly done,
we don't need long.

cominciare
A che ora comincia lo spettacolo?

begin, commence
What time does the performance
begin?

l'inizio
L'inizio dovrebbe essere alle
ventuno, ma spesso ritardano.

beginning
It ought to begin at nine, but often
it's later.

sempre

always

già

already

ogni tanto
Non ci vediamo spesso, solo ogni tanto.

now and again
We don't see each other often,
only now and again.

qualche volta

sometimes

spesso

often

aspettare
Ora dobbiamo andare, ci aspettano
già.

wait
We have to go now, they're
waiting for us.

finire <finisco>
Finisco presto il lavoro e sono subito
pronta.

finish
I'll finish the work quickly and be
ready right away.

presto

quickly; soon

subito

immediately, at once

ora

now

il **passato**
In passato ci vedevamo più spesso.

past
In the past we met more often.

ancora

still, again, yet, too, more

prima

previously; first

dopo
Aspetta, puoi farlo dopo.

after; afterwards; later
Wait, you can do that later.

poi
No, perché dopo cena vogliamo
uscire, poi si fa tardi.

then
No, because after supper we
want to go out; then it will be too
late.

l'**istante** *m*
Attendiamo ancora qualche istante, forse hanno dovuto ritardare la partenza.

instant, moment
Let's wait a moment, maybe they had to delay their departure.

ritardare

delay, put off; be late

iniziare
Se iniziamo subito, avremo terminato tutto per le cinque.

begin; initiate
If we begin at once, we will finish everything by five.

attendere

wait

la **pausa**
Attendiamo la prossima pausa per fare una telefonata a casa.

stop, pause; rest
We'll wait until the next stop to phone home.

terminare

finish

ormai

by now; at last; henceforth

adesso
Adesso telefono e chiedo quando vengono.

now
I'll call now and ask when they're coming.

allora
Allora era molto bella, com'è adesso?

then; in that case
Then she was very pretty, what is she like now?

il **frattempo**
Nel frattempo è diventata più vecchia anche lei, ma è sempre affascinante.

interval, meanwhile
In the meantime she's grown older too, but she is still fascinating.

ultimamente

recently, lately

finora

till now, as yet, hitherto

intanto
Intanto tu vai pure, noi ti raggiungiamo dopo, tanto siamo . in anticipo

in the meantime, meanwhile
You go on in the meantime, we'll follow later; we're too early anyway.

infine

finally, in the end

l'**anticipo**

anticipation, advance

il **futuro**
In futuro non faremo più così.

future
In future we'll proceed differently.

l'**avvenire** *m*
Si fanno tanti programmi per l'avvenire!

future
Many plans for the future are made!

l'**antenato**, l'**antenata**
I miei antenati vivevano in Lombardia.

ancestor, ancestress
My ancestors lived in Lombardy.

eterno, a
Ci sono delle giornate che sembrano eterne.

eternal
There are some days that seem to last an eternity.

il decennio
Nell'ultimo decennio la tecnica ha fatto grandi progressi.

decade
In the last decade, technology has made great advances.

ultimo, a

last

penultimo, a

next to last, penultimate

il secolo

century

il millennio
Il nostro millennio sta per finire.

millennium
Our millennium is about to end.

raggiungere

reach; achieve

in mezzo a

in the midst

in fondo a

at the back; at the bottom

Time and Time of Day

la **data**
E' già stata fissata la data dell'incontro? —Sì, è il giorno 9 di agosto.

date
Has the date of the meeting been set yet?—Yes, it's the 9th of August.

la **mattina**

morning

stamattina

this morning

svegliare
Scusami che stamattina ti ho svegliato così presto, ma dovevo partire.

wake up
Excuse me for waking you up so early this morning, but I had to leave.

la **sera**
Preferisco lavorare di sera che di mattina.

evening
I'd rather work in the evening than in the morning.

stasera
Stasera non esci?

this evening
Aren't you going out this evening?

la **notte**
No, sono stanco, la notte scorsa ho dormito poco.

night
No, I'm tired, I didn't sleep much last night.

stanotte

tonight

l'**ora**
Che ora è? Sono le 8 e 40.

hour; time
What time is it? It's 8:40.

il **minuto**
Allora aspettiamo altri cinque
minuti.

minute
Then let's wait five more
minutes!

il **secondo**

second

e

and, plus; after

meno
Avevano detto che sarebbero stati
qui alle nove meno un quarto.

less, minus
They said they would be
here at a quarter to nine.

fra
Sì, ma hanno telefonato qualche
minuto fa ed hanno detto che
arriveranno fra tre quarti
quarti d'ora circa.

in
Yes, but they phoned a few
minutes ago and said that they
would arrive in about three
quarters of an hour.

fa

ago

l'**alba**
Gastone si alza sempre all'alba.

dawn
Gastone always rises at
dawn.

la **sveglia**
Non ho sentito la sveglia, a
che ora l'avevi messa?

alarm clock
I didn't hear the alarm
clock; what time did you set it
for?

svegliarsi

awake, wake up

sveglio, a
Come mai sei già sveglio, è ancora
presto!

awake
How come you're already awake?
It's still early!

il **mattino**
Un proverbio dice:
"Il buon giorno si conosce dal mattino."

morning
A proverb says:
"A good beginning makes for a
good end."

il **pomeriggio**

afternoon

notturno, a
Quale farmacia ha il servizio
notturno?

nocturnal, night
Which pharmacy is open at
night?

l'**orologio**

clock, watch

l'**ora legale**
Quando comincia l'ora legale bisogna
mettere avanti l'orologio di un'ora.

daylight saving time
When daylight saving time begins,
the clock has to be put forward
one hour.

l'**ora solare**

standard time

317

il **mezzogiorno** E' già mezzogiorno? Allora il mio orologio va indietro.	noon, midday It's noon already? Then my watch is slow.
andare avanti	be fast
andare indietro	be slow
la **mezzanotte** Restiamo al massimo fino a mezzanotte, va bene?	midnight We'll stay at most until midnight, all right?
trascorrere	spend (time)
scorrere	elapse
trattenersi Possiamo trattenerci solo una mezz'ora, non di più.	stay, remain We can stay only half an hour, no longer.
il **quarto** (d'ora)	quarter hour

Days of the Week

(il) **lunedì** Il lunedì mattina molti negozi sono chiusi in Italia.	Monday On Monday morning many stores in Italy are closed.
(il) **martedì**	Tuesday
(il) **mercoledì** Mercoledì e giovedì abbiamo lezione d'italiano.	Wednesday On Wednesday and Thursday we have Italian class.
(il) **giovedì**	Thursday
(il) **venerdì** Abbiamo pensato di partire venerdì pomeriggio e di tornare domenica sera.	Friday We thought we could leave Friday afternoon and come back Sunday evening.
(il) **sabato** La spesa la faccio sempre il sabato.	Saturday On Saturday I always go shopping.
(la) **domenica**	Sunday
il **giorno** In che giorno della settimana c'è il mercato qui?—Tutti i martedì.	day On what day is the weekly market here?—Every Tuesday.
la **giornata** Ieri è stata una giornata favolosa.	day (*in its entirety*) Yesterday was a fabulous day.

favoloso, a	fabulous, wonderful
la **settimana**	week
oggi	today
ogni	every, each
Ogni minuto che passa mi sembra un'ora.	Each minute that passes seems to me like an hour.
anche	also, too
domani	tomorrow
feriale	ordinary; business, working
E' il 15 d'agosto un giorno festivo anche in Germania?—No, è un giorno feriale, perché?—Perché è Ferragosto.	Is the 15th of August a holiday in Germany too?—No, it's a working day, why?—Because it's the workers' holiday. (*Ferragosto: Italian workers summer holiday*)
ieri	yesterday
Ieri il tempo era brutto e pare che pioverà anche domani.	Yesterday the weather was nasty, and it seems that it will rain tomorrow too.

il **fine setti mana**	weekend
Cosa fai il fine settimana?	What do you do on the weekend?
il **seguito**	consequence
seguente	following
Nei giorni seguenti avete dovuto lavorare molto?	Did you have to work a lot on the following days?
seguire	follow
Sì, il periodo che segue le vacanze è sempre molto duro.	Yes, the time that follows vacation is always very hard.
prossimo, a	next, coming
Abbiamo deciso di fare la festa domenica prossima.	We've decided to have the party next Sunday.
scorso, a	last, past
odierno, a	of today
Prima dobbiamo risolvere i problemi odierni, degli altri parleremo in seguito.	First we have to solve the problems of today, the others we'll talk about later.
dopodomani	day after tomorrow
Dopodomani andremo a Bologna.	The day after tomorrow we're going to Bologna.
ieri l'altro	day before yesterday

Months

il **mese**	month
mensile	monthly
Questa rivista è settimanale o mensile?	Is this magazine a weekly or a monthly?
l'**anno**	year
annuale	annual
gennaio	January
Noi andiamo a sciare sempre in gennaio o febbraio, perché in genere c'è più neve.	We always go skiing in January or February, because there's generally more snow.
febbraio	February
marzo	March
Marzo è chiamato pazzo perché il tempo cambia spesso.	In Italy March is called "crazy," because the weather is very changeable.
aprile	April
In Germania invece è aprile il mese pazzo.	In Germany, however, April is the "crazy" month.
maggio	May
giugno	June
Le scuole in Italia cominciano in settembre e finiscono in giugno.	In Italy the school year starts in September and ends in June.
luglio	July
agosto	August
Quasi tutti gli italiani vanno in ferie in agosto.	Almost all Italians go on vacation in August.
settembre	September
Il mio mese preferito è il settembre.	My favorite month is September.
ottobre	October
novembre	November
Novembre viene considerato il mese più triste dell'anno.	November is considered the gloomiest month of the year.
dicembre	December
A fine dicembre partiremo per le vacanze invernali.	At the end of December we leave for winter vacation.
quasi	almost

Seasons

la **stagione**
In questa stagione non è possibile
fare il bagno in mare, fa troppo
freddo.

season
In this season it's not possible
to swim in the ocean; it's too cold.

la **primavera**

spring

primaverile
L'aria primaverile è piena di
profumi.

spring, of spring, vernal
The spring air is full of fragrance.

l'**estate** *f*
In estate si passa molto tempo
all'aperto.

summer
In summer a lot of time is spent
outdoors.

estivo, a

summery, summer

l'**autunno**
Le foglie hanno colori stupendi in
autunno.

fall, autumn
In fall the leaves have marvelous
colors.

autunnale

fall, autumnal

l'**inverno**
Quest'anno abbiamo avuto
un inverno molto mite.

winter
This year we had a very mild
winter.

invernale
E' ora di mettere gli abiti invernali.

wintry, winter
It's time to wear winter clothes.

A febbraio è ancora inverno in Italia, ma a giugno fa già caldo.
In February it is still winter in Italy, but in June it is already hot.

▰▰▰ Demonstrative and Relative Pronouns ▰▰▰

questo, a
Se hai già letto tutti questi racconti, ora puoi leggere queste novelle.

this
If you've already read all these stories, now you can read these novellas.

quello, a, quell';
quei, quelle, quegli
Conosci quell'uomo?
Sì, è sempre ai giardini con quei bambini che abitano in quegli strani palazzi nuovi.

that; those

Do you know that man?
Yes, he's always in the gardens with those children who live in those strange new apartment buildings.

ciò
Non voglio sapere niente di tutto ciò.

that, this, it
I don't want to know anything about all that.

stesso, a
Luigi stesso mi ha raccontato questa storia.
Ma è la stessa storia che mi ha raccontato Alfredo.

same; self, very
Luigi himself told me this story.

But it's the same story that Alfredo told me.

che

Il vestito che hai comprato ti sta proprio bene.
Sì, gli altri che avevo provato non erano così belli.
Il giorno che questo lavoro sarà finito, ringrazierò il cielo.

who, whom; that; which, what (*relative pronoun*)
The dress that you bought looks really good on you.
Yes, the others that I had tried on were not as pretty.
On the day on which this work is finished, I will thank Heaven.

Caterina mi ha promesso di uscire con me domani, il che mi fa molto piacere.

Caterina promised to go out with me tomorrow, which makes me very happy.

il, la quale
Ho incontrato Edoardo, il quale mi ha detto che verrà di sicuro.

which, what; who; some
I met Edoardo, who told me that he would surely come.

Ricordi quelle amiche, con le quali siamo stati a Saarbrücken l'anno scorso?

Do you remember those girl friends with whom we were in Saarbrücken last year?

cui	whom, which; whose, of which (*substitute for il/la quale in connection with prepositions in the oblique cases*)
Dici quelle di cui mi parlavi l'altro ieri?	Do you mean the ones of whom we were speaking the other day?
Sì, le amiche (a) cui volevo fare vedere le foto.	Yes, the girls to whom I wanted to show the photos.

▰▰▰▰ Interrogative and Indefinite Pronouns ▰▰▰▰

chi	who?, whom?
Puoi parlarne con chi vuoi.	You can talk about it with whomever you wish.
Chi mi dice che posso esserne sicuro?	Who will tell me that I can be secure?
(che) cosa	what?
(Che) cosa hai detto?	What did you say?
che	what?, what kind of?
Ma che fai, sei matto?	What are you doing? Are you crazy?
Che macchina ti vuoi comprare?	What kind of car do you want to buy yourself?
quale	which, what; who
Quale dei tuoi amici devo invitare? Quale preferisci?	Which of your friends should I invite? Whom do you prefer?
qualcosa	something, anything
Ti serve qualcosa?	Do you need anything?
qualcuno, a	someone, anyone, something
Manda qualcun'altro, io non posso andare.	Send someone else, I can't go.
ognuno, a	everyone, everybody, each one (*substantively*)
Ognuno decida come vuole.	Let everyone decide as he wishes.
ciascuno, a	everyone, everybody; every one, each (*substantively*)
Regaleremo una scatola di matite colorate ciascuno.	We're giving everyone a box of colored pencils.
qualche	some, a few, any
Qualche giorno va bene e qualche giorno va male.	Some days it goes well, some days poorly.
qualsiasi	whichever, whatever; any
Quale pullover vuoi?—Uno qualsiasi!	Which pullover do you want?— Any one.

chiunque

whoever; anybody

qualunque
Qualunque cosa io dica, mi critichi sempre.

whatever, whichever; every, each
Whatever I say, you always criticize me.

certo, a
Certi sono d'accordo, certi no.

certain
Certain people are in agreement, certain others are not.

tale
Mi ha detto delle cose tali, che non sapevo più cosa rispondere.

such
He said such things to me that I no longer knew what to reply.

altro, a
Se non ci pensi tu, ci penserà un altro.

another; something else
If you don't see to it, someone else will.

Aiutatevi l'un altro!
Gli uni sono d'accordo, gli altri no.

Help one another!
Some are in agreement, the others aren't.

Pronominal Associations

andàrsene
Noi ce ne andiamo, voi cosa fate?

go away
We're going now, what are you doing?

capirci
Io non ci capisco più niente, ci capisci tu qualcosa?

understand something about it
I don't understand anything about it, do you?

cavàrsela
Come va il lavoro?—Me la cavo bene, grazie.

get off, get out of a thing
How's the work going?—I'm managing nicely, thanks.

darsi da fare

Datti un po' da fare, se vuoi ottenere qualcosa!

exert oneself; become active; try to think of something
Exert yourself a little, if you want to achieve anything!

darsi delle arie
Perché Claudia si dà tutte quelle arie! Ma chi si crede di essere?

give oneself airs
Why is Claudia putting on such airs? Who does she think she is?

entrarci
Non prendertela con Isabella, lei non c'entra niente!—E allora chi c'entra, scusa?

have to do with; be a factor
Don't be annoyed with Isabella, she has nothing to do with it.— Then who does, if you'll excuse me?

farcela

Se proviamo ancora, ce la facciamo.

manage it, make it, do it
If we try again, we'll make it.

farsi vivo, a, farsi sentire

Ci faremo vivi/sentire appena avremo un po' di tempo.

report; let oneself be heard from
We'll let you hear from us as soon as we have a little time.

finirla

Pensavamo proprio che tu non la finissi più di dormire.

stop it
We really thought that you would never stop sleeping!

mettercela tutta

Nicola dice che ce l'ha messa tutta, ma non ce l'ha fatta lo stesso.

spare no effort, do one's utmost
Nicola says that he did his utmost, but he still didn't make it.

mettercisi

Ti ci metti anche tu adesso, non bastavano gli altri?!

Se mi ci metto io, faccio tutto in cinque minuti.

trouble about it; set about it
Now you're getting into it too! Weren't the others enough?
If I set about it, I'll finish everything in five minutes.

prendersela

Non prendertela, sono sicuro che lui non voleva offenderti.

be annoyed; be offended
Don't be annoyed; I'm sure that he didn't want to offend you!

tenerci

Se voi ci tenete tanto, allora vi accompagneremo.

place importance on
If you place such importance on it, I'll come with you.

sentirsela

Mi dispiace, ma non me la sento di andare a ballare stasera.

feel like
I'm sorry, but I don't feel like going dancing this evening.

smetterla

Smettila, per favore!

stop, cease
Stop it, please!

farne

Ne ha fatte di tutti i colori, ma ha sempre avuto fortuna.

be up to, get into things
He got into the most unbelievable things, but he was always lucky.

ripensarci	think it over; change one's mind
mi sa che	it seems to me
passarla liscia	escape unscathed
Puoi essere contento, l'hai passata liscia anche questa volta.	You can be glad; you escaped unscathed this time too.
darla a bere	pull someone's leg
A chi vuoi darla a bere?	Whose leg do you want to pull?
darsela a gambe	take to one's heels
Appena è arrivata la polizia, il ladro se l'è data a gambe.	As soon as the police came, the thief took to his heels.
saperla lunga	know a thing or two, be cute
Eh, tu la sai lunga, lo so!	Yes, I know, you know a thing or two!
raccomandarsi	implore, entreat
Mi raccomando, state attenti!	I implore you, be careful!

Conjunctions

affinché	so that
Ti aiuto affinché questa faccenda sia chiarita al più presto.	I'll help you, so that this matter can be cleared up as soon as possible.
a meno che	unless
Non credo che verrò, a meno che Romolo mi venga a prendere.	I don't think I'll come, unless Romolo picks me up.
appena	as soon as; scarcely
Maria è corsa subito da me appena mi ha vista.	Maria ran toward me as soon as she saw me.
benché	although
Siamo usciti a passeggio benché piovesse.	Although it was raining, we took a walk.
che	that
Elena mi ha già detto che porterà la bambina all'asilo.	Elena has already told me that she would take the little girl to kindergarten.

considerato che

considering that

dato che
Dato che sei qui, perché non resti a cena?

seeing that; since
Since you're already here, why don't you stay for supper?

dopo che
Dopo che ci siamo lasciati sono andata subito a letto.

after
After we said goodbye, I went to bed at once.

e
Da quanti anni siamo già amici tu ed io?

and
How many years have you and I been friends now?

finché
Finché c'è vita, c'è speranza.

till, until; as long as; while
While there's life, there's hope.

in modo che
Parlo piano in modo che tu mi possa capire.

so that, in such a way that
I'm speaking slowly, so that you can understand me.

ma
Ma guarda là, non vedi quel cartello?

but
But look over there, don't you see that sign?

mentre
Mentre voi guardate la TV io preparo la cena.

while
While you watch TV, I'll fix supper.

o

or

oppure
Viene oppure no, signora?

or, or else
Are you coming or not, ma'am?

perché
Perché non avete aspettato?
—Perché era già tardi.
Perché io possa finire il lavoro, dovete portarmi altro materiale.

because, for, in order that
Why didn't you wait?
—Because it was already late.
In order that I might finish the work, you have to bring me more material.

però
Quello che dici tu è giusto, però penso di avere ragione anche io.

however, yet, but
What you say is correct, but I think that I'm also right.

poiché

since, after; because

prima che
Voglio essere a casa, prima che faccia notte.

before
I want to be home before it gets dark.

quando

when, whenever

se
Quando vai in città, passa in farmacia, se è possibile.

if, whether; suppose
When you go into town, please go to the pharmacy, if possible.

sia ... che
Ne abbiamo parlato sia con lui che con lei.

both ... and
We talked about it both with him and with her.

a patto che
Ora ti aiuto, ma solo a patto che tu dopo ti riposi.

provided that
I'll help you now, but only provided that you rest afterward.

nonché

as well as

purché
Ti accompagno, purché si faccia presto.

if only, provided that
I'm coming with you, provided that it goes quickly.

sebbene
Giovanna si da delle arie sebbene non ne abbia alcuna ragione.

although
Giovanna puts on airs, although she has no reason to do so.

senza che
Non potremmo andare noi, senza che debba venire lui?

without
Couldn't we go without his having to come along?

siccome
Siccome eravamo in sei, abbiamo preso due macchine.

as, for, since
Since there were six of us, we took two cars.

visto che
Visto che è già tardi, direi che è meglio partire domani.

since, because
Since it's already late, I would say that it's better to leave tomorrow.

Prepositions

a
A che ora ci vediamo?—Quando vuoi, fino alle nove mi trovi ancora a casa.

at, to, by
At what time will we see each other?—Whenever you like; I'll be at home until nine.

a causa di
Non siamo più usciti a causa del cattivo tempo.

on account of, because of
Because of the bad weather we didn't go out anymore.

con
Con questo tempo è meglio se non usciamo.

with, by, to
With this weather it's better if we don't go out.

contro
Il bambino ha battuto la testa contro il muro e si è fatto male.

against
The child struck his head against the wall and hurt himself.

da
Sono appena arrivata da Perugia
e devo andare subito a Siena.

from, by, to, at, for
I've just come from Perugia and
I have to leave for Siena
immediately.

Perché non vieni da me?

Why don't you come to my place?

di
Di chi è questo libro?—E' di Luigi,
mi ha detto di darlo a te.

of, from, for, with, at, about, by
Whose book is this?—It belongs
to Luigi; he told me to give it to you.

durante

during

in
Quando andate in Italia?—Siamo stati
in Italia due settimane fa.

in, into, within, to; at, on, of, by
When are you going to Italy?—We
were in Italy two weeks ago!

in fondo a
La piazza si trova in fondo a questa
strada.

at the bottom of; at the back of
The piazza is located at the bottom
of this street.

invece di
Perché non lavori, invece
di star senza far niente!

instead of
Why don't you work,
instead of being idle!

malgrado
Perché lo difendi malgrado
tutto quello che ha fatto?

in spite of
Why do you defend him in
spite of everything he has done?

nonostante
Nonostante il tuo ritardo, abbiamo
fatto in tempo lo stesso.

notwithstanding, in spite of
In spite of your lateness, we
made it on time all the same.

oltre a
Chi c'era, oltre alle solite persone?

besides
Who was there, besides the usual
people?

per

Giovanni parte per Roma domani.

Deve andarci per un processo e
spero che vada tutto bene per lui.

for, by, through, in, to, during, on
account of
Giovanni leaves for Rome
tomorrow.
He has to go there on account of a
trial, and I hope that everything
goes well for him.

presso
Trascorro le ferie presso la famiglia
Covi.

near, close to, by, at about
I'm spending the vacation at the
house of the Covi family.

salvo
E' aperto tutti i giorni, salvo il lunedì.

except, excepting
It's open every day except Monday.

secondo
Secondo me, dovresti lavorare meno.

according to
In my opinion, you should work
less!

senza
Questo palazzo è senza dubbio
il più antico della città.

without
Without doubt, this palazzo
is the city's oldest.

sino a, fino a
Resteremo in Italia fino (sino) ad ottobre.
Fin (sin) dove vuoi arrivare?

until, till, up to; as far as
We'll stay in Italy until October.

How far do you want to get?

su
Puoi mettere la borsa sul tavolo.
Ho letto un bellissimo libro sulla Calabria.

on, upon, up, over, about
You can put the purse on the table.
I read a wonderful book about Calabria.

tra, fra
Fra (tra) due ore circa saremo a casa.

Tra (fra) me e te c'è una differenza d'età di otto anni.

between, among; in
In about two hours we will be home.
Between you and me there's an age difference of eight years.

tramite

through, by

Adverbs and Adverbial Expressions

altrettanto
Buon appetito!—Grazie altrettanto!

as much, as many; likewise
Bon appetit!—Thanks, the same to you!

appena
Siamo appena arrivati da Bari.

scarcely; as soon as; just
We've just come from Bari.

appunto
Appunto, le cose non sono cambiate.

precisely, exactly, just so
Exactly, things have not changed.

a proposito

with respect to, a propos

cioè

that is, namely, to wit

comunque
Va bene, domani proviamo di nuovo comunque.

however
All right, tomorrow we'll try again, however!

così
Sei proprio così stanco?

so
Are you really so tired?

di nuovo

again, once more

di solito

usually, as a rule

dunque

then; so; consequently

in genere

in general

in ogni caso
Ti telefonerò in ogni caso, va bene?

in any case
I'll phone you in any case, all right?

invano
Ma allora abbiamo fatto tutta questa strada invano!

in vain
Then we've come all this way in vain!

invece
Credevo di essere pratico, invece mi sono sbagliato e non riusciamo più ad arrivare lì.

instead
I thought I knew my way around; instead, I was wrong, and we won't be able to get there.

meno male

all the better

perciò
Non ho tempo, perciò non vengo.

therefore, for that reason
I don't have time, therefore I'm not coming.

più
Devi lavorare con più concentrazione!

more
You need to work with more concentration!

piuttosto

rather, somewhat; sooner

proprio
Sei proprio stupida!

really, exactly, indeed, just
You are really stupid!

quindi

hence, therefore, then

tuttavịa

yet, however, still; all the same

veramente

truly, really, indeed

---

ad un tratto

suddenly

anzi
Non è tardi, anzi è ancora presto!

on the contrary, rather, much more
It's not late; on the contrary, it's still early!

caso mai

in case

di nascosto
Perché fai le cose di nascosto?

secretly, on the sly
Why do you do the things secretly?

eppure
"Eppure si muove", ha, detto Galileo ed aveva ragione!

and yet, and still, however
"And yet it does move," Galileo said, and he was right.

in ogni modo, ad ogni modo
Ad ogni modo io glielo dico di nuovo, poi vedremo.

at any rate
At any rate I'll say it to him again, then we'll see.

lo stesso
Vedrai che non capirà lo stesso.

all the same
You'll see that he won't understand it all the same.

per forza	by necessity, perforce
pure	also, likewise
Sara vuole che andiamo a casa ed io pure.	Sara wants us to go home, and I do also!
senza complimenti	without ceremony; frankly

Interjections

ah!
Ah! Come sono felice!

ah
Ah! How happy I am!

ah no!
Ah no! Così non va!

oh no!
Oh no, that won't do!

ah sì?
Ah sì? Sei sicuro?

oh yes?
Oh yes, are you certain?

ahi!
Ahi! Che male!

ow!, ouch!
Ouch, that hurts!

basta!

enough!, nonsense!

certo
Caspita che bella casa hai! L'hai comprata adesso?—Certo!

certainly, of course
Good gracious, what a pretty house you have! Did you just now buy it?—Of course!

chissà

who knows?

come no!
Sei d'accordo?—Come no!

of course!
Are you in agreement?—Of course!

eccome!
Forse vengo anch'io ad abitare in questa zona, chissà! Saresti contento?—Eccome!

and how!
Maybe I'll also move into this area, who knows! Would you be glad?—And how!

ehi!
Ehi! Senti un po'!

hey!
Hey, just listen!

insomma!

in short; after all; well!

magari
Hai vinto al lotto?—Magari.

I wish it were so!
Did you win the lottery?—I wish it were so!

maledizione!
Maledizione! Si è fatto di nuovo tardi!

damn it!, darn it!, oh bother!
Darn it! It's late again!

oh
Oh! Insomma. Adesso basta!

oh
Oh! After all! Now that's enough!

---

beh
Beh! Cosa ha detto Mauro?

well?, and?
Well, what did Mauro say?

cạspita

Good gracious!

guai
Se non stai zitto, guai!

woe!, woe betide!
If you don't keep quiet, woe unto you!

mah
Mah, cosa vuoi che ti dica!

well!, hm!
Well, what do you want me to say to you!

Idiomatic Expressions

ạcqua in bocca
Ora ti racconto un segreto, ma acqua in bocca!

silence, not a word about it
Now I'll tell you a secret, but not a word!

alzare il gọmito
Non ti pare che stai alzando il gomito un po' troppo!

drink hard
Don't you think that you're drinking a little too hard?

ammazzare il tempo
Cosa si potrebbe fare per ammazzare il tempo?

kill time
What could we do to kill time?

avere l'ạcqua fino alla gola
Credo che le cose gli vadano male e che abbia l'acqua fino alla gola.

be in great difficulties
I think that things are going badly for him and that he's in great difficulties.

bisogna
Domandiamo se bisogna prenotare i posti?

one must; it is necessary
Let's ask whether it's necessary to reserve the seats.

chiaro e tondo
Te l'ho detto chiaro e tondo diverse volte!

clearly and plainly
I've said it to you clearly and plainly several times!

ci vuole
Quanto tempo ci vuole per andare in Sardegna?

it takes; is needed (*singular*)
How long does it take to go to Sardinia?

ci vọgliono
Ci vogliono otto ore circa.

it takes; are needed (*plural*)
It takes about eight hours.

combinare
Ma che diavolo stai combinando? Ne combini proprio di cotte e di crude.

contrive, be up to (*mischief*)
What the devil are you up to? You really get into the craziest things!

conviene
Ormai non conviene più aspettare.

it is advisable
Now it no longer makes sense to wait.

dare nell'occhio
Non mi piace quel vestito dà troppo nell'occhio.

attract notice
I don't like that dress, it attracts too much notice.

dare importanza
Perché dai tanta importanza a queste cose?

place importance
Why do you place so much importance on these things?

dipende

(it) depends

essere in gamba
Bravo, sei proprio in gamba!

be in good form, be on the ball
Bravo, you're really on the ball!

fare bella figura

make a good impression, cut a fine figure

fare brutta figura

cut a poor figure

far(e) finta di
Non fare finta di non capire!

act as if, pretend
Don't pretend you don't understand!

importa
Non importa, telefoniamo dopo.

it is important
It's not important, we'll phone later.

in bocca al lupo
Domani hai gli esami? In bocca al lupo!

good luck
Your exams are tomorrow? Good luck!

lasciar perdere
Non discutiamo più, lasciamo perdere.

let things alone
Let's not argue anymore, we'll let it alone!

mettere il naso
Ma è possibile che tu debba mettere il naso dappertutto?

stick one's nose into
Do you really have to stick your nose into everything?

non vedere l'ora
Non vedo l'ora di andare in ferie.

be unable to wait
I can't wait to go on vacation.

prendere in giro
Ma tu ci prendi in giro!

pull someone's leg
You're pulling our leg!

promettere mari e monti
Prometti sempre mari e monti, e poi non fai mai niente.

make wild promises
You always make wild promises, and then you don't do anything.

restare a bocca asciutta
Giulio sperava tanto di avere quel posto ed è restato a bocca asciutta.

be left empty-handed
Giulio was hoping so much for that position, and now he's left empty-handed.

serve
Cosa ti serve?

need (*singular*)
What do you need?

servono
Mi servono due matite ed un quaderno.

need (*plural*)
I need two pencils and a notebook.

si capisce!

certainly, of course

tirar avanti
Come va?—Si tira avanti.

make one's way, get along
How are things going?—We're managing.

toccare a
A chi tocca?—Tocca a voi.

be someone's turn
Whose turn is it?—It's your turn.

la **via d'uscita**
Mi dispiace, ma non vedo altra via d'uscita.

way out
I'm sorry, but I see no other way out.

la **via di scampo**
Bisogna lavorare, non c'è via di scampo!

way out, escape
We have to work, there's no way out of it!

aver le carte in regola

have the papers in order; have a good hand

Lucio ha tutte le carte in regola per ottenere quel posto.

Lucio meets all the requirements for getting that position.

avere le mani bucate
Ma tua figlia è sempre senza soldi, ha proprio le mani bucate!

be a spendthrift
But your daughter is always broke, she really is a spendthrift!

avere un diavolo per capello
Oggi è meglio non parlargli, ha un diavolo per capello.

be mad as a hornet
Today it's better not to speak to him, he's mad as a hornet.

cogliere al volo
Senti questa, l'ho colta al volo mentre aspettavo il tram.

pick up
Listen to this, I picked it up while I was waiting for the streetcar.

cogliere la palla al balzo
Giorgio è stato furbo, ha colto subito la palla al balzo.

seize the opportunity
Giorgio was clever enough to seize the opportunity at once.

dai!
Dai, muovetevi!

go on!, get going!
Go on, get a move on!

essere al verde
Stasera non si esce, siamo tutti al verde!

be penniless
This evening no one's going out, we're all penniless!

molto fumo e poco arrosto
Questa è la classica storia con molto fumo e poco arrosto.

much ado about nothing
This is the classic story of much ado about nothing.

non c'è due senza tre

all things come in threes

piangere lacrime di coccodrillo
E' inutile che piangi, le tue sono lacrime di coccodrillo.

weep crocodile tears

It's useless for you to cry; you're just weeping crocodile tears.

rimanere a bocca aperta
Quando l'ho sentito sono rimasto a bocca aperta.

be astonished, bewildered
When I heard that, I was astonished.

senza mezzi termini

Adesso glielo spiego io senza mezzi termini!

without half measures; without mincing one's words
Now I'll tell it to him without mincing any words!

tagliare la corda
Non vorrai mica tagliare la corda proprio ora!

clear out, run away
You don't want to run away just now!

tocca ferro!

touch wood!

togliere il disturbo
Le tolgo subito il disturbo, signora, vorrei dire solo due parole.

cease disturbing
I won't bother you for long, ma'am, I only want a few words with you.

venire al sodo
Basta con le chiacchiere, veniamo al sodo!

come to the point
Enough chattering, let's get to the point!

la via di mezzo
Bisognerebbe trovare una via di mezzo più sicura.

middle course; way out
A safer way out ought to be found.

vivere alla giornata
Non è nel mio carattere vivere alla giornata.

live from hand to mouth
It's not in my nature to live from hand to mouth.

vivere di pane ed acqua

live on air alone

Negation

non

not, no

non ... più

no more

Perché non vai più a lezione?

Why don't you go to class any-more?

—Perché non ho tempo.

—Because I don't have time.

non ... mai

never

non ... mai più

never again

Non voglio vederti mai più.

I never want to see you again.

non ... niente

nothing

non ... più niente

nothing more

Non dire più niente, basta così.

Say nothing more, that's enough.

non ... mai niente

never anything

Ma tu non capisci proprio mai niente, vero?

You really never understand anything!

non ... nulla

nothing

A me non hai detto ancora nulla, come mai?

How come you haven't told me anything yet?

non né ... né

neither ... nor

Non conosco né lui né lei.

I know neither him nor her.

non ... neanche, non ... nemmeno non ... neppure

not even

Non è venuto nessuno, non c'era neanche (nemmeno, neppure) suo padre.

Nobody came, not even his father was there.

non ... nessuno, a

no one, nobody

Cristina non ha visto nessuno e se n'è andata via.

Cristina saw no one and went away.

non ... mica

not at all, not in the least

No ho mica detto che è colpa tua!

I didn't at all say that it was your fault!

Linguistic Terminology

la **lingua**
La lingua italiana è molto musicale.

language
Italian is a very musical language.

il **significato**

meaning

significare

mean

la **parola**
Che cosa significa questa parola?

word
What does this word mean?

pronunciare

pronounce

la **grammatica**
E' necessario imparare la grammatica.

grammar
It's necessary to learn grammar.

il **punto**
Dopo il punto devi scrivere con la maiuscola.

period
After the period you have to write a capital letter.

la **virgola**

comma

l'**accento**

accent

il **verbo**
Questo verbo è regolare o no?

verb
Is this verb regular or not?

regolare

regular

il **presente**

present

l'**imperfetto**
L'imperfetto dei verbi italiani è sempre regolare.

imperfect
The imperfect of Italian verbs is always regular.

il **sostantivo**
I sostantivi italiani possono avere solo il genere maschile o quello femminile.

noun, substantive
Nouns in Italian are either masculine or feminine in gender.

maschile

masculine, male

femminile

feminine, female

neutro
Infatti il neutro non esiste.

neuter
In fact, there exists no neuter.

il **singolare**

singular

il **plurale**

plural

irregolare

irregular

il **pronome**
In italiano alcuni pronomi possono
formare una parola sola con il verbo.

pronoun
In Italian, certain pronouns can be
attached to the verb to form a
single word.

l'**aggettivo**

adjective

il **termine**

term

l'**ortografia**
In questo tema ci sono molti
errori di ortografia.

spelling, orthography
In this theme there are
many spelling errors.

il **punto e virgola**
Qui scriverei punto e virgola
al posto di due punti.

semicolon
Here I would put a semicolon
instead of a colon.

i **due punti** *pl*

colon

le **virgolette** *pl*

quotation marks

la **parentesi**
Devo scrivere questa
frase fra parentesi?

parenthesis
Do I have to put this sentence
in parentheses?

il **punto interrogativo**

question mark

il **punto esclamativo**

exclamation point

la **maiuscola**

capital letter

la **minuscola**

lower-case letter

il **genere**

gender

il **caso**

case

coniugare
Sto imparando a coniugare i
verbi irregolari.

conjugate
I'm learning to conjugate the
irregular verbs.

irregolare

irregular

il **participio**
Vedere ha due participi
passati: visto e veduto.

participle
"Vedere" has two past participles:
"visto" and "veduto."

l'**avverbio**
Attenzione: bene è avverbio,
buono è aggettivo.

adverb
Watch out! "Bene" is an adverb,
"buono" is an adjective.

la **preposizione**
Non è facile usare bene le
preposizioni.

preposition
It's not easy to use the
prepositions correctly.

la **congiunzione**

conjunction

il **soggetto**
Qual'è il soggetto di questa frase?

subject
What is the subject of this sentence?

il **complemento**

object

andare

Oggi vado a piedi in ufficio.

E tu, vai in macchina?
La macchina è rotta non va più.

No, no, va scritto oggi!

go, walk, move; happen; function
Today I'm going to the office on foot.
And you, are you going by car?
The car is broken, it doesn't work anymore.
No, no, it has to get written today!

avere

Ho molta pazienza.
Avete una casa in campagna?

Ne abbiamo fin sopra i capelli di voi.

Se ne hai ancora per tre ore, ti aspetto a casa.

Marianna ha molto del padre, non trovi?
Devono avere ancora un milione dal comune.
Non possono venire, hanno da finire un lavoro per stasera.
Penso che abbia più o meno trent'anni.

have, possess, wear; be
I have a lot of patience.
Do you have a house in the country?
We've had more than enough of you.
If you have three more hours of work to do, I'll wait for you at home.
Marianna has a lot of her father in her, don't you think?
They still are owed 1 million by the municipality.
They can't come, they have to finish a job by this evening.
I think that he's about 30 years old.

continuare

Continui pure il suo lavoro, non c'è fretta.
Continua a ripetermi sempre la solita storia.
Prima girate a sinistra, poi continuate fino al prossimo semaforo.
Il loro amore continua da anni.

continue, go on, last; persevere
Just go on working, there's no hurry.
He keeps on repeating the same story to me.
First turn left, then keep on till the next traffic light.
Their love has lasted for years.

dovere

Devi assolutamente venire.
Vorrei pagare, quanto Le devo?

Non si devono fare queste cose senza prima pensarci bene.

Ormai il bambino dovrebbe essere stanco, non pensi?
Gli devo molto, ho sempre potuto contare su di lui.

owe; be obliged to, have to; shall, should, must, ought
You absolutely must come!
I would like to pay, how much do I owe you?
One shouldn't do these things without thinking them over well first.
The child ought to be tired by now, don't you think?
I owe him a lot; I've always been able to count on him.

ẹssere

be, exist; stand, become; happen, be probable

Dove siete?	Where are you?
Siamo stati in città.	We were in town.
Sarà quel che sarà.	Come what may!
Sarai anche tu dei nostri domani?	Will you also be with us tomorrow?
C'era una volta una bambina che si chiamava Cappuccetto Rosso.	Once upon a time there was a little girl who was called Little Red Riding Hood.
Vorrei pagare, quant'è?	I'd like to pay, how much is it?
Magda non è più in buone condizioni.	Magda is no longer in good shape.
E' già stato scritto l'ultimo capitolo?	Has the last chapter been written yet?

fare

do, make, form, create, cause, think, get

Cosa fate oggi?	What are you doing today?
Sono disperati, non sanno più cosa fare.	They're desperate, they no longer know what to do.
Chi farà da testimone alle vostre nozze?	Who will be a witness to your marriage?
Sia fatta la tua volontà!	Thy will be done!
Voglio farmi fare un vestito nuovo.	I want to have a new dress made for myself.
Fatemi vedere cosa avete comprato.	Show me what you've bought.
Dieci per tre fa trenta.	Ten times three is thirty.
Quanti abitanti fa Roma?	How many inhabitants does Rome have?
Dobbiamo fare in modo di arrivare puntuali.	We have to see to it that we arrive on time.
Vedo che anche Isabella si è fatta furba.	I see that Isabella also has become cunning.
Queste storie mi fanno ridere/piangere.	These stories make me laugh and cry.
Hanno fatto la fame per lungo tempo.	They suffered from hunger for a long time.
E' ora di farla finita.	It's time to put an end to it.
Partiremo sul far del giorno.	We'll leave at daybreak.

finìre, finisco
Hai già finito di fare i compiti?

Finisco il lavoro e vengo.

Se continuate così, finirete male.

Scendi da lì, finisci col cadere.

Abbiamo finito il pane, chi va a comprarlo?
Ma finiscila!
Dove è andata a finire la mia borsa?

finish, end, conclude; die
Have you already finished doing your homework?
I'll finish the work and then I'll come.
If you keep on this way, you'll come to a bad end.
Go down there, otherwise you'll fall in the end!
Our bread is all gone; who will go buy some?
Stop that!
Where has my purse gotten to?

guardare

Guardiamo il film in TV stasera, o usciamo?
Guarda che bello!
Guardi tu i bambini mentre io sono fuori?
Guarda, guarda!
Quando è in servizio non guarda in faccia nessuno.
Guardate di imparare bene la lezione!

look at, watch; consider; guard; beware; face
Shall we watch the film on TV this evening, or are we going out?
Look, how pretty!
Will you watch out for the children while I'm outside?
Look, look!
When he's on duty, he can't take a joke.
See that you learn the lesson well!

importare

Se facciamo tardi, non importa.
A me questo lavoro importa molto, ed a te?
A voi cosa importa? Ci penseranno loro.

matter, be necessary, be of consequence
It doesn't matter if we're late.
This work matters a lot to me, does it to you?
What does it matter to you?
They'll take care of it.

incominciare
Incominci tu, o incomincio io?

Abbiamo incominciato il lavoro già ieri.

begin, commence; start
Will you begin, or shall I begin?
We already began the work yesterday.

interessare

Questo discorso mi interessa molto.
Scusa, a te cosa interessano queste cose?
Fate come volete, a me non interessa.

interest, concern; affect, matter; apply to
This talk interests me greatly.
Excuse me, are these things any concern of yours?
Do as you like, it doesn't matter to me.

Dobbiamo cercare di interessare anche gli altri.

We have to try to get the others interested too.

lasciare

leave, quit; allow, let; omit, leave off

Dove hai lasciato la tua borsa?
Ada lo ha lasciato dopo tre anni che erano insieme.
Lascia fare a me!
Ho lasciato la casa ai miei figli e sono andata ad abitare in campagna.

Where did you leave your purse?
Ada left him after they were together for three years.
Leave it to me!
I have left the house to my sons and moved to the country.

Stiamo zitti, lasciamolo parlare.

Quiet! Let's allow him to speak!

E' meglio che lasciamo un biglietto.

We'd better leave a note.

mettere

put, place, set; wear; contribute, suppose

Mettete i fiori sul tavolo.
Che vestito metto?
E' ora che ti metti a lavorare.

Put the flowers on the table!
What dress shall I wear?
It's time that you get down to work!

Mettiamo che alle cinque non sia ancora arrivato, cosa facciamo allora?
Metto il cappello ed esco.
Mettila come vuoi, la sostanza non cambia.

Let's suppose that he doesn't come by five; what shall we do then?
I put my hat on and go.
You can twist it any way you like, it stays essentially the same.

porre

put, place, set, lay; imagine, suppose

Dove hai posto i libri che ti ho dato?

Where did you put the books I gave you?

Come poniamo il problema?
In questo momento non pongono in atto nessun progetto.
Pose i piedi sullo scalino senza fare attenzione e cadde.
Queste sono domande che non si pongono.

How shall we attack the problem?
At this time no project is under way.
He put his feet on the rung without paying attention and fell.
These are questions that are not posed.

potere

be able; be capable; may, can, could, ought

Non posso venire.
Possiamo entrare?
Che tu possa avere tutta la felicità che meriti!
Non ne potevano più e sono andati via.

I can't come.
May we come in?
May you have all the happiness you deserve!
They couldn't keep on and they went away.

rendere

Devo renderti i dischi che mi hai
prestato.

Con il vostro regalo lo avete reso
molto felice.

Rendiamo grazie a chi ci ha aiutati.

Non devi rendere conto di niente
a nessuno.

Non riesco a rendermi conto
di questo problema.

Rende bene il vostro lavoro?

render, return; pay; give, yield;
play, act

I have to return to you the records
you lent me.

With your gift you have made him
very happy.

We render our thanks to those who
helped us.

You don't have to give an account
to anyone.

I can't understand this problem.

Is your work profitable?

sentire

Sentite freddo?

Abbiamo sentito musica fino a
mezzanotte.

Fammi sentire quel profumo.

Come ti senti?

Senta come è morbida la seta!

Hai sentito se manca il sale?

Sentiamo tutti un grande affetto
per voi.

feel; hear, listen; guess; foresee;
smell, taste

Do you feel cold?

We listened to music until
midnight.

Let me smell that perfume.

How do you feel?

Feel how soft the silk is!

Did you notice that there's no
salt?

We all feel great affection for you.

stare

Ciao, come stai?

Stiamo ancora a Roma,
ma ci trasferiremo presto.

Perché state in piedi, non
è meglio stare seduti?

Dove sta il vino in questa cucina?

Il suo problema sta nel fatto
che non trova lavoro.

Quanto tempo starai da tuo cugino?

Spiegatemi come stanno le cose.

Sta due a zero per la nostra squadra.

Cosa stavi facendo quando ti ho
telefonato?

Stavamo per uscire, ma abbiamo
preferito aspettarvi.

stay; be; stand; wait; live; fit,
suit

Hello, how are you?

We're still in Rome, but we will
move soon.

Why are you standing,
wouldn't it be better to sit?

Where is the wine located in this
kitchen?

His problem is that he
isn't finding any work.

How long will you stay at your
cousin's house?

Explain to me how matters
stand.

It stands at 2:0 in favor of our
team.

What were you doing when I
phoned you?

We were about to leave, then we
decided instead to wait for you.

venire
A che ora viene di solito il postino?

come; arrive; reach; proceed
What time does the postman usually come?

Verrà scritto domani.
Ieri ho mangiato troppe ciliege e mi è venuto mal di pancia.

It will be written tomorrow.
Yesterday I ate too many cherries and got a bellyache.

volere
Vuoi un caffè?
Vorremmo partire adesso, se non vi dispiace.
Voglia Dio che questa tempesta finisca.
Queste piante vogliono molta acqua.
Sembra che voglia piovere.
Francesco, ti vuole tua madre.

will; wish; choose; try; need
Do you want a cup of coffee?
We'd like to leave now, if you don't object.
God grant that this storm be over!
These plants need a lot of water.
It looks like rain.
Francesco, your mother wants you.

Vuoi vedere che quelli non vengono più!
Secondo noi queste parole non vogliono dire niente.
E allora? Che vuol dire?
Ci vogliamo molto bene e desideriamo stare insieme.

You'll see that they won't come anymore!
In our opinion, these words signify nothing.
Well? What does that mean?
We love each other and want to stay together.

capitare

Se capitate dalle mie parti, venite a trovarmi.
Non ti arrabbiare, sono cose che capitano.
Mi è capitato per caso di incontrarlo in città.

arrive, come to; happen, come to pass
If you come to my region, come visit me!
Don't get angry, these things happen!
By chance, I happened to run into him in town.

comportare
L'impegno che abbiamo preso comporta una grande responsabilità.

tolerate, allow; endure, resist
The obligation that we've assumed carries a great responsibility with it.

effettuare
Abbiamo effettuato uno scambio tra studenti di diverse scuole.

carry out, accomplish, perform
We have organized an exchange program among students from various schools.

levare

raise; take away, remove; appease; subtract

Non riesco a levare un braccio.
I can't raise one of my arms.

Leva le mani dalle tasche!
Take your hands out of your pockets!

Mi hai proprio levato le parole di bocca.
You've taken the words right out of my mouth.

Levatevi di mezzo, per favore!
Please get out of here!

smettere

leave off; give up; drop, cease

Smetti di piangere, il male è passato.
Stop crying, it doesn't hurt anymore!

Smettetela, adesso basta!
Stop it, that's enough now!

tendere

stretch out, hold out; tend; bend

Tendiamo di più la corda.
Let's stretch the rope more tautly!

Verso chi tendi tu?
Toward whom are you tending?

Vorremmo un colore chetendesse di più al verde.
We would like a color that tends more toward green.

Tutti tendono al successo.
Everyone strives for success.

Gli italiani scrivono da circa tremila anni.
Italians have been writing for almost three thousand years.

Use of the Article

Definite Article

Indefinite Article

Singular

masculine	il treno (before a consonant in general)	un treno
	lo zio (before *z*)	uno zio
	lo studente (before *s*-impure)	etc.
	lo psicologo (before *ps*)	
	lo yogurt (before *y*)	
	lo iodo (before *i* + vowel)	
	lo gnomo (before *gn*)	
	lo xeno (before *x*)	
	l'amico (before a vowel)	un amico
feminine	la stanza (before a consonant)	una stanza
	l'amica (before a vowel)	un'amica

Plural

il	→	i	i treni
lo	→	gli	gli studenti
l'	→	gli	gli amici
la	→	le	le stanze
l'	→	le	le amiche

Prepositions and Articles

	a	da	di	in	su	con
il	al	dal	del	nel	sul	col
lo	allo	dallo	dello	nello	sullo	collo
la	alla	dalla	della	nella	sulla	colla
l'	all'	dall'	dell'	nell'	sull'	coll'
i	ai	dai	dei	nei	sui	coi
gli	agli	dagli	degli	negli	sugli	cogli
le	alle	dalle	delle	nelle	sulle	colle

A number of prepositions are combined with the definite article to produce fixed forms. *Quello* and *bello* in article position behave in an analogous way.

With *con*, the separate (uncombined) form is prevalent in modern colloquial language.

Personal and Reflexive Pronouns

Unstressed Forms

	Nominative	Dative Personal Pronouns	Dat. & Acc. Personal and Reflexive Pronouns	Accusative Personal Pronouns
I	io		mi	
you (fam.)	tu		ti	
he	lui	gli		lo
she	lei	le	si	la
you (form.)	Lei	Le		La
we	noi		ci	
they	voi		vi	
You (fam. pl.)	loro	loro *or* gli	si	li *(masculine)* / le *(feminine)*
You (form. pl.)	Loro	Loro *or* Vi		Li *(masculine)* / Le *(feminine)*

The unstressed forms in the dative and accusative normally precede the conjugated verb. They are, however, attached to the infinitive, the gerund, the word *ecco,* and the majority of the imperative forms.

The dative **loro** always follows the predicate.

In the nominative third person, singular and plural, there also exist the forms **egli** (=lui) and **ella** (=lei), as well as **esso**, **essa**, **essi**, and **esse**, which are confined largely to references to things.

Combined Forms

+ lo, la, li, le

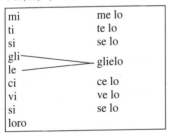

mi	me lo
ti	te lo
si	se lo
gli	glielo
le	glielo
ci	ce lo
vi	ve lo
si	se lo
loro	

The dative form **loro** cannot be combined.

Stressed Forms

Dative

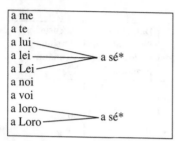

Accusative

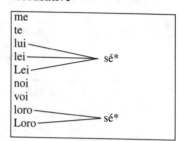

* reflexive use

As with the dative, the "stressed forms" of the personal pronoun are also used in connection with prepositions, for example *a me = con me, per me,* etc.

Position: The stressed dative and accusative forms are always placed in object position, that is, following the predicate.

Possessive Pronouns

The Italian possessive pronouns behave like adjectives, in grammatical terms:

a) They normally precede the noun they modify, but for special emphasis they follow it;
b) they normally are preceded by the definite article;
c) they agree in number and gender with the noun they modify.

	Masc. Sing.	Masc. Plural	Fem. Sing.	Fem. Plural
my	mio	miei	mia	mie
your	tuo	tuoi	tua	tue
his, its				
her	suo	suoi	sua	sue
your	Suo	Suoi	Sua	Sue
our	nostro	nostri	nostra	nostre
your	vostro	vostri	vostra	vostre
their	loro	loro	loro	loro
your	Loro	Loro	Loro	Loro

ci/ne

The particles *ci* and *ne* follow the same rules of position as the unstressed dative and accusative forms of the personal pronouns, with which they also can be combined.

Study the use of *ne* and *ci* in these sentences:

ne	Il vino è buono.	Ne vuoi un bicchiere?
	Compro un chilo di pane.	Ne compro un chilo.
	Non sei capace di capire.	Non ne sei capace.
	Senza parlare delle conseguenze	Senza prima parlarne
	non possiamo accettare.	non possiamo accettare.

Ne stands for adjuncts with *da* (from) and *di*.

ci	Sei già stato a Roma?	Si, ci sono già stato.
	Pensa alla birra!	Pensaci!
	Vogliamo andare in Italia	Vogliamo andarci la
	settimana prossima.	settimana prossima.
		(also: ci vogliamo
		andare . . .)

Ci stands for adjuncts with *a, in, su,* and *a* (at, to).

Patterns of Conjugation of Regular Verbs

Verbs Ending in -are

portare

Indicative		Subjunctive	
Present	**Perfect**	**Present**	**Perfect**
porto	ho portato	porti	abbia portato
porti	hai portato	porti	abbia portato
porta	ha portato	porti	abbia portato
portiamo	abbiamo portato	portiamo	abbiamo portato
portate	avete portato	portiate	abbiate portato
portano	hanno portato	portino	abbiano portato
Imperfect	**Pluperfect**	**Imperfect**	**Pluperfect**
portavo	avevo portato	portassi	avessi portato
portavi	avevi portato	portassi	avessi portato
portava	aveva portato	portasse	avesse portato
portavamo	avevamo portato	portassimo	avessimo portato
portavate	avevate portato	portaste	aveste portato
portavano	avevano portato	portassero	avessero portato

Future I	Conditional I	Past Definite
portero	porterei	portai
porterai	porteresti	portasti
porterà	porterebbe	portò (!)
porteremo	porteremmo	portammo
porterete	portereste	portaste
porteranno	porterebbero	portarono

Verbs Ending in -ere

vendere

Indicative		Subjunctive	
Present	**Perfect**	**Present**	**Perfect**
vendo	ho venduto	venda	abbia venduto
vendi	hai venduto	venda	abbia venduto
vende	ha venduto	venda	abbia venduto
vendiamo	abbiamo venduto	vendiamo	abbiamo venduto
vendete	avete venduto	vendiate	abbiate venduto
vendono	hano venduto	vendano	abbiano venduto
Imperfect	**Pluperfect**	**Imperfect**	**Pluperfect**
vendevo	avevo venduto	vendessi	avessi venduto
vendevi	avevi venduto	vendessi	avessi venduto
vendeva	aveva venduto	vendesse	avesse venduto
vendevamo	avevamo venduto	vendessimo	avessimo venduto
vendevate	avevate venduto	vendeste	aveste venduto
vendevano	avevano venduto	vendessero	avessero venduto

Future I	**Conditional I**	**Past Definite**
venderò	venderei	vendei
venderai	venderesti	vendesti
venderà	venderebbe	vendè
venderemo	venderemmo	vendemmo
venderete	vendereste	vendeste
venderanno	venderebbero	venderono

Verbs Ending in -ire

dormire

Indicative		Subjunctive	
Present	**Perfect**	**Present**	**Perfect**
dorm**o**	ho dormito	dorm**a**	abbia dormito
dorm**i**	hai dormito	dorm**a**	abbia dormito
dorm**e**	ha dormito	dorm**a**	abbia dormito
dorm**iamo**	abbiamo dormito	dorm**iamo**	abbiamo dormito
dorm**ite**	avete dormito	dorm**iate**	abbiate dormito
dorm**ono**	hanno dormito	dorm**ano**	abbiano dormito
Imperfect	**Pluperfect**	**Imperfect**	**Pluperfect**
dorm**ivo**	avevo dormito	dorm**issi**	avessi dormito
dorm**ivi**	avevi dormito	dorm**issi**	avessi dormito
dorm**iva**	aveva dormito	dorm**isse**	avesse dormito
dorm**ivamo**	avevamo dormito	dorm**issimo**	avessimo dormito
dorm**ivate**	avevate dormito	dorm**iste**	aveste dormito
dorm**ivano**	avevate dormito	dorm**issero**	avessero dormito

Future I	Conditional I	Past Definite
dorm**irò**	dorm**irei**	dorm**ii**
dorm**irai**	dorm**iresti**	dorm**isti**
dorm**irà**	dorm**irebbe**	dorm**ì**
dorm**iremo**	dorm**iremmo**	dorm**immo**
dorm**irete**	dorm**ireste**	dorm**iste**
dorm**iranno**	dorm**irebbero**	dorm**irono**

Verbs Ending in -ire and Adding -isc- to the Stem

finire

Indicative
Present
fin**isc**o
fin**isc**i
fin**isc**e
fin**iamo**
fin**ite**
fin**isc**ono

Special Features of Tense Formation

1. Present Indicative

See the list!

2. Present Subjunctive

Irregular verbs usually form their subjunctive from the stem of the first person singular present indicative, for example, venire → veng**o** → veng**a**. For exceptions, see list!

3. Imperfect

The formation of the imperfect of the auxiliary verb "essere" is irregular.

Indicative	Subjunctive
ero	fossi
eri	fossi
era	fosse
eravamo	fossimo
eravate	foste
erano	fossero

Note:
Verbs with a shortened infinitive reconstruct the original Latin stem:

fare	→	facere	—	facevo . . .
dire	→	dicere	—	dicevo . . .
porre	→	ponere	—	ponevo . . .

4. Compound Tenses

Conjugated with **avere:**   the transitive verbs, for example, *mangiare, portare*

Conjugated with **essere:**   a) most verbs of motion and of state, for example, *andare, restare, piacere*

                           b) the reflexively used verbs, for example, *sbagliarsi, lavarsi*

The past participle of verbs conjugated with **avere** must agree in gender and number with a preceding direct object. With li, la, and le the change is compulsory, otherwise it is optional:

li abbiamo vist**i**,

ci hanno vist**o**/vist**i**

The past participle of verbs conjugated with **essere** agrees with the subject:

Maria è arriva**ta** ieri.

5. Past Definite (Passato Remoto, Remote Past)

The "passato remoto" is the form of the Latin perfect, retained in Italian. It has no equivalent in English. The regular verbs of all three categories form their past definite in the same way (see conjugation lists), with the verbs ending in -ere displaying a secondary form as well.

vendere

vend**ei**	[vend**etti**]
vend**esti**	
vend**è**	[vend**ette**]
vend**emmo**	
vend**este**	
vend**erono**	[vend**ettero**]

While the verbs ending in -are and -ire are completely regular, most verbs ending in -ere form the first and third person singular as well as the third person plural with their own perfect stem. The other forms are regular, and the endings of the irregular forms are the same for all verbs.

regular	irregular
vendere	**avere**
vend**ei**	ebb**i**
vend**esti**	av**esti**
vend**è**	ebb**e**
vend**emmo**	av**emmo**
vend**este**	av**este**
vend**erono**	abb**ero**

These are completely irregular:

essere	**stare**	**dare**
fui	stetti	detti [diedi]
fosti	stesti	desti
fu	stette	dette [diede]
fummo	stemmo	demmo
foste	steste	deste
furono	stettero	dettero [diedero]

6. Formation of the Future Tense

a) The **a** of the ending of verbs that end in -are changes to **e**.
   arriv**are** —arriv**erò**
b) The long **e** disappears, while the short **e** as well as the **i** of the ending are retained:

avere	—	avrò
prendere	—	prenderò
finire	—	finirò

For irregular verbs, see the list!

7. Formation of the Participle

Infinitive Ending	Participial Ending
-are	-ato
mangiare	mangiato
-ire	-ito
finire	finito
-ere	-uto
avere	avuto

Many verbs that end in -ere take irregular endings.

8. Imperative Forms

	tu	lei	noi	voi	loro
avere	abbi	abbia	abbiamo	abbiate	abbiano
essere	sii	sia	siamo	siate	siano
portare	porta	porti	portiamo	portate	portino
vendere	vendi	venda	vendiamo	vendete	vendano
dormire	dormi	dorma	dormiamo	dormite	dormano
finire	finisci	finisca	finiamo	finite	finiscano

The negation of the imperative of the second person singular requires the use of the infinitive:
Dormi bene! —**Non dormire** adesso!

9. Special Features of Spelling

All verbs ending in **-are** whose stem ends in **c** or **g** add an **h** before *light vowels* (i, e) to preserve the pronunciation:

pagare — paghiamo, paghi, pagherò
mancare — manchiamo, manchi, mancherò

With verbs ending in **-ciare** and **-giare** the **i** has no phonetic value of its own; it disappears before the **i** and **e** of the ending.

cominciare — cominci, cominciamo, comincerò
mangiare — mangi, mangiamo, mangerò

With some verbs—**inviare** and **sciare**, for example—the **i** in the present tense singular and in the third person plural of the present tense is stressed. The stressed **i** is retained before the **i** of the ending.

sciare — scii, sciamo, sciino.

Irregular Verb Conjugations

Infinitive	Present		Past Definite	Past Participle	Future I
	Indic.	Subj.			
accadere			accadde		
accendere			accesi	acceso	
accorgersi			mi accorsi	accorto	
aggiungere			aggiunsi	aggianto	
ammettere			ammisi	ammesso	
andare	vado	vada			andrò
	vai	vada			
	va	vada			
	andiamo	andiamo			
	andate	andiate			
	vanno	vadano			
apparire	appaio		apparvi	apparso	
	appari				
	appare				
	appariamo				
	apparite				
	appaiono				
appartenere	*see* tenere				
appendere			appesi	appeso	
apprendere	*see* prendere				
aprire				aperto	
arrendersi			mi arresi	arreso	
assistere				assistito	
assolvere			assolsi	assolto	
assumere			assunsi	assunto	
attendere			attesi	atteso	
avere	ho	abbia	ebbi	avuto	avrò
	hai	abbia			
	ha	abbia			
	abbiamo	abbiamo			
	avete	abbiate			
	hanno	abbiano			
bere	bevo		bevvi		berrò
cadere			caddi		cadrò
chiedere			chiesi	chiesto	
chiudere			chiusi	chiuso	
cogliere	colgo	colga	colsi	colto	
	cogli	colga			
	coglie	colga			
	cogliamo	cogliamo			
	cogliete	cogliate			
	colgono	colgano			
commuovere			commossi	commosso	
comprendere	*see* prendere				
concedere			concessi	concesso	
concludere			conclusi	concluso	

Infinitive	Present		Past Definite	Past Participle	Future I
	Indic.	Subj.			
condurre	conduco	conduca	condussi	condotto	condurrò
	conduci	conduca			
	conduce	conduca			
	conduciamo	conduciamo			
	conducete	conduciate			
	conducono	conducano			
confondere			confusi	confuso	
conoscere			conobbi	conosciuto	
consistere	*see* assistere				
contenere	*see* tenere				
contraddire	*see* dire				
convincere			convinsi	convinto	
coprire				coperto	
correggere			coressi	corretto	
correre			corsi	corso	
corrispondere	*see* rispondere				
costringere	*see* stringere				
cuocere			cossi	cotto	
dare	do	dia	detti		darò
	dai	dia			
	dà	dia			
	diamo	diamo			
	date	diate			
	danno	diano			
decidere			decisi	deciso	
descrivere	*see* scrivere				
difendere			difesi	difeso	
dipingere			dipinsi	dipinto	
dire	dico	dica	dissi	detto	
	dici	dica			
	dice	dica			
	diciamo	diciamo			
	dite	diciate			
	dicono	dicano			
dirigere			diressi	diretto	
discutere			discussi	discusso	
disdire	*see* dire				
dispiacere	*see* piacere				
disporre	*see* porre				
distinguere			distinsi	distinto	
distruggere			distrussi	distrutto	
dividere			divisi	diviso	

Infinitive	Present		Past Definite	Past Participle	Future I
	Indic.	Subj.			
dovere	debbo (devo)	debba (deva)			dovrò
	devi	debba (deva)			
	deve	debba (deva)			
	dobbiamo	dobbiamo			
	dovete	dobbiate			
	debbono (devono)	debbano (devano)			
eleggere			elessi	eletto	
escludere			esclusi	escluso	
esistere	*see* assistere				
esplodere			esplosi	esploso	
esporre	*see* porre				
esprimere			espressi	espresso	
essere	sono	sia	fui	stato	sarò
	sei	sia	fosti		
	è	sia	fu		
	siamo	siamo	fummo		
	siete	siate	foste		
	sono	siano	furono		
estendersi			mi estesi	esteso	
estrarre	*see* trarre				
evadere			evasi	evaso	
fare	faccio	faccia	feci	fatto	
	fai	faccia			
	fa	faccia			
	facciamo	facciamo			
	fate	facciate			
	fanno	facciano			
fondere			fusi	fuso	
illudersi			mi illusi	illuso	
imporre	*see* porre				
insistere	*see* assistere				
intendere			intesi	inteso	
interrompere	*see* rompere				
introdurre			introdussi	introdotto	introdurrò
invadere	*see* evadere				
iscriversi			mi iscrissi	iscritto	
leggere			lessi	letto	
mettere			misi	messo	
mordere			morsi	morso	
morire	muoio	muoia		morto	morirò (morrò)
	muori	muoia			
	muore	muoia			
	moriamo	moriamo			
	morite	moriate			
	muoiono	muoiano			
muovere			mossi	mosso	
nascere			nacqui	nato	

359

Infinitive	Present		Past Definite	Past Participle	Future I
	Indic.	Subj.			
nascondere			nascosi	nascosto	
nuocere	nuoccio	nuoccia	nocqui	nociuto	
	nuoci	nuoccia			
	nuoce	nuoccia			
	nociamo	nociamo			
	nocete	nociate			
	nuocciono	nuocciano			
occorrere	*see* correre				
offendere	*see* diffendere				
offrire				offerto	
opporre	*see* porre				
ottenere	*see* tenere				
parere	paio	paia	parvi	parso	parrò
	pari	paia			
	pare	paia			
	paiamo	paiamo			
	parete	paiate			
	paiono	paiano			
pendere				peso	
perdere			persi	perso	
permettere	*see* mettere				
piacere	piaccio	piaccia	piacqui	piaciuto	piacerò
	piaci	piaccia			
	piace	piaccia			
	piacciamo	piacciamo			
	piacete	piacciate			
	piacciono	piacciano			
piangere			piansi	pianto	
porgere			porsi	porto	
porre	pongo	ponga	posi	posto	porrò
	poni	ponga			
	pone	ponga			
	poniamo	poniamo			
	ponete	poniate			
	pongono	pongano			
possedere	*see* sedere				
potere	posso	possa			potrò
	puoi	possa			
	può	possa			
	possiamo	possiamo			
	potete	possiate			
	possono	possano			
prendere			presi	preso	
prescrivere	*see* scrivere				
pretendere	*see* tendere				
pravalere	*see* valere				
prevedere	*see* vedere				
produrre	*see* condurre				
promettere	*see* mettere				
promuovere	*see* muovere				

Infinitive	Present		Past Definite	Past Participle	Future I
	Indic.	Subj.			
proporre	*see* porre				
proteggere			protessi	protetto	
provvedere	*see* vedere				
pungere			punsi	punto	
raccogliere	*see* cogliere				
raggiungere			raggiunsi	raggiunto	
rendere			resi	reso	
resistere	*see* assistere				
respingere	*see* spingere				
richiedere	*see* chiedere				
ridere			risi	riso	
ridurre	*see* condurre				
rimanere			riamsi	rimasto	rimarrò
rimettere	*see* mettere				
riscuotere	*see* scuotere				
risolvere	*see* assolvere				
risorgere			risorsi	risorto	
rispondere			risposi	risposto	
ritenere	*see* tenere				
riuscire	*see* uscire				
rivolgere			rivolsi	rivolto	
rompere			ruppi	rotto	
salire	salgo	salga			
	sali	salga			
	sale	salga			
	saliamo	saliamo			
	salite	saliate			
	salgono	salgano			
sapere	so	sappia	seppi		saprò
	sai	sappia			
	sa	sappia			
	sappiamo	sappiamo			
	sapete	sappiate			
	sanno	sappiano			
scegliere	scelgo	scelga	scelsi	scelto	
	scegli	scelga			
	sceglie	scelga			
	scegliamo	scegliamo			
	scegliete	scegliate			
	scelgono	scelgano			
scendere			scesi	sceso	
sciogliere	*see* cogliere				
scommettere	*see* mettere				
sconfiggere			sconfissi	sconfitto	
sconvolgere	*see* rivolgere				
scoprire				scoperto	
scorrere	*see* correre				
scrivere			scrissi	scritto	
scuotere			scossi	scosso	

361

Infinitive	Present		Past Definite	Past Participle	Future I
	Indic.	Subj.			
sedersi	mi siedo	mi sieda			
	si siede	si sieda			
	ci sediamo	ci sediamo			
	vi sedete	vi sediate			
	si siedono	si siedano			
smettere	*see* mettere				
soddisfare	soddisfo	soddisfi	soddisfeci	soddisfatto	soddisferò
	(soddisfacio)				
	soddisfi	soddisfi			
	(soddisfai)				
	soddisfa	soddisfi			
	soddisfiamo	soddisfiamo			
	soddisfate	soddisfiate			
	soddisfano	soddisfino			
soffrire				sofferto	
sommergere			sommersi	sommerso	
sorgere			sorsi	sorto	
sorprendere	*see* prendere				
sorridere	*see* ridere				
sospendere	*see* pendere				
sostenere	*see* tenere				
sottoporre	*see* porre				
sottrarre	*see* trarre				
spegnere			spensi	spento	
spendere			spesi	speso	
spingere			spinsi	spinto	
sporgersi			mi sporsi	sporto	
stare	sto	stia	stetti		starò
	stai	stia			
	sta	stia			
	stiamo	stiamo			
	state	stiate			
	stanno	stiano			
stendere	*see* tendere				
storcere			storsi	storto	
stringere			strinsi	stretto	
supporre	*see* porre				
svenire	*see* venire				
svolgere	*see* rivolgere				
tacere	taccio	taccia	tacqui	taciuto	tacerò
	taci	taccia			
	tace	taccia			
	tacciamo	tacciamo			
	tacete	taciate			
	tacciono	tacciano			
tendere			tesi	teso	

Infinitive	Present		Past Definite	Past Participle	Future I
	Indic.	Subj.			
tenere	tengo	tenga	tenni		terrò
	tieni	tenga			
	tiene	tenga			
	teniamo	teniamo			
	tenete	teniate			
	tengono	tengano			
tingere			tinsi	tinto	
togliere	*see* cogliere				
tradurre	*see* condurre				
trarre	traggo	tragga	trassi	tratto	trarrò
	trai	tragga			
	trae	tragga			
	traiamo	traiamo			
	traete	traiate			
	traggono	traggano			
trascorrere	*see* correre				
trasmettere	*see* mettere				
trattenere	*see* tenere				
uscire	esco	esca			
	esci	esca			
	esce	esca			
	usciamo	usciamo			
	uscite	usciate			
	escono	escano			
valere	valgo	valga	valsi	valso	varrò
	vali	valga			
	vale	valga			
	valiamo	valiamo			
	valete	valiate			
	valgono	valgano			
vedere			vidi	visto	vedrò
venire	vengo	venga	venni	venuto	
	vieni	venga			
	viene	venga			
	veniamo	veniamo			
	venite	veniate			
	vengono	vengano			
vincere			vinsi	vinto	
vivere			vissi	vissuto	vivrò
volere	voglio	voglia	volli		vorrò
	vuoi	voglia			
	vuole	voglia			
	vogliamo	vogliamo			
	volete	vogliate			
	vogliono	vogliano			

Index of All Italian Entries

All the basic vocabulary words appear in **boldface letters**. The more advanced terms are set in normal-type letters.

forma 292
formaggio 41
formalità 166
formare 292
**formazione
  professionale** 145
formica 263
formula 141
formulare 87
fornaio 44
fornaio, fornaia 150
fornello 75
fornire 154
forno 75
forse 111
forte 91
fortuna 216
fortuna 178
fortunato, a 178
forza 94
foto(grafia) 176
fotocopiare 171
fotografare 176
fotografo, fotografa
  149
foulard 64
fra 317, 330
fragile 299
fragola 45
francese 229
Francia 229
franco 163
francobollo 195
frase 139
frate 211
fratelli 121
fratello 121
frattempo 315
frattura 32
freccia 312
freddo 253
freddo, a 45
freddo, a 93
frenare 280
freno 277
frequentare 136
frequentare 180
frequente 180
frequenza 310
fresco, a 253

fretta 313
frigorifero 76
fritto, a 49
frizione 279
frizzante 46
fronte 16
frontiera 228
frumento 269
frutta 41
frutti di mare 55
frutto 268
fucile 235
fuga 237
fuggire 237
fulmine 255
fumare 46
fumatore 191
fumetti 177
funerale 29
fungo 268
funzionare 70
funzione 231
fuoco 298
fuori 311
fuori di 311
furbo, a 82
furioso, a 110
furto 236
futuro 315

G

gabbia 266
gabinetto 71
galleria 220
gallina 263
gallo 263
gamba 17
gancio 168
gara 182
garage 68
garantire 105
garantire 166
garanzia 105, 164
garofano 269
gas 296
gasolio 282

gatto, gatta 263
gelare 254
gelato 50
gelo 255
geloso, a 86
gemello, gemella
  123
generale 240
generale 114
generare 28
generazione 123
genere 339
generi alimentari 41
genero 123
generoso, a 82
genitori 121
gennaio 320
gente 212
gentile 80
gentilezza 80
genuino, a 153, 297
geografia 248
Germania 229
gesso 135
gesto 20
Gesù 209
gettare 20
gettone 197
ghiacciaio 251
ghiacciato, a 41
ghiaccio 254
già 314
giacca 57
giallo 223
giallo, a 294
Giappone 229
giapponese 229
giardiniere 149
giardino 71
giglio 269
gilè 62
ginnasio 135
ginnastica 185
ginocchio 17
giocare 175
giocatore, giocatrice
  187
giocattolo 177
gioco 175
gioia 85

U

V